韓信

王翦

樊噲

薛易 著

絕世名將的
榮耀與哀歌

樂毅

吳起

司馬穰苴

目錄

第一刀殺誰

司馬穰苴

首先要講的故事，發生於春秋時期的齊國。春秋是個怎樣的時代？古今第一傳記名家司馬遷說：「《春秋》之中，弒君三十六，亡國五十二，諸侯奔走不得保其社稷者不可勝數。」這樣的時代自然是一個亂世。齊國又是個怎樣的國家？武王伐紂後大封諸侯，現已被尊為神話人物的姜子牙，分封至齊國，發展工商業，開發魚鹽資源，迅速崛起為大國。

從古至今，提起姜子牙，總少不了「足智多謀」這一標籤。而這個由他老先生所開拓的國家，也有著天下最為根深蒂固的計謀傳統。

此後多年，齊桓公成為第一位霸主。其宰相管仲最早嘗試改革，鼓勵國人經商，開設官方妓院，被尊為商人之祖、妓女之神。

輪到司馬穰苴出場時，當朝的已是齊景公。那時他的名字還叫田穰苴。這個後來被稱為姜子牙之後第二個軍事家的男人還只是一介草民。

人如其名，這句話放在田穰苴身上再合適不過。從字面上來講，穰是指「黍麥等植物的莖稈」，苴則是指「鞋底的草墊」。他面色枯黃，又瘦又高，還略略有些駝背，站在風中像一根搖搖欲倒的稻草。

田氏雖是齊國望族，但田穰苴只是極為疏遠的一支，根本沾不上甚麼光，在宗族中的地位也卑微如一棵稗草。

如果不是那場戰爭，恐怕住得稍遠一點的鄰居，都不會意識到世上還有田穰苴這個人存在。而近一點的鄰居也會想：他爹媽怎麼想的，怎麼連起名都不會起個響亮點兒的？好在，老天自有他的邏輯。

二桃殺三士

　　邊城苦鳴鏑，羽檄飛京都。那一年，齊國的江山在大戰的威壓之下，飄搖如同紙糊的一般。因齊景公貪圖淫樂，不恤民力，國內民怨沸騰。鄰邦晉國和燕國一向眈眈相視，見有機可乘，先後興兵入犯。兩軍到處，勢如破竹。晉軍破阿、甄兩邑，燕軍殺過黃河。

　　都城臨淄岌岌可危。王位上，齊景公一雙醉眼看著杯裏的美酒，臉上漾著漠然的笑。他的眼前浮現起三個人影：田開疆、古冶子和公孫捷。他們是齊國的三員虎將，力能拔山，有萬夫不當之勇，立有赫赫戰功。他們還曾上沂山打虎，下東海刺蛟，並將捕獲的生猛海鮮獻給齊景公。假如他們三虎能領兵上陣，何愁敵軍不退……

　　這樣想著，齊景公臉上的笑一掃而空，漸漸聚起了陰雲。他的手抖了幾抖，目光刺向不遠處的相國晏嬰。

　　晏嬰，齊國夷維（今山東高密）人，歷任齊靈公、莊公、景公三朝。這位三朝元老，身材矮小，機智善辯，既擅外交，又能治國，深為齊景公所倚重，也傳下了「橘化為枳」、「揮汗成雨」等眾多成語典故。

　　然而，在不久之前，晏嬰剛剛做了一件事。

　　他對齊景公說道：「田開疆、古冶子和公孫捷這三人，自恃功高，不守為臣之道，恐成後患。」

　　齊景公一聽，心懸了起來。無論是哪個國君，聽到大將有不臣之心，都難免緊張。而且，齊景公又有極特殊的經歷——此前因權臣弒

君，齊國經歷了十六年內亂。齊景公幼年即位，大權旁落，忍辱含垢多少年，才有了如今的安穩。而現在，向來最靠譜的晏嬰卻說，三虎「恐成後患」。

「相國，依你之見如何？」

「除之。」齊景公點了頭。

怎麼除，是個問題。齊景公有點擔心，三虎非同小可，殺怕殺不了，抓又怕抓不住。萬一他們投降敵國，把齊國的核心機密都泄露了，那豈不更危險？

晏嬰嘿嘿一笑。他獻上一計，先讓齊景公下達犒賞三虎的諭旨，然後派人捧著金漆盒，坐車去見三虎。

三虎正在田開疆府上喝酒。聞說國君諭旨來，三人也不起身，只對使者道：「何事？快講。」

使者：「君上有賞。」田開疆聞言跳起來，一把打開了金漆盒，裏面赫然是兩枚鮮艷欲滴的桃子。田開疆咧嘴笑了，另外二虎一看也笑了，笑得前仰後合。

使者站立不動，「君上有旨：請三位將軍中，功勞最大的二位，食此御桃。」「那自然有我的一個。」田開疆伸手抓了一個。

公孫捷果然敏捷，一個箭步跨過來，搶了剩下的一個。

古冶子身材肥胖，掙扎起來時，發現兩個桃子都被搶走，便嚷道：「你們搶得到桃子，就能說明自己功勞大嗎？君上的旨意，可是給功勞最大的兩個人。」

田開疆和公孫捷二人，一聽有理，對望一眼，沒有立刻把桃子塞進嘴裏。

於是，古冶子先把自己的功勞表了一番：「這些年，無論陣前殺敵還是上山剿匪，我出生入死二十七次，難道功勞不算大？」

田開疆：「我仗沒少打，血沒少流，還曾在陣前替君上擋過三箭，幾乎丟了性命，這功勞誰人能比？」

公孫捷：「我年齡比你們二位小，打仗也不多，但齊國那麼多貴族

想謀害君上，每次都被我拚死救下，誰也不能說功勞比我大！」

三虎爭功，各不相讓。一開始還能各敘其功，但很快聲音越來越大，怒火越燒越旺。

田開疆把桃子往金漆盒裏一放，「倉啷啷」抽出佩劍，「既然爭不出結果來，便比武決勝吧。」

公孫捷說聲好，也抽出寶劍。古冶子手握劍柄，望望這個，看看那個，一時沒了主意。這時，卻聽那使者歎了一口氣：「君上的意思 —— 你們當真不知？」三虎面面相覷，許久才明白過來，原來齊景公對他們三人已有了戒心，乃至起了殺心，頓時怒火中燒，吵嚷了一陣，又是悲苦如潮。

三虎一度暗暗動過念頭，不如先斬了使臣，然後再將家丁合在一處，直接去攻打齊景公。但轉念又一想：齊景公身邊有晏嬰，此人心機如海，一定早早做好了準備，我等斷然成功不了，到時還白白惹人恥笑 —— 只是，咱們當年為君上拋頭顱灑熱血，整個齊國誰人不知哪個不曉？怎麼君上說忘就忘了呢？今天拿這兩個桃子來侮辱咱們，今後還不知又會怎樣。咱們都是鐵一般的漢子，豈能受這窩囊氣！

最後，田開疆大罵數聲，伏劍自刎。公孫捷一陣冷笑，自刺而死。古冶子淚水長流，「二位將軍，區區兩個桃子算得了甚麼？但關乎名節，古某又怎敢讓予你們？」又看了一眼使者，似乎在哪裏見過，卻已無暇多想，只道：「你且去奏明君上，我三人絕無異心。」言罷，碰壁而死。

從田府走出來，田穰苴發現，來時所乘的車並未在門口等著。他絲毫沒感覺意外。他知道：在車夫眼中，自己一介草民又算得了甚麼？人家肯定急著跑去相國府報信，請賞去了。他摘下了帽子。頭髮枯黃，眉毛稀疏，兩隻眼睛也泛著灰黃色。

醫者說，這是營養不良以及肝病所致。三虎紅的血白的腦依舊在眼前跳躍，他卻感覺自己的血已經涼了。二桃殺三士，好個晏相國。他田穰苴自謂熟讀史書，通曉民風，卻想不到竟有如此陰狠毒辣的手段。

後人或許會想，這三虎真是有勇無謀的莽漢，竟然如此草草了結生命！但是，春秋就是這樣一個時代。上層社會中，「禮」像空氣一樣無所不在，士人重名節，輕生死。

甚至在戰場上，敵我雙方也會嚴格遵守「戰爭禮」。那時以車戰為主，需「結日定地，各居一面，鳴鼓而戰，不相詐」。也就是，必須選擇一處平坦開闊地帶，雙方約好時間，列好隊伍，再鳴起戰鼓，驅車衝向對方，不用詭計。

歷史學家黃仁宇說：「春秋時代的車戰，是一種貴族式的戰爭，有時彼此都以競技的方式看待，布陣有一定的程序，交戰也有公認的原則，也就是仍不離開『禮』的約束。」

「禮」字當前，勝負事小，生死事小，興亡事小。所以，拒絕對敵人「半渡而擊」致使敗亡的宋襄公，在當時絕非「蠢豬式的仁義」，而是代表了一種時代精神。

於此，三虎不是匹夫，而是士，所以寧可死，必須死。三虎之死也被後人記下。漢樂府《梁甫吟》中寫道：

> 步出齊城門，遙望蕩陰裏。
> 裏中有三墓，累累正相似。
> 問是誰家墓？田疆古冶子。
> 力能排南山，文能絕地紀。
> 一朝被讒言，二桃殺三士。
> 誰能為此謀？國相齊晏子。

據說，三國時的蜀漢丞相諸葛亮，最喜歡吟誦《梁甫吟》。

晏嬰心裏的算盤噼哩啪啦直響。

三虎向來不把我放在眼裏，仗著幾分功勞，在大街上遇到我的車，從來都不到一旁迴避。上朝的時候，還故意走在我身邊，尤其是那個公孫捷，幾次三番戲弄於我：「相國，你都有我一半高啦。」

我三朝元老，豈能和你們一幫渾人一般見識？這下看你們斷了頭、趴在地下，再來跟我比一比誰高誰矮呀？

再說，我何嘗不是為了君上和齊國社稷著想？你們三個說自己沒有異心，可是當前政治局勢這麼複雜，就憑你們那點智商、情商，即便沒有異心就能保證不被「敵對勢力」利用了？萬一被忽悠了，那跟造反是不是也差不多？

我派田穰苴去傳旨送桃，想來他也是心甘情願的。初次在田開疆府上碰見他時，他只是一個侍弄花草的園丁。恐怕這個活兒，也是他借錢買了些冰片、麝香送給管事的人，求來的吧？雖然同是田氏子弟，但那田開疆卻從未對他多看過一眼，連點印象都沒有，更談不上關照了。這田穰苴平日忍氣吞聲，肯定早就發了狠，要混出個人樣來，我派他去傳旨送田開疆一程，不正是他揚眉吐氣的時機嗎？

再說，那次我偶然碰到田穰苴去田府借書，順便跟他聊了幾句，發現這個恍若「病夫」的人竟然精明強幹，見識過人，真讓人有點出乎意料。於是，才特許他來相府拜會。誰知幾番長聊，這田穰苴竟然滿腹韜略，是個絕世的將才。

若不是本相，他又哪來的接觸最上層階層的機會？只要他能為我所用，對我、對齊國，都不失為一件幸事。

這樣想著，晏嬰的臉上露出了笑容。猛一抬眼，正碰到齊景公寒冰一般的目光——飽含著怨毒與憤恨。晏嬰渾身一緊。趕忙收起笑臉。他明白，眼下大兵壓境，無將可用，齊景公肯定是在怨他——害死大將，自毀長城。這種怨恨，足以令他前程盡毀，腦袋搬家。

不過晏嬰並不慌亂。他深知，根據歷史上的傳統，名臣和奸臣的區別無非是：名臣害人之後能推薦更好的人才來頂替，而奸臣則只管害人卻並無合適的替代人選。而事實上，在設計除掉三虎之前，他早已有了底牌。

晏嬰上奏：「微臣保舉一人，此人深諳韜略，乃將帥之才。他才是我們齊國一隻真正的猛虎，相比之下田開疆他們，頂多只是三條狗而已。」

齊景公把酒杯往案上一放，「相國快說，此人是誰？」「此人名叫田穰苴，雖出身低下，為田氏庶孽，但其人文能附眾，武能威敵，願君試之。」「哦，他也姓田。快傳他進來。」

田穰苴終於走進了他眺望了無數次的王宮，見到了傳說中的國君。齊景公對他的面試很成功，「與語兵事，大悅之。」當即下旨，任命田穰苴為將軍，授予虎符，即日領兵出征。

「死了的人是美人。」田穰苴從沒有看過這句話。

不過他腦間經常盤旋著一個影子：丹唇外朗，玉樹搖風，那容貌、風度、尊榮、邪氣，那一腔灑在黃土地上的鮮紅滾燙少年血……

那影子名叫莊賈，乃齊景公御前第一紅人。沒錯，連相國晏嬰也沒有他紅。

齊景公和莊賈的相逢是有故事的。那年，齊景公用過膳，在王宮散步，晏嬰垂首跟在後面，說些國事。路過鳥舍，齊景公一扭頭，發現一個俊美少年正目光灼灼地望著自己，全無半點迴避的意思。依齊律，這已然犯了大不敬之罪。

齊景公大怒：「這是何人？」

四下跪倒的人回道：「是負責徵集鳥羽的小官。」

齊景公本就生得相貌堂堂，特別一張臉如中秋之月，分外皎潔，這時已被看得有點發紅，「原來是個羽（鳥）人，你為何盯著寡人看？」

「小人說是個死，不說也是個死。」少年這才跪下，緩緩道出驚人語，「小人偷偷喜歡君上的容顏。」

齊景公憤然跺腳：「竟對寡人起了色心！來人！拖出去打死！嗯，打死算了……」

「君上請息怒。」晏嬰說話了，「微臣聽說，抗拒他人的慾望與愛慕，是不對且不祥的。又何況，即便是愛慕君上，也罪不至死。」

齊景公笑著罵道：「竟然還有這種道理。好吧，以後寡人沐浴，就讓他來搓背吧！」

似乎只是一句笑話。然而，這羽人不僅撿了一條命，還得以跟隨齊

景公左右，後世稱之為「抱背之歡」，堪比「龍陽之癖」。整個過程，晏嬰所起的作用極為關鍵，甚至是微妙而可疑的。這也被當成了他的成績，寫入了以他的名字所命名的文集。

這羽人正是莊賈。齊景公對他寵幸之至，不稱其名，而呼之為「羽卿」。那時，美男子是受追捧的。在臨淄城，莊賈頻頻現身各種場合，他衣華服飲美酒的身影幻化為一道風景。

正是：塵世翩翩美少年，舉觴白眼望青天。

血祭少年頭

剛被任命為將軍的田穰苴，就向齊景公奏了一本，想請一位寵臣出任監軍。

監軍是幹甚麼的？大致是臨時差遣，代表朝廷協理軍務，督察將帥之人。據記載，田穰苴是最早提出設立監軍者之一。在此後的歷史長河中，監軍長期存在，一直到唐朝被制度化。再後來，演變成了類似「特派員」的角色。

「末將人微言輕，請君上明察。」田穰苴聲音低沉。他擺出了自己的理由：第一，他出身不算好；第二，他從未帶過兵。雖然這將軍是國君封的，但他本人在齊國卻並無威望可言。

畢竟，文人們有意見，只會在背後裏嘀咕幾句，但那些貴族出身的將領和亡命沙場的兵卒，就不會藏著掖著了。再說，人家拋頭顱灑熱血那麼多年，憑甚麼你來了就服你？一旦軍隊不能死心塌地聽指揮，這仗還怎麼打？而由國君的寵臣做監軍，便能壓住陣腳。

齊景公一聽，樂了。他也正有此意。一則他擔心田穰苴難以馭眾；二則，把傾國之兵交給一個自己並不瞭解的人，他也有點放心不下。

「說吧，你想請誰做監軍？」

「莊賈先生。」

齊景公哈哈一笑：「准奏！傳羽卿。」

朝堂之上，當著齊景公的面，二人約好，次日午時在軍隊大營

會合。

莊賈心裏老大不高興。

他不知道齊國之外怎麼樣，但在齊國他認為只有兩類人。一類是他需要看眼色的；另一類是需要看他眼色的。齊景公和晏嬰屬前者，而其餘所有人都屬後者。

你田穰苴算甚麼，竟然給我安排工作！領兵打仗是你的事，而我有我的生活方式和個人情趣！於是，一踏出王宮的門，他就把約定之事拋到九霄雲外。

田穰苴很認真。次日一早，他就來到軍隊大營，集合軍隊，立表下漏。

那時沒有鐘錶，判斷時間主要有兩種方法：一是在空地插上標杆，根據太陽的影子計時；二是用漏壺，根據漏水的刻度計時。

田穰苴把這兩種方法都用上了，看得出他對和莊賈的這場約會有多重視。

正午的太陽高照，漏聲滴答，標杆投下漆黑的影子。午時已到，莊賈果然沒有來。

時間一過，田穰苴就將標杆放倒，漏壺撤掉。傳令眾將，到中軍大帳統一組織學習軍紀。當時，軍法負責人官名為軍正。因條文不明、作風懶散，軍正被田穰苴喝令當眾打了十軍棍。

莊賈趕到時，天色已至黃昏。晚霞在天際燃燒，莊賈頎長的身材立在斜陽裏，杏黃袍子大袖飄飄，一身酒氣凸顯了他的驕傲。

帥帳中擂響聚將鼓，眾將雁列兩旁。「監軍大人，你因何誤了時辰？」田穰苴厲聲喝問。

莊賈打了個呵欠。心道：為何？大齊長公主為我擺酒送行，跟你說得著嗎？

他一言不發，看都不看田穰苴一眼，只微微抬頭仰望天空。「莊賈！」田穰苴暴喝一聲，「為將者從受命之日，就要把家中老小拋諸腦後；在軍中不能有親疏之別；臨敵交鋒攻城拔寨，連命都不能吝惜。如

今敵軍長驅直入，舉國震動，你看士卒們露宿餐風，戰死沙場，君上寢食難安，百姓之命懸於你手。此時此刻，你還敢喝酒誤事！」

這番訓話猶如獅子吼，晴空一聲雷，銀河瀉九天，諸將為之一震。眾人均想：這莊賈不男不女，早就看他不順眼了，新任的將軍竟敢如此罵他，倒也不失為一個爺們兒！

莊賈心中一緊，他一時摸不著頭腦，暗想，要不要跟田穰苴解釋一下，這貌似也是個惹不起的主兒？

正猶豫間，卻聽田穰苴又道：「軍正何在？依軍法，逾期該當何罪？」因為剛挨了軍棍，軍正回答得斬釘截鐵：「當斬！」

田穰苴掃了一眼莊賈，冷冷道：「將莊賈推出轅門，斬首示眾！」

眾將心中一凜，紛紛望向田穰苴。

「甚麼？」莊賈也嚇得一哆嗦，膝蓋顫了幾顫，終於跪下來。他抬頭仔細端詳田穰苴。映入他眼中的，是一張冷峻而刻板的臉，在史書中，這張臉從來就沒有笑過。

忽然，莊賈明白了一切，也漸漸消除了懼意。他當然不傻，能在宮中游刃有餘，他豈是不知厲害的？

「你當真要斬我？哈哈哈哈。」莊賈仰天一陣長笑。

田穰苴點了點頭，猛一揮手。大帳一片靜悄悄，四名刀斧手，齊刷刷站到了莊賈身後。

莊賈摘下腰間佩劍，舉過頭頂，「這是君上賜我的當世名劍，想來你見都沒有見過，還給君上吧。」一旁早有人雙手捧著接過去。

又摘下一塊晶瑩玉佩，「此邙山古玉價值連城，你這村夫的身家性命，怕都不值其九牛一毛。可惜如此美玉，再不能得其所哉！」言罷，一把摔得粉碎，扭頭大步向帳外走去。

「姓田的，斬我，你不配。只恨大好頭顱，斷於村夫之手！」

眼見國君的紅人要人頭落地，莊賈的手下都嚇蒙了。他們知道，此時能救莊賈的只有齊景公，連忙飛車入朝。

齊景公聞訊也大吃一驚，心道：「田穰苴你小子搞甚麼？不知道羽

卿是我甚麼人嗎？我把活人借給你，不是把他腦袋借給你！」

齊景公趕緊派自己親信使者持旌節，駕車趕到軍中，來赦免莊賈的罪。

遠遠地，使者就看到大營轅門的高杆上懸著一人的首級。待得近些，使者只覺得一陣眩暈——不是莊賈，還能是誰？再看那三軍將士，個個站得筆直。四下鴉雀無聲，唯有風吹軍旗獵獵作響，旗上的「田」字陡然間擴張得比泰山還大、比黃河還廣。

使者在路上的滿腔怒火，轉瞬燒盡，只剩一片冰冷悲戚的死灰，半點青煙都不敢冒出來。他小步快跑進了中軍大帳，向田穰苴宣旨。

田穰苴恭恭敬敬，接完旨，也未給使者看座，只說了一句話：「將在軍，君令有所不受！」

據史料，這句話連同它的意思，都是田穰苴原創。使者一下沒聽懂，還想說點甚麼。此時，又見田穰苴厲聲喝問軍正：「軍營當中不能跑馬，如今使者在營中馳騁，該當何罪？」「當斬！」軍正的回答比剛才更響亮。「啊！」使者瞬間蒙了，心道，「我、我怎麼成了莊賈第二了？」他的兩條腿抖得如篩糠一般，雙肩聳起不停哆嗦，一陣風吹來，頭上的帽子滾出老遠，而他全無知覺。如果不是想著自己是國君派來的使者，他可能早就撲通一聲跪下了。

田穰苴面沉似水，環視左右，片刻，悠悠道：「君上的使者——不能殺。」

接著，他傳令將使者的馬夫斬首，將車左邊的馬也斬首，並砍下了馬車左邊的立木，算是對使者做了象徵性的處罰。

然後，他對呆若木雞的使者道：「尊使請回，代我向君上奏明一切。」

使者拔腿就跑。

一刀，將國君的第一紅人斬立決；一刀，將欽差大臣驚得落荒而逃。此前數千年，沒有人比田穰苴殺得更霸氣、更徹底。

這是震古爍今的一次亮相。大戰在即，整頓軍紀的最快捷手段莫過

於誅殺——最簡單，也最有威懾力。

為甚麼要選莊賈？

第一，他是國君的紅人，殺他最有傳播力，也沒人再敢妄動；第二，他張狂，壞不壞、冤不冤此時都已不再重要，殺他可以得人心。多少人都在想，如果不是莊賈這種腐敗（享樂）分子，晉國和燕國又怎敢興兵入犯？

如果使者足够快，能不能救下莊賈？不能。如果放過莊賈，他遲早要報一刀之仇。憑著他和國君的親密程度，天天耳畔吹風，田穰苴的仗還怎麼打？覺還怎麼睡？這一刀舉起來，就再無餘地。一定要殺，殺得霸氣，才能殺出氣勢，殺出軍令如山。田穰苴所揮出的一刀，也殺出了中國軍事史上的一個傳統——揚刀立威。

史上從不缺少這樣的例子。田穰苴之後數年，他的山東老鄉孫武向吳王闔閭要求，借用其宮女演示陣法，平時最受寵的兩位被指派為隊長。誰都知道，有雞鴨的地方就有糞便，有年輕女人的地方同樣就有笑聲，而且從音量上來講，一個女人頂得上五百隻鴨子。操練期間，這些美女笑得花枝亂顫。孫武鐵石心腸，立馬殺了兩位「隊長」，一下舉國皆驚。孫武由此在吳國得到重用，成為一代名將。

三國末期，魏國派大將鍾會統兵十萬伐蜀。牙門將許儀被點為先鋒官，為大軍逢山開路，遇水搭橋。出征不久，鍾會騎馬路過一座橋，橋上破了個洞，馬蹄陷入洞中。鍾會大怒，責許儀失職之罪，要開刀問斬。許儀是誰？他乃曹魏開國元老許褚之子。許褚是曹操心腹愛將，統帥御林軍，忠心耿耿，戰功赫赫，曹操稱之為「虎癡」。小說裏有「許褚裸衣戰馬超」一幕。史書記載，諸將紛紛求情，鍾會不為所動，依舊將許儀斬首。於是，「諸軍聞之，莫不震竦」。

而田穰苴那句「將在軍，君令有所不受」，也成為軍事史上最重要的原則之一。此後，孫武將之稍加改變，寫入《孫子兵法》，從此名垂後世。

這就是：「孫子曰：（途）有所不由，軍有所不擊，城有所不攻，地有所不爭，君命有所不受。」

致命的酒局

一顆人頭有多重？一片江山有多重？

齊國第一紅人、美少年莊賈的一顆新鮮頭顱，換來了田穰苴的軍令如山。

大軍出征。田穰苴又拿出齊景公之前賞賜的所有財物和糧食，犒賞三軍。自己則與將士同吃同住，親自慰勞病弱者，一時軍心大振。

這一切早有密探報知晉、燕兩國。兩國本是乘虛而入，如今得知齊國士氣已振，當即著手撤軍。田穰苴麾師追擊，一舉奪回阿、甄二城，收復黃河兩岸。

田穰苴挾大勝之威，率精悍之旅，諸將皆唯他號令是從，士卒唯其馬首是瞻。想想這半輩子忍氣吞聲，受困於柴米油鹽，苟活於別人冷眼之下，如今，是不是到了該他揚眉吐氣，好好舒展、放縱一下的時候了？

且慢！事實上，對於一個主將來說，這正是一個生死攸關的時刻。在田穰苴之後兩千年，出了一個典型的反證。那就是為清世宗雍正皇帝立下汗馬功勞的心腹大將年羹堯。說起治軍之嚴，年羹堯在史上是數得著的，甚至連雍正看了都為之變色。

盛夏，年羹堯操練陣法，精銳將士皆著牛皮鎧甲，大汗淋漓。一向冷血的雍正看了都有些不忍心，傳口諭讓「寬衣」。將士山呼萬歲，卻堅立不動。雍正再說一遍，將士依舊如故。直到年羹堯手中令旗一擺，

將士們才立馬脫下鎧甲。

正是這一幕，讓雍正對自己這位死黨動了殺機。此後他以「俯從群臣所請」之名，盡削年羹堯官職，開列九十二款大罪，其中應處極刑及立斬的就有三十多條。年羹堯被賜自裁，身敗名裂。

為甚麼？軍令如山是好事，但將軍之上還有皇帝。如果士兵為了軍令，而違抗皇命，那皇帝就要吃醋了。平民百姓吃了醋，大不了雞零狗碎吵一架；而君主吃了醋，卻是要殺人的。

傳說年羹堯曾寫過一首詩，其中自有一種為將者的無常與悲涼：

> 長安寺裏醉春風，未到京華一品紅。
> 慣看人間興廢時，不測富貴不尋窮。

出道雖晚，田穰苴卻很有先見之明。他深知 —— 功高須自疑。無論國君有沒有猜疑，自己都必須先假定他有。這是中國歷史上為將者生存之不二法則。這就像一個氣球，假如飛得太高，爆裂就是必然的結局。

班師回朝，田穰苴做了一件事。他在臨淄城外便遣散大軍，不但交出兵權，而且還與三軍將士盟誓效忠於齊景公。這是一次高調而華麗的謝幕。在內容和形式都做得無懈可擊之後，他才只帶了幾個隨從進入臨淄城。

田穰苴的這番舉動讓齊景公很滿意，也終於把心放回了肚子裏。那麼，自己的第一寵臣莊賈被田穰苴斬首祭旗，齊景公就不心疼嗎？

歷史並未明確記載。中國史書所遵循的邏輯是，感情只有在產生重大後果時，才會被寫下來，否則一切都不值一提。

想來，齊景公怎能不心疼？只是，像他這般歷盡權力傾軋才得以站穩腳跟的君主，自然是愛江山勝過愛美人的。他不是「只恨生在帝王家」的公子哥兒，他比誰都更懂得如何把握自己的愛恨情仇。

齊景公心潮澎湃。為表彰田穰苴為齊國立下的大功，他特意率朝中

文武大臣全體迎出都門，下旨封田穰苴為大司馬。

「司馬」這個官名自西周始置，位置僅次於三公（相當於宰相），與六卿相當。《周禮》上說：「司馬掌五兵。」雖不是國家武裝力量的最高統帥（最高統帥當然是國君），但大致也相當於國防部長。而田穰苴的職務是「大司馬」，足見齊景公對他的倚重。於是，草民田穰苴升級成為司馬穰苴。

那年秋天，「大司馬府」落成，司馬穰苴在府門前站了好一會兒。朦朧中，他感覺自己像一尊站在高處的巍峨石像，穿過時光遙望自己卑微的過去。

他隱隱知道，自己變成了一個能夠名垂史冊的人。

也許到這個地方，故事應該畫一個句號。但在真實的歷史上，要畫出一個圓滿的句號，怎一個「難」字了得！

文有晏嬰安邦，武有司馬定國。兩條腿走路的齊國終於安穩下來。這樣又過了幾年，雖然齊景公一直繼續他的玩樂生涯，但此前一直衰敗的齊國竟然漸有雄起之勢。齊景公心裏很踏實，但也有點鬱悶。沒辦法，他就是這樣一個「娛樂至死」的人。王宮裏的生活太枯燥，而他的寵臣莊賈又被司馬穰苴殺了，每想到這一點他就抓狂。

很多人不理解齊景公的這種症候：作為君主，你嚴肅點兒、有點責任心好不好？為甚麼非要當昏君呢？

舉個例子，或許就容易明白這個道理。清朝的乾隆皇帝給世人留下的印象不錯，他明知道和珅是奸臣，卻為何偏偏不殺他，還跟他泡在一起？

只因為與棟梁之臣難求一樣，八面玲瓏的「狎友」也是一種稀有動物。

齊景公是個酒鬼。一日，他在宮中飲酒作樂，從中午喝到太陽落山還不盡興。望著蒼茫暮色，他胸中似有一團火在燒，也有滿腔的話要說。「寡人太孤單了，寡人是千古傷心人呀！」一個聲音在他腦子裏大喊。

「還是去喝個痛快吧！」齊景公默默道，然後帶著隨從去了相國晏嬰的府邸。

晏嬰早早得了消息，趕緊從後門飛似的逃開了。他明白，這酒不能喝。

因為國君走到哪裏，史官就跟到哪裏，每一筆都會明白無誤地記下來。任你官職再高，權勢再熾，就算是國君本人，也逃不過這支鐵筆的褒貶。

史官不怕死？不怕。真不怕。在古代，特別是東漢之前，史官代代相傳，史書也是個人作品。直到唐太宗李世民之時，史書才由個人作品改成了「國史」──由國家組織撰寫。

有段鮮血淋漓的故事可為明證：齊景公的哥哥齊莊公，被權臣崔杼弒殺，史官當即揮筆寫下：「崔杼弒莊公。」崔杼大怒，殺死史官。史官二弟再寫「崔杼弒莊公」，也被殺。三弟又寫，又被殺。四弟依舊寫，寫完引頸待戮。崔杼怯了，無可奈何，只好任由他寫。而就在這位四弟寫完回家路上，遇見另外一個史官世家的人也正在趕來 ── 人家擔心前者家族被殺絕，是來接力續寫的。

正因為如此前仆後繼，「頭可斷，史不可改」，史書才讓「亂臣賊子懼」。

晏嬰是要當名臣的，當然不能留污點。所以，他走前叮囑管家：「君上來時，就說我不在家。」

齊景公吃了閉門羹，心裏很不爽，「那就去司馬府吧。」

大司馬府的正門很少開。除去上朝和軍務，司馬穰苴一直待在家裏。他本就不樂於交際，不像晏嬰那樣長袖善舞。貧賤的出身，使他不願和貴族打成一片。不過，他不可避免地成為貴族攀附的對象。特別是田氏一門，經常主動拜訪他，希望得到提攜。

那幾年，司馬穰苴一直在考慮一個問題：我究竟要做一個甚麼樣的人？

田開疆等三虎的影子，經常在他眼前浮現，每次都讓他感到徹骨的悲

涼。還有莊賈那張狂傲的笑臉，他被自己一刀斷頭，牢牢釘死在恥辱柱上。

一字千金。一個字比一條命更重。這是每一個士人的共識，也是春秋那個時代的價值觀。

史書究竟要怎樣來寫我呢？思忖再三，他決心著書，將自己行軍打仗和整頓軍務的心得寫下來。時空無涯復無情，我這輩子只是一根稻草，但或許這本書能留下一點甚麼。

這天夜裏，老妻早已睡下。司馬穰苴正在秉燭寫書，突然門衛急報：齊景公來訪！

司馬穰苴大吃一驚，連忙披掛整齊，手持長戟，打開大門迎接。一開口便問：「君上星夜來訪，莫非是其他諸侯國發兵來攻打我們了？」

「非也！」

「莫非是朝中大臣有人舉兵造反，攻打王宮？」

「也不是。」齊景公搖了搖頭，有點尷尬。

「那君上半夜來臣家，有何貴幹？」

「嘿嘿，那個 ——」齊景公朝後面車上一指，上面載滿了美酒，「寡人沒別的事，想起司馬軍務勞苦，想跟你喝一杯。」

司馬穰苴一聽，心中火冒三丈，正色道：「陪君上飲酒作樂，非臣之職分，恕臣不敢從命。」

看著司馬穰苴那張冷峻的臉，齊景公的滿腔熱情也被兜頭澆了一盆冷水，拂袖而走。

回府之後，妻子心中不安，「你看君上都喝成那樣了，全憑一口氣撐著，再喝幾杯肯定就醉了。你還惹他幹甚麼？」

「婦人之見！我衝鋒陷陣，死都不怕，還怕那幾杯酒嗎？」司馬穰苴淡然道，「只是，假如我在家陪君上喝酒，哪怕只一杯，就成了弄臣。」

說完，他又歎口氣，看了妻子一眼，「弄臣啊！你懂不懂！」

齊景公碰了釘子。不過，願意陪他喝酒的人可多了去了。他前腳離開大司馬府，後腳一個叫梁丘據的人就主動趕來，長跪車前，把國君迎回了自己家。

二人喝了個通宵達旦。次日上朝，晏嬰與司馬穰苴一齊出班進諫，說齊景公不該深夜到大臣家飲酒。

齊景公有點惱了。他道：「寡人無二卿，何以治吾國？無梁丘據，何以樂吾身？寡人不敢妨二卿之職，二卿亦勿與寡人之事也。」

這話已經說得夠明白，君子有君子的用處，小人有小人的用處，誰也別礙誰的事──其實放眼整個中國歷史，能像齊景公這樣在朝堂之上如此坦白的國君寥寥無幾。這也是春秋時的特點，人比較本色。到了後來，絕大多數國君都遮遮掩掩，口是心非，但做起事來也還是那麼一回事。

這一文一武只好退下。國君的臉向來是一張晴雨表，只要有一丁點的變化，立刻就有人讀出一場暴風雨。一些善於揣摩上意的人開始向齊景公進讒言。

水至清則無魚。畢竟，司馬穰苴殺莊賈的事情，給所有的小人都留下了陰影──誰知道他甚麼時候還會再舉刀呢？

當時田氏一族本已勢大，司馬穰苴又司職軍政，現在他居然和相國晏嬰「一個鼻孔出氣」，這不是很危險嗎？

須知，當國有外患時，上下一心金不換，但承平日久就另說了。不但將士一心招猜忌，將相一心也會讓國君睡不安穩。

所以，有些精明的將相，彼此間沒有隔閡也會製造一點隔閡。所以，有些猜忌的皇帝，沒有奸臣也會製造幾個奸臣。

讒言很有效。齊景公乾脆下旨罷免了司馬穰苴。

司馬穰苴當然明白自己丟官的原因，但他還是感覺受了莫大的冤屈。

他不解釋，也無從解釋。怨氣醞釀著，很快便抑鬱成疾，一代奇才抱恨而亡。

在齊景公去世一百年之後，田氏誅滅齊國當權的各大家族，遷國君齊康公於東海之上。作為姜子牙的後裔，齊國的國姓本為姜，但自此之後變成了田，史稱「田氏代齊」。

戰國、狼與桃花

吳起

如果說春秋是亂世的話，戰國則是殺機四伏的叢林。諸侯們盤踞在自己的領地，弱肉強食是唯一法則。

戰國的空氣是血腥的。

在春秋，一切仍然受「禮」的約束。即便生活在春秋末期的孔子，仍提倡「克己復禮」，希望恢復以往的社會秩序。諸侯國之間的征討更像是一場場軍事競技，往往以道德的名義，又遵循一定的規則，比如年邁者不會被抓為俘虜。他們爭的是霸主，戰爭尚未波及平民。孔子卒於公元前 479 年，按照傳統的說法，三年後中國歷史進入戰國時代。

在戰國，「禮」的窗戶紙已然被戳破。諸侯爭的不再是桂冠，而是個個張開血盆大口，時刻準備吞併他國國土。事關生死存亡，戰爭勝負成為壓倒一切的標準，「斬首 × 萬」頻繁出現，「坑殺降卒」在所不惜。秦國、趙國之類全民皆兵的軍國主義陸續出現。在春秋，孔子還可以「道不行，乘桴浮於海」，而到了戰國，縱然想躲也躲無可躲。

於是，能左右戰局的將領，受到列國的空前重視，被推到了風口浪尖。所以，戰國出名將。

戰國的空氣也是自由的。在春秋，從主政的卿相到下級官員，絕大多數都是世襲，忠誠度極高，平民百姓難有出頭之日。而在戰國，戰爭的高壓使出身逐漸被淡化。一些胸懷抱負者躍躍欲試，他們絕非固定忠誠於誰，而是待價而沽，周游列國，逞絕世才華，要在天地之間、史書之上，留下自己深深的足跡。

於是，戰國的名將背後，都有一個崢嶸崛起的悲歡故事。他們是風格各異的野獸，以操控戰爭為職業，人命是最尋常的籌碼。

在這群野獸之中，吳起是最為刺眼的一個。他是戰國時代的一隻狼，兇狠、機警、嗜血、孤獨，只要哪裏有機會，他就會幹上一票，撕上一口。倫理、名聲、家人，甚至自己的性命，統統都可以押上賭桌。

這頭孤狼淒厲的嚎叫，穿透史冊，呼嘯而來。

不為將相，永不還鄉

亂世出英雄。這不錯，但亂世更容易出的，是賭徒。吳起的賭性，很早就顯示出來。他是衛國左氏人。衛國雖小，卻出了不少人才，除了吳起，還有一個比他晚出生四十多年的商鞅。

作為一個富家子，又是獨生子，少年吳起在鄉間過得逍遙自在。他聰明過人，口才又好，凡事都樂於出風頭。尤其是每年春暖花開之際，他穿上鮮艷的袍子，遊蕩在田間街頭，調笑那些採桑、趕集的女子，看她們生氣而又嬌羞的神態，是他的一大樂趣。

唯一的遺憾是，從小到大，他一直都很矮小。這讓他敏感而又自卑。不知是否因為這一點，每當別人問他以後想幹甚麼時，他總揮舞著拳頭大喊：「我要成名，我要當官。」

這本應只是小孩可愛的一幕。只是，當吳起一心一意去踐行的時候，事情就變了味道，甚至可怕起來。十六歲出門遠行，吳起峨冠博帶，大袖飄飄。他雇了豪華的馬車到處遊歷，社交，觀見，宣講，希望能引起衛國上流社會的注意，謀得一官半職。然而始終未能如願。

不僅如此，因為他數年如一日地花錢如流水，父母又拿他毫無辦法，終於導致家業破產。

曾經的花花公子，徹底淪為一個笑話。很多鄉居拿他做反面教材，對好高騖遠的孩子說：「聽著，你再這麼不知天高地厚，當心變成第二個『吳起』！」

吳起的父親憤恨交加，染病而亡。出殯前後，鄰居無一人前來幫忙，他們只是遠遠看著，指指點點：「看啊，吳起這個敗家子，好好的家業被他糟蹋成這樣！咱得離遠點兒，免得沾了霉運！」

　　錦上添花者太多，卻無人雪中送炭。他含淚埋葬了父親，又賣掉大多數田產，只留下三間茅屋，五畝薄田給母親，又踏上求官之路。

　　那個寒風刺骨的冬天，穿著單衣的吳起，又一次落魄而歸。他知道，倘若偶遇鄰居，免不了會遭遇冷眼，為讓神經麻木一些，他專門喝了一些酒，硬著頭皮邁向村子。

　　始料未及的一幕出現了——當吳起提著那把象徵士人身份的劍走近村莊時，他看見母親正在村頭等待。他的眼眶一熱，快跑幾步，撲通跪倒。

　　母親更加蒼老了，頭髮幾乎已經全白，雙眉緊鎖，眼睛裏有一片如山如海的愁苦。她扶起吳起，顫聲道：「起兒……我聽人說你回來了。」

　　吳起攙著母親，顫巍巍往回走。他發現母親並沒有走大路，而是兜了一個圈子。

　　「莫非我們搬家了？」但他很快就明白，母親是不想遇到熟人，不願別人對她一事無成的兒子冷嘲熱諷。

　　只是，在彈丸大小的村子裏，這樣的努力是徒勞的。他們只轉過了一條巷子，就看到了列隊「迎接」他們的街坊。至少有三五十人，他們笑著，罵著，不時相互踢一腳，吐口唾沫，臉上寫滿了興奮。

　　「老吳婆，接你們家寶貝兒子去了？哈哈，你家起少爺個子又長高了——啊？比村頭那老榆樹椿子不高半頭嗎！」

　　「這回當甚麼大官了？怎麼不坐車回來呢？至少也得三駕馬車呀！」

　　「哦，沒錢是吧？沒事兒，把吳起手裏那鐵片兒賣了，你再去縫個把月的衣服，就能雇個驢車，風光一下了！」

　　「我還以為這熊孩子討了個王侯將相的千金回來了，想看看大家閨秀長啥樣。哈哈，只怕這輩子看不著了！」

　　……所有面紗都揭去，他們已全不避諱。

流言像馬蜂一樣撲頭蓋臉，在耳邊盤旋，鑽進腦子裏去。吳起攙著母親，她臉色蠟黃，牙關緊咬，身軀瑟瑟顫抖，如三九寒風中最後一片枯葉。

　　夜闌人靜，流言從馬蜂變成螞蟥，悄無聲息，一口一口，吮吸著吳起的心頭血。

　　隔壁傳來陣陣笑聲，在蒼白的月亮底下格外刺耳。聽母親說，那是吳二家白天剛殺了一頭豬，聽到吳起回來的消息，那些人奔走相告，然後一起去村頭欣賞他的窘態。

　　母親瘦骨嶙峋，似乎好久沒吃過肉了。吳起心中疼痛，繼而生起一股怒氣。

　　白日裏那一張張臉在他眼前掠過，全是熟悉的面孔。他清楚記得，誰曾經帶著孩子一次次到自己家，來攀親戚；誰買不起白麵過不了年，來家裏借錢；當收成不好，周圍人都吃不上飯時，父親曾讓他打開倉庫放糧施粥，那些人全都叫著：「謝謝少爺，忘不了您的大恩大德。」可這才幾年，怎麼就都忘了？

　　特別是那個吳二，將殺豬的血水全都潑在吳起家門口，說甚麼「反正你們也沒臉出門，用不著這塊地方。」「從小我就看這孩子不成器。」「還想當大官。」……

　　怒火越燒越旺，衝天而起。一個念頭從心底萌生，他瞬間冷靜了。

　　三更天，當吳起把匕首從吳二嘴裏拔出來時，鮮血噴了他一臉。他更加清醒，那股強烈的噁心感讓他知道一切並非夢境。

　　在角落中吐了一番後，他盯著吳二直挺挺的屍首，一種前所未有的快感充溢全身。他長吁一口氣：「哼哼，豬一樣的人，你這血和豬血有何區別？」

　　一張白天嘲笑他的名單，很快在腦子裏列了出來。吳二家的殺豬刀剛剛磨過，在朦朧的月色中泛著灰茫茫的光。

　　那時候是真的夜不閉戶，因為窮人家沒甚麼可偷的，富人家又認為沒人敢偷他們的東西。吳起就這樣隨風潛入夜，連殺三十餘人。鋼刀砍

損了三把，有四家被他整個滅門。

四更天，吳老夫人起夜，發現兒子正在摸黑收拾包袱。她知道兒子白天受了別人的嘲弄，又不知如何安慰與挽留他，只好悄悄點上燈，站在兒子身邊。

吳起沒有提殺人的事。他說：「媽，孩兒這次回來就是想看看您老人家。孩兒已經在外地朋友那裏謀了一份差事，這就要趁早啟程了。」

吳老夫人點了點頭。她知道兒子心裏自有一片天下，這個家實在太小、太窄、太破了。她挑了挑燈芯，下灶去給兒子做飯。

柴火的光照著母親的蒼顏白髮，吳起淚如雨下，撲通一聲跪下，磕了三個頭。然後，他撸起袖管，朝自己的胳膊狠狠咬了一口，登時鮮血直流。

「媽，孩兒這次出門，如果當不上公卿將相，今生今世永不再回來了。」說完，起身便走。

吳老夫人大吃一驚，一把沒拉住兒子。等她追出來時，吳起早已消失在茫茫夜色之中。

這一別竟成永訣。那一年，吳起二十六歲。

離開家門，大步向東。吳起知道，只要天光一亮，殺人之事便會敗露，官府定會緝拿於他。於是，他白日藏身山野，晚上星夜兼程，很快便逃離了衛國。接下來去哪裏？他早有了主意，去拜曾子為師。

一般認為，這個曾子是孔子的學生曾參。他是孔子的嫡傳弟子，也是孔子托孤之人，以孝著稱。史載，在父親病故時，曾參「淚如湧泉，水漿不入口者七日」，以後「每讀喪禮則泣下沾襟」。

事實上，吳起是來不及拜曾參為師的，在他五歲時，曾參就已去世。他此次所拜的乃是曾參之子 —— 曾申。

吳起為甚麼選曾申？他跟曾申有個共同點 —— 兩人都對豬有著深刻的記憶。他殺的第一個人吳二，是個殺豬的，而曾申也有一個天下聞名的殺豬故事。

據說，曾申小時候在街上看到賣肉的，就哭個沒完，吵著要吃。曾

參的妻子被哭煩了，說：「兒子你別哭了，回家殺豬給你吃。」回家後，曾參就磨刀霍霍要殺豬。

妻子急了：「你搞甚麼啊？跟孩子開個玩笑也當真！咱家條件你又不是不知道。」

曾參很嚴肅：「兒子正在學習模彷階段，大人說話怎麼能不算數呢？」說完就把豬殺了。

小曾申高高興興地連吃幾天肉，很膩很過癮，但接下來，就不可避免地連吃了幾個月穀糠窩頭，這讓他很受教育。父親的言行也在他幼小的心靈中，深深埋下了種子。

當然，吳起去拜曾申為師，還是看中了儒家「天字第一號」的招牌。

此時他已經明白，自己奔波十年一無所獲，根本原因還是在於：一沒有本事，二沒有出身。假如放在從前，想平平凡凡過一生或許也還行，可如今有命案在身，假如再沒個靠山，恐怕用不了多久就會小命不保。而當時，儒家經過三代苦心經營，隱隱已有天下第一顯學之勢，而當時的總舵主正是曾申，所以最好的選擇莫過於入此門下。

此刻，曾申一見吳起，心中就咯噔一下。眼前這人身材矮小，貌不驚人，但兩隻眼睛滴溜直轉，透出一股精悍陰狠之氣，絕非久居人下之人。

「只怕他會壞我門規。」曾申心中琢磨，「不留他吧，我現在正在廣招門徒之際，拒人千里之外，只怕影響不好。收他吧，日後出了問題可怎麼辦？」

曾申略一沉吟，一個念頭閃過，臉上浮現一絲憨厚的笑容，當即朗聲對吳起道：「好，那你就住下吧。」

吳起見曾申面現猶豫之色，正在擔心，又見他開口答應，連忙跪下磕頭。即日，又行拜師大禮。

就在吳起剛剛安穩下來，想學點東西時，噩耗從衛國傳來：他母親吳老夫人去世了。

吳起眼淚長流，卻並未聲張。他很想立刻就回衛國奔喪，但路途遙

遠，回去時肯定早已下葬，根本見不了母親一面。而且，衛國的捕快也會守株待兔，只等他回去立即上門抓人。然而，不回去又是大逆不道。根據儒家門規，父母去世不但一定要奔喪，還得守孝三年。即便是高官，也得辭官回家守孝。

儒家耳目遍及天下，曾申豈能不知？他立馬召開儒門大會，當堂質問吳起：為何不奔母喪？頭可斷，血可流，孝道禮儀不可丟！於是，洋洋灑灑一篇宏論。其間休息時，他又走到吳起身邊小聲解釋：「小吳啊，你也知道，這個是原則問題嘛。現在儒家雖然發展不錯，但仍根基不穩，競爭對手不少。我經營這門新興學說，難處也真是不少。所以，請多擔待了……」

一扭頭，曾申便高調宣布：現在清理門戶，將吳起逐出門牆，通告天下，以儆效尤。

吳起恍然大悟，自己竟然成了這天下第一顯學宣揚門規的最佳反面教材——要遺臭萬年了。

他默然不語，對四下這群巍然高坐者，投以鄙夷的一瞥。

喪家犬也有春天

人各有命。每個人都應該堅信：對的人在等你，現在和未來，一直都在等你。

被逐出師門的吳起像一條喪家犬。不過，他做喪家犬已經習慣了，並沒有任何自暴自棄的意思。這一天，他忽然收到一封信，邀請他去魏國西河，落款為「卜商」。

吳起心中劇震。他當然知道卜商是誰。卜商，字子夏，衛國人，孔子弟子，七十二賢之一，時人尊其為「卜子」，亦稱「卜子夏」。

論輩分，子夏比曾申還高一輩，是吳起的前師叔祖。論身份，子夏現為儒門西河分舵的舵主。「西河學派」為子夏一手所創，雖然名義上遵從總舵號令，但因子夏的性格、能力和輩分，基本自成一家。他以文學著稱，又勇武過人，與子路並列為孔門兩大高手。如果說曾申有點像學究的話，子夏更像一個教父。

教父找我幹甚麼？吳起很納悶。不過，他的心中已然生起一股強烈的衝動，急切地想與子夏見面。

一個月後，吳起來到關中平原東部，位於黃河沿岸的魏國重鎮——西河。一見子夏，他就感受到一種無形威壓，撲通跪倒在地。

其時，子夏已九十三歲，雙目失明，挂一根黝黑的柏木杖。他有著一張比地圖更有丘壑的臉，皺紋縱橫羅列，鬚髮皓然如雪，高大的身軀像一棵老槐，默然對著吳起。

「你的事，我聽說了。你小子够狠。」

吳起靜靜聽著，不敢抬頭。

「我就問你一句話：願不願意做我的弟子？」

「願意。」

子夏「嗯」了一聲，用拐杖用力敲了敲吳起的後背。

「以後，你要給我老實一點。」就這樣，吳起拜入子夏門下，輩分憑空長了一輩。

有人跟他開玩笑：「你以後若再見曾申，叫他一聲『師兄』就行了。」吳起一言不發，只是瞪目對著那人。

那人趕緊跑開。

在吳起印象裏，子夏每天都衣冠端正，臉上不喜不怒，終日不言，儼然一座靜穆的大山。隨著時日漸增，吳起對他每多瞭解一分，敬佩便更深一層。

原來，子夏不僅是衛國人，還跟吳起同鄉。子夏少時一貧如洗，衣不蔽體，卻聰明過人，酷愛習武。後人記載：「子夏家貧，衣若懸（玄）鶉。」

當年求學，孔子對子夏另眼相看，頗為信任。每當孔子精神不振，鬱鬱寡歡，就會讓子路和子夏在兩旁侍奉，如此便能心情怡然，志通意順。想來，孔子是從兩位高手的陽剛之氣中得到了好處。千年之後，傳說唐太宗李世民每遇精神不佳，就會命秦瓊和尉遲恭這兩員大將為自己護法，大概也是受了孔子師徒的啟發。

子夏與子路是兩種人。子路心直口快，胸無雜念；子夏性格陰鬱，工於心計。另外，子夏還通曉經書，據宋人考證，孔子去世後，《詩經》、《春秋》等書，均由子夏傳承。子夏與顏回、曾參等師兄弟也是兩路人。他對政治、兵法、權謀都興趣濃厚，造詣精深。他心中的君子形象，絕非「溫文爾雅」、「坦蕩蕩」，而是「知權術，有心機」。

吳起還聽說，子夏十四歲時，就已經敢與天下聞名的勇士公孫悁一爭高下。

當年，衛國國君衛靈公臥病在牀。一日，他白天被噩夢驚醒，十分害怕，派人飛車去請公孫悁。馬車走得急，差點撞到一個人。車夫看時，正是儒生子夏。子夏雖然年少，卻已經跟隨衛靈公出使過幾次。車夫認得他，連忙勒馬解釋。

子夏昂然問：「非公孫悁不可嗎？比他更強的人行不行？」車夫忙點頭：「行！」

子夏飛身跳上馬車，馳往王宮。然而，衛靈公見了，先為子夏看坐，又對車夫怒道：「讓你去找勇士，帶儒生來幹甚麼？快去找公孫悁！」不一會兒，公孫悁聞訊趕到，他健碩身軀一震，撞翻六名衛士，隨即披髮仗劍而入，大吼一聲：「卜商，如果你現在就滾出去，我還可留住你的項上人頭！」

子夏掃了他一眼，喝道：「咄！公孫悁，收起你的劍。咱們說說誰比誰強！」

公孫悁這才意識到，自己在國君面前拔劍，已然失禮，連忙還劍入鞘，到一旁坐了下來。

「我們曾跟隨君上，去見晉國大夫趙鞅。趙鞅仗著自己權重勢大，全沒把我們放在眼裏，竟不顧禮節，披頭散髮，手持長矛，接見我們君上。」子夏說著，看了一眼衛靈公，只見他臉色蒼白，一言不發。接著又道：「當時，我們當中有人挺身而出，對趙鞅稱，諸侯相見須穿朝服，如果不去換上朝服，他就要把自己脖子上的血，濺到姓趙的身上。趙鞅這才乖乖去換了朝服。公孫先生，你還記不記得，那次挺身而出的，是你還是我？」

「是你！」公孫悁老實回答。

「我們還曾去見齊國國君。齊君為顯示比我們君上高一等，故意坐了兩個坐墊。是誰上前讓他撤去一個坐墊？」

「也是你！」公孫悁聲音矮了一截。

「我們有次跟隨君上狩獵，有兩個賊寇從後面緊追不捨，有人拔出長矛，將他們打退。那個人是你還是我？」

公孫悁無言以對。子夏看了看他，又朗聲道：「身為士人，上不畏萬乘之君，下不懼亡命之民，外能捍衛國家尊嚴，內能平息賊寇侵擾，這才是君子之勇。假如只是仗著身強體壯欺負弱者，憑藉人多勢眾不守國法，凌辱無罪之人，那不是勇士，而是人人得而誅之的敗類！《詩經》曰：『人而無儀，不死何為！』這樣的人有甚麼資格在君上面前談論『勇』字！」

這一番話如驚雷急雨，說得公孫悁面無人色。

連衛靈公也趕緊掙扎起來，對子夏行禮道：「寡人雖然愚鈍，但也知道先生才是真正的勇者。」

「師父究竟看上我哪一點呢？」吳起心裏琢磨：在子夏這樣級別的人看來，自己不學無術，毫不勇武，簡直和只螞蟻沒有兩樣，他為甚麼要千里傳書給我？他苦想不出，也就不再想，同時也明白，自己的事恐怕已盡人皆知，注定是遭人唾棄之人。只是，他依舊沒有忘記自己的志向：要出人頭地，成為公卿將相。

在西河，吳起沒有朋友。好在，那裏藏書甚豐，他每天只是拚命讀書，但讀來讀去，最感興趣的還是《春秋》。

他也開始習武，練得筋肉累累，黝黑結實。

這一日，子夏派人叫吳起過去。先問了幾個問題，吳起對答如流。子夏微微點了點頭，「你倒也用功，不過，我知道你不是做學問的材料。」

吳起默默點了點頭。

「非但如此，你還是殺人逃犯、不孝之子、我儒門棄徒，簡直是敗類之中的敗類。」

吳起冷汗直流，一聲不敢吭。「那你知道我為何還要叫你來西河嗎？」吳起搖搖頭，「徒兒不知。」子夏一聲冷笑：「我西河門下人才輩出，連魏國國君魏斯（魏文侯）都拜我為師。你師兄李悝在魏國主持變法，行古之未有之事，傳誦一時。另外兩個師兄田子方、段干木，都是當世有名的賢者。你吳起和他們比起來有幾斤幾兩？」

吳起羞愧難當。子夏又道：「聽著，我選你不是因為你好。而是因為你有野心，够狠辣！」

吳起心中一動，抬起頭來，但見子夏臉色泛紅，竟似有幾分激動。「好人遍地都是，聰明人我也不稀罕。李悝乃是大才，田子方、段干木等人也各有成就。如果百姓是羊的話，他們都是很好的牧羊人。然而，當今天下大亂，列國紛爭，不能只有牧羊人，還要有狼——孤絕之狼，以其尖牙厲爪，嗜血之性，狼子之心，行我卜商澄清天下之志！」

「師父莫非想說，徒兒就是那只狼？」「哼哼，你現在連條狗都算不上。」子夏說完，把幾卷書丟給吳起，「這個，你拿回去看看。三天後再來見我。」

這些書吳起從未見過，上面記載了諸侯國之間的會盟、征伐、婚喪、篡弒等，正好與《春秋》相輔相成，包含了諸多王室檔案。他沉浸其中，只覺前事歷歷在目，那些封侯拜將，權力紛爭，鮮血橫流，屍橫枕藉，人命如草……只看得他肝膽俱裂，卻又有一種興奮如野草般蔓延。

三日後，子夏又為他一一講解其中疑點，詳解重大戰事。這一切如醍醐灌頂，讓吳起眼界大開。而後又拿了幾卷書回來。

如此周而復始，吳起漸漸覺得，自己雖然只在書本和子夏的教訓中沉浮，卻儼然看到了各個諸侯國的輪廓。尤其是對行軍佈陣，越來越有心得。

這天夜裏，他從屋裏出來，天上群星如沸，直照得明月無光。

吳起仰天自語：「當今天下，強者爭鋒，其中一顆星定然是我吳起！」

次年，春暖花開。這一日，吳起在西河城東五里外練武，忽然一陣急雨，將他渾身澆透，待烏雲散去，冷風一吹，不覺戰栗。這時節本不該有這樣的急雨。吳起一邊想著，一邊擰了擰頭髮和衣服上的水。

空中仍細雨紛飛。「春雨貴如油啊。」他歎口氣，想起了母親，假如她老人家還在世，看到這春雨落在莊稼地裏，定然又要欣喜若狂了。

他決定四下走走，趁著這風雨，看看周圍的風景，也清洗一下數年來胸中的積鬱。走不多遠，前方紅影搖曳，竟是一片桃林。吳起快走幾步，只看到數百株桃樹開得正盛，如雪如火，如膩如醉，在風雨中彌漫著酒一般的濃香。

吳起漫步桃花間，不覺笑了。他已許久未笑過，想起自己年少時，每到花開之日，就去調戲那些遊春的姑娘——她們穿戴一新，鶯聲燕語，桃腮粉面，那是他此生最快樂的時刻。

前方不遠處，依稀有一座茅屋，他也覺得冷了。「去看看，這雨不知幾時能停，能避一陣也好。」

吳起推門而入，屋內狹小，卻陳設有章，其中只有一女子。女子一襲紅衣，年方妙齡，正手持一卷書在讀。見吳起進來，初始有些驚訝，但看見他腰間象徵身份的佩劍，就迅速鎮靜下來，「先生擅闖寒舍，有何貴幹？」

「本想避雨而已，打擾了。」吳起說著，便要出門。「且慢。」少女道，「先生是西河城中的士子？」

「在下乃卜子門下，吳起是也。」「原來是卜子夏先生的高足。吳先生請稍坐，以避風雨。小女子正有幾個問題想請教。」少女說著，躬身請吳起上座。吳起見少女生得美貌，本不欲走，聽她挽留，便順勢坐了下來。與她相對，只聞到一股幽香，不覺有些迷狂。

少女問了些《春秋》、《易經》等書上的問題，吳起開始尚能隨口應答，望著對面綺艷的紅衣皓腕有些走神，但後來，就不免要停頓一下。再後來，竟然需一番苦思，才能應對。少女神色不變，一副孜孜以求的樣子。吳起卻已暗暗心驚，不禁正襟危坐，無暇做任何非分之想。少女所言，出入於儒道之間，卻又非儒非道，時時閃現機鋒，隱隱有刀兵之氣。若非這數月以來，吳起拚命用功，又經子夏親自點撥，早已方寸大亂，棄甲曳兵。

不覺天色已晚，少女起身長揖，「果然名師出高徒，吳先生真乃當世俊才，小女子受益匪淺，佩服之至！」

吳起連忙還禮，心中羞愧，已不知自己臉上神色如何。便要往外走，只聽少女又道：「依吳先生所見，何為『仁戰』之道？」吳起一楞，不知作何回答。「先生不妨回去稍作思考，改日再來賜教。小女子在桃林恭候大駕。」

吳起默默出門，走出二十餘步，回頭看時，那少女正站在門口望著他。淡淡暮靄之中，她窈窕的身影像極了一樹桃花。

他猛然想起當年母親送他出門之時的樣子，眼眶一熱，噙滿淚水，顫聲笑道：「你，你叫甚麼名字？」

「夭夭。」少女的聲音像從夢的谷底傳來，「『桃之夭夭』的夭。」

次日，天晴。茅屋裏燃了一爐香，香煙裊裊娜娜，若舞者之姿。吳起屏氣凝神，如對大敵，如臨深淵。除去對師父子夏，他從未有過如此從內到外的禮敬。「何為『仁戰』之道？」昨日，他回城之後，苦思夭夭問他的問題，一夜輾轉反側，雖想出幾種答案，但總覺得不好。次日，便又來桃林。

夭夭比他高出一截，身著粉色衣裙，一根月白的玉笄，斜插於如雲黑髮上，更顯明艷無方。只聽她輕啟朱唇道：

「古者，以仁為本，以義治之之謂正。正不獲意，則權；權出於戰，不出於中人。是故殺人安人，殺之可也；攻其國，愛其民，攻之可也；以戰止戰，雖戰可也。」

這番話從她口中吐出，清脆悅耳，對吳起卻不啻於晴天霹靂，將他原本所學所感瞬間震得四分五裂。

特別是那句「是故殺人安人，殺之可也；攻其國，愛其民，攻之可也」，更讓吳起瞠目結舌，緩了緩神，又佩服得五體投地。

儒家「仁」字當頭，「和為貴」，子夏雖然身負絕學，篤力拓展，卻始終在儒的範圍內，牽絆者多。即便是子夏說的「以狼子之心，行澄清天下之志」，也更多只像一種個人野心。但夭夭所言則大為不同，既符合道家所言的「天地不仁」，又與仁義相契合，更重要的是，全然不落窠臼，字字力劈華山，有千鈞之力。

「她小小年紀，怎能有此超絕見識？」吳起心道，他隱隱有一種直覺，這斷然不是夭夭自己所悟。

夭夭見他一臉疑惑，咯咯笑了起來。「吳先生，要不要小女子再講兩句？」吳起點了點頭。

「凡戰，擊其微靜，避其強靜；擊其疲勞，避其閒窕；擊其大懼，避其小懼，自古之政也。」

吳起靜靜聽著，一字一字咀嚼這些話。她是說：兩軍對陣，要攻擊兵力微弱而故作鎮靜之敵，避開兵力強大而鎮靜之敵；要攻擊疲勞沮喪之敵，避開安閒輕銳之敵；攻擊畏戰之敵，避開有所戒備之敵，這些都是古來治軍作戰之道。

吳起更相信自己的判斷，這些話儼然出自一位身經百戰的將軍。因為，這道理不是悟出來的，而是殺出來的。

他對夭夭深施一禮，「原來夭夭小姐是名門之後，請寬恕吳起失敬之罪！」

夭夭又笑，笑容裏有一種淒涼。她忽而道：「吳兄，我請你喝酒！」

這酒分外香甜，傾入數月不曾飲的枯喉中，聽到咕咚一聲悶響。吳起坐在桃樹底下，咧嘴笑了。看一眼夭夭，她也擎了一杯，斜倚著一棵桃樹出神。那樹桃花就要謝了，細小的嫩葉已露頭。

「夭夭小姐，來，喝酒！」

「吳兄，敬你！」吳起飲了數杯，只覺春陽如火，照得臉上滾燙。再喝下去，眼前的桃林，也洇成粉紅而模糊的一片。「夭夭，你生得真是和桃花一樣美！」「當真？哈哈。來，喝酒！」「敬桃花，喝！」

「敬春天！」「敬無家可歸的人！」

「敬這生靈塗炭的亂世！」

……

血染的虎符

這天，是子夏授課的日子。吳起不敢怠慢，一早趕去。

子夏似乎心情不錯，談鋒極健，吳起卻覺得煎熬，一顆心如有螞蟻在爬。當然，他不敢有絲毫表示，他清楚，子夏不是他能惹得起的。

終於，盼來了黑夜，又盼來了天明。紅日升起時，他人已在桃林，手裏拎著一壇酒。一日不見，桃花竟全都萎謝了。

吳起忽然有些擔心。再往前走，更是大驚失色。那座茅屋已成廢墟，焦黑中一片斷壁殘垣，看情形是經歷了一場大火。廢墟中，沒有夭夭的影子。

「夭夭小姐！夭夭！」他嘶喊幾聲。四野茫茫，毫無聲息。他瘋了一般在西河城內城外尋找，又哪有她的一絲人影？

吳起感覺自己整個胸膛都被掏空了。他失魂落魄地坐在桃林中，田埂裏落紅片片，像撒了一地的紙錢。

月亮升起來，他人已冷透，所有念頭都成灰。夭夭定然出事了。

西河，地處魏國與秦國交界，流民眾多。當今年成不好，又是亂世，少不了賊寇橫行，惡人當道。她一個孤女，又生得美貌，在這荒郊野外，四鄰不接，為人所擄、所殺，又有甚麼意外？

冷月無言，樹影橫斜如群醜亂舞。吳起怔怔地望著，他恨這個世道，恨自己。

天色泛青的時候，他的淚水已乾。晨風吹拂，他感覺自己往下陷，

就要陷入土裏、泥裏，他雙目緊閉，不願再看這骯髒的世界一眼……

「吳兄！」一個聲音傳來，似乎是在夢的深處。吳起笑笑，仍未睜眼。如果能夢到她，就多夢一會兒。

「吳大哥！」

吳起緩緩睜開眼睛，看到一雙秀足，再往上看，不是夭夭又是誰？一身最為尋常的粗布衣裳，外罩黑色袍子，兩眼汪汪正望著他。

吳起爬起來，一把抱住她。夭夭也緊緊抱住他 —— 櫻唇幾乎碰著了他的鼻子。

一會兒，夭夭笑了：「你也不怕我是壞人 ——」吳起並不鬆開，「我也不是好人。」說著，便去狠狠吻她。夭夭又笑，卻不抗拒。一襲黑袍委頓在地。

吳起長跪於子夏面前。子夏眉頭微蹙，看不出喜怒，只隱隱透出一種威嚴。

許久，子夏方道：「我讓你讀的書，都讀完了？」吳起恭敬回道：「是，徒兒已細細讀過，師父也講解過了。」「說吧，你要娶的是誰家女子？」吳起沉吟，還未想好如何回答，只聽子夏接著問：「是不是城東桃林中的那個小姑娘？」吳起驚愕，卻也只是點了點頭。

「你知道她是何人？是何來歷嗎？」

「徒兒知道。」

「她被強仇追殺，你知道嗎？」

「知道。」

子夏嘿嘿一笑，點了點頭，「你們打算去哪裏？如果留在魏國的話，我的面子君上還是要給的，你師兄李悝又手握重權，你要謀個一官半職倒也不難。只是，君上宣揚『仁義』，李悝以公正嚴明著稱，魏國又不乏戰將，你身無寸功，又背負惡名，只怕會沉於下僚，永無出頭之日。」

「徒兒想去魯國。」

「魯國？嗯，魯國素無將才，一旦有戰事來臨，倒有不少機會。只

不過，魯國是儒家根基所在，曾申地位無人可撼，身為他的棄徒，你就不怕處處碰壁，遭人排擠嗎？」

吳起仰起頭，望著子夏，昂然道：「那又怎樣？」

「唉，只怕又有悲劇發生！」

「師父，吳起以我之心力，行我之志向，縱與天下為敵，為天地不容，那又怎樣？」

子夏仰天長笑，連聲道：「好！好……」

天地蒼黃。黃河捲著泥沙，打著旋，怒吼著，向南而下。吳起背著包袱，與夭夭一起，大步而行。

壯志凌雲的吳起，在魯國做了一名小吏。這份差事讓他勉強可以維持自己和妻子的生計。新婚燕爾，日子倒也和美，二人有時談論兵法，有時也聊些閒話。

這日，夭夭問：「曾申與子夏先生均是當世名儒，他們二人高下如何？」

吳起笑道：「曾申嚴於律己，以儒門正統自居，公道而言，的確是一股清流，然而清則清矣，卻只是一條小溪，望而見底。而子夏先生兼容並包，乃是千里汪洋，澄之不清，激之不濁，喑嗚叱咤，氣象萬千。二人焉能比較？」

「真羨慕吳郎，能以如此淵博的人物為師。我家先人便仰慕魯國禮樂千秋，一心想來此地學習，是以代代以此為志。現在想想，吳郎為了我而來到魯國，受此冷遇，辜負大好年華，真讓我愧疚萬分。」

吳起緩聲道：「夭夭你說到哪裏去了！你我二人何分彼此！吳起自有出頭之日，只是時機未到而已。」

轉眼便過了一年。吳起一無所有，夭夭本來有些首飾，也變賣得差不多了。二人只能靠他微薄的俸祿為生，愈漸困窘。

吳起並非沒有窮過，但從未如此安穩地窮過。日復一日為柴米油鹽煎熬，讓他感覺自己胸中的鴻鵠之志與十萬甲兵，被一點點消磨殆盡，像被春蠶日夜嚙咬的桑葉。

他開始憎惡自己，像一頭無處釋放的野獸。看夭夭在家中操勞，他時常生起一種強烈的自責，乃至自卑。他自幼不務稼穡，夭夭更是貴族後裔，怎能將日子過得如此死寂？這使他性情乖戾，動輒積鬱。有時，他又充滿了感激，有夭夭在身邊，他像口裏含了一顆定風珠，在亂世的狂風暴雨、飄蓬流離中，能夠感受到一絲安穩、一縷溫柔。

這年秋天，齊國興兵伐魯。魯國和齊國同樣歷史悠久，其第一代統治者乃是周武王御弟周公旦之子伯禽，向來齊魯並稱。後世，人們也把山東叫作齊魯大地，但歷史上它們從來都不是實力對等的國家。如果說齊國是一條鯊魚的話，魯國頂多算是一隻海豚。

不過，海豚也是要反抗的。在此之前，魯國也曾有過典型的反擊。一次是長勺之戰。曹劌是其中的關鍵人物。「一鼓作氣，再而衰，三而竭。彼竭我盈，故克之。」這句話已成為鼓舞士氣的著名論斷。

另一次，魯國不戰而勝。齊國權臣田常一直有謀反之心，他擔心國內以晏嬰之子晏圉為代表的四大家族，對他不利。於是田常打算攻打魯國，借機擁兵自重。危急關頭，孔子高徒子貢主動請纓，要以三寸不爛之舌，消弭魯國這場兵災。

子貢出馬，先勸田常按兵不動；隨後赴吳國，勸吳王夫差伐齊；又赴越國，勸越王勾踐假意發兵助吳，實乃伺機復仇；最後又到晉國，勸晉國國君在邊境屯兵，以待齊軍。

子貢這次出行，引發連鎖反應。先是吳齊兩國大戰，夫差擊敗田常，卻不肯見好就收，又逼近晉國，被晉國打敗。而吳國後方的越王勾踐聞訊，偷襲吳軍，一舉逼死夫差，滅掉吳國，成為春秋最後的霸主。

史書寫道：「子貢一出，存魯，亂齊，破吳，強晉而霸越。」可見孔子這位弟子的威力。

齊軍大兵壓境。當世已無子貢。此時，魯國國君是魯繆公。他想到了孔子的再傳弟子——吳起。「寡人想用吳起為將，以禦齊軍，諸卿以為如何？」魯繆公在朝堂上問。

大臣議論紛紛。有人說，那吳起我知道，他可不是甚麼好東西，都

說遠親不如近鄰，他倒好，一下就殺了三十多個鄰居，而且母親死了也不奔喪，這哪裏是人，分明是禽獸！有人說，吳起早已被我師曾申逐出門牆，後來雖然被子夏收留，但絕對不是儒門正統，他有甚麼資格做領兵之將？有人說，我魯國乃禮儀之邦，就算亡國也不能用這種敗類……

魯繆公臉上不動聲色，心中卻早已大罵：你們這幫廢物，有本事你們去領兵打仗啊！眼下要亡的是我的江山，就算換成齊國統治，你們還能照樣當官，我可就全完了！

這時又有人說話，「吳起確有將才。不過，微臣聽說，其妻田氏乃齊國貴族之女。兩軍陣前，生死決於一瞬。倘若吳起受其妻子所左右，抑或顧忌妻子家人安危，彼時，我魯國將有滅頂之災！」

魯繆公大吃一驚，這番話句句說到他心裏，不能不聽。然而，眼下著實無將可用，於是，他當即傳旨，派使者去和吳起談談。

吳起緩步走在回家的路上。憤怒、焦灼、絕望……百感交集。怒的是，疑人不用，用人不疑，你魯繆公要選的是將軍，與我妻子老家在哪國何干？急的是，眼下正是千載難逢之機，一旦錯過何時再來？而絕望則在於，我吳起已二十八歲，空負一身絕學，如此苟活與死何異！

推開家門，禾禾剛剛收拾出準備過冬的被子。紅色的粗布被面上，幾枝粉紅色的桃花，是她剛剛綉上的。

「天冷了，你多穿件衣服。」禾禾輕聲道。吳起不語，摘下佩劍往牆上的鐵鈎一掛。「吳郎，我溫了酒。我們喝幾杯吧。」禾禾說著，去廚房端了酒來。吳起依舊悶悶不語，抬頭看了妻子一眼。她微微笑著，笑容裏有一種凄涼。

二人對飲幾杯。禾禾擎起酒壺，給他滿滿斟了一杯，微微笑道：「吳郎……當日你曾答應為妻之事，千萬莫要忘了。」

吳起不覺怔住，禾禾這一笑，竟是一種令人斷腸的絕艷。

還劍入鞘。吳起看了一眼銅鏡中的自己，那是一張扭曲的臉，兩行清淚從血紅的眼睛中流了下來。

吳起大步走在通往王宮的路上，無人敢擋。人們像躲避瘟疫一樣躲

開這個男人。這個雙手捧著結髮妻子頭顱的小個子男人。

魯繆公很震驚，他想不到吳起會用如此極端的手段化解這一難題。當然，他也很滿意，於是任命吳起為將軍，率軍與齊國作戰。

歷史沒有記住這個可憐女人的名字，史官只寫下了六個字：「起殺妻以求將。」

沒有人能否認，吳起是一個天生就適合領兵打仗的人。他率領魯軍到達前線後，沒有立即同齊軍開戰，而是恭恭敬敬地表示願意講和。

這絕不是因為他受儒家文化影響，講究先禮後兵，而是他要向齊軍示弱。不僅如此，他還專門從魯國帶來了五百名老弱殘兵，手持破爛的刀槍，在中軍營寨外駐守。

齊國兵將都笑岔了氣，都知道你魯國國小兵微，但讓這麼多老頭上前線，這是要感化我們呢，還是想激發我們的敬老之心？看來，我們壓根就不用拿魯軍當盤菜。

齊軍士卒驕心四起，警備懈怠。將軍更是夜夜宴飲，就等著吳起割地求和了。

時機已然來臨，吳起迅速證明：自己不僅是一盤菜，而且是一盤齊國的胃口消化不了的硬菜。

那一夜遍地青霜，泠泠月光如流水，處處都是刀光。

冷風亦如刀。魯軍精兵個個手持短刀，銜枚疾進，直搗齊軍中軍大寨。那完全是一場屠殺，齊軍還沒緩過神來，就已傷亡過半，屍橫遍野。

只一戰，打垮齊軍主力，魯國大獲全勝。這是吳起的成名之戰。

吳起站立城頭，數百名齊軍俘虜跪在城下。兩名刀斧手，將齊軍將軍押了上來。

吳起一臉肅穆，縱聲叫道：「齊國人聽著，有件事你們都給我記住 —— 此番擊敗你們的不是我吳起，而是司馬穰苴司馬公的兵法！這是你們欠司馬家族的血債！」

一字一字，聲如狼嚎，直上雲端。他揮一揮手，刀光閃動，鮮血迸

濺，齊國將軍的人頭飛落城下。「其餘俘虜，放他們走！」

出名要趁早。不過，也得看出的是甚麼名。在以弱勝強擊敗齊國之後，吳起非但沒像司馬穰苴那樣靠知識改變命運，反而陷入了困局。在一個宣揚道德至上的國家，道德向來是最稱手的凶器，道德審判也是很多人的拿手好戲。一旦天下太平，吳起立刻成了魯國群臣的眼中釘、肉中刺，流言像蒼蠅一樣飛來飛去，遮天蔽日。

總有一些人，在講故事方面頗有天賦，通常這種人心腸並不好。他們在魯繆公面前反覆說吳起是個「猜忍之人」，多疑而殘忍。他們很賣力地講述了吳起的斑斑劣跡，還義務添加了很多情節。

讓魯繆公相信這些其實一點都不難。因為吳起捧著妻子血淋淋頭顱的那一幕，已經成為他最頻繁的噩夢場景。這樣一個毫無底線的人，誰能預料他將來會做出甚麼事來？而且，講故事的人除了動之以情，更會曉之以理。他們說：君上您想，魯國只是一個小國，這下把齊國都打敗了，那鄰國會不會感覺到威脅？是不是更想滅掉魯國了？

噩夢很可怕，威脅君位更可怕。魯國國君疑心大起，立馬收回了吳起的虎符。而魯國也徹底失去了最後一次重新崛起的機會。

順便說一下，「魯繆公」是後人給這位魯國國君起的諡號——一個人活著的時候，是絕不會被稱呼諡號的。「繆」這個字的意思是：「名與實爽曰繆；傷人蔽賢曰繆；蔽仁傷善曰繆。」顯然，這不是個好詞。

吳起咬牙切齒，不過他並沒有失落，更不曾解釋一句。他知道，他的名字已經在各諸侯國流傳。在那個烽煙四起的年代，還有甚麼人才比名將更搶手呢？

他悄悄收拾好行李，來到了妻子的墳前。那已然是一座魏然高聳的大墓。他提著一壺暖酒、一枝梅花，在墓碑前恭恭敬敬擺好了酒杯。叫一聲「夭夭」，兩淚滂沱，滴滴答答落在杯裏，像那年春天桃林中的雨。

墓碑上六個大字：司馬夭夭之墓。

吃的不是飯，是氣

　　吳起來到了魏國。其時，子夏雖已過世，但還有李悝等師兄在那裏。

　　李悝，又名李克，他的名字在中國歷史上不常被提到。然而事實上，李悝是孔子與孟子兩個時代之間的重要人物，有六篇《法經》傳世，堪稱「法家第一人」。

　　魏文侯（魏斯）乃魏國的開國君主，他重用李悝，推行變法。

　　魏文侯曾問李悝如何治理國家，李悝道：「奪淫民之祿，以來四方之士。」這裏的「淫民」，指的是那些躺在祖輩功勞簿上，乘車馬，衣美裘，紙醉金迷，不求進取，不念民生勞苦之輩。而「士」當然是人才。在盛行世襲制的當時，這些話可謂石破天驚。然而魏文侯一一准奏，實行了歷史上最早的「計劃經濟」。於是，魏國迅速強盛。

　　「近水樓台」就在那裏，但是吳起並未去拜見李悝，而選擇了另一位重臣——翟璜。

　　為何如此？一方面，是因為吳起的傲氣，他已經厭倦了喪家犬似的仰人鼻息的卑微；另一方面，則是吳起明白，他與李悝，看似近，實則遠。

　　李悝是魏文侯面前第一紅人，但他自矜功勞，愛惜羽毛，像吳起這種惡名昭彰之人，他不躲著走就不錯了。吳起若去見李悝，好的結局是李悝看在同門面子上，給他一個閒職；而壞的結局則可能是，李悝將

吳起一頓訓斥，掃地出門，就像曾申一樣，通過侮辱吳起來增加自己的美名。

翟璜水平有限，全憑舉薦人才之功才坐到今天的位置。他一生曾舉薦了任座、樂羊、西門豹等賢才，就連李悝也是他舉薦給魏文侯的。如果吳起去找翟璜，被拒絕的可能性很小。其一，以翟璜之眼光，當然知道吳起是人才，論公應當舉薦。其二，他會揣測是否李悝讓吳起前來，假如是，這面子不能不給；假如不是，當魏文侯問李悝意見時，皮球就到了李悝腳下，怎麼踢隨他。所以論私，不能不薦。

吳起素非奸詐之人，但他熟讀兵書，《孫子兵法》中的「以迂為直」，不正是如此嗎？

再說，世上往往就是這樣，當你身處危難，所有人都認為某某人天經地義會幫你時，你卻要冷靜下來好好想想，是否真是那麼回事？

魏文侯果然悄悄和李悝商議：「你覺得吳起這個人怎麼樣？」

李悝嘿嘿笑道：「回稟君上，就人品而言，這個吳起貪功好色，不值一哂。但若論用兵，他比司馬穰苴有過之而無不及。」

魏文侯認真考慮了一夜，第二天就任命吳起為將軍，派他率軍攻打秦國。吳起一舉攻克河西五座城池。這五座城池戰略位置非同小可，可遙遙控制崤函古道，乃秦國東進中原的門戶。如此一來，秦國只能退守洛水，沿河修建防禦工事，築重泉城以固守。

魏文侯大喜，設西河郡，任命吳起為西河守將，獨抗秦國和韓國。

此後多年，吳起連連對秦國等諸侯國用兵，《吳子兵法》稱：「曾與諸侯大戰七十六，全勝六十四，餘則鈞解（不分勝負），闢土四面，拓地千里。」

吳起此生最驕傲的一戰，發生在他五十一歲的時候。

那一年，秦國被壓制得忍無可忍，調集五十萬大軍，兵鋒直指魏國要塞陰晉，在城外佈下百里連營。五十萬，一次戰役動員如此龐大的部隊，在中國歷史上大約是首次出現。這對於此時的秦國，已是傾國之兵。

陰晉瀕臨千年古渡口 —— 風陵渡，這裏從來不乏傳說，更是兵家必爭之地。一旦秦軍攻克陰晉，佔據中條山與黃河之間的狹長通道，不僅中原門戶大開，河西五城也將唾手可得，一舉扭轉多年來被魏國壓制的局面。

吳起早已屯兵以待。夜晚，他登上城樓觀看，但見秦軍營火如螢，星星點點，四野一片通明。

此刻，陰晉城內所駐紮的魏軍只有數萬人。吳起忽然笑了，這是一種歡快的笑，但在殺氣騰騰的氣氛中，一如夜梟，讓人不寒而慄。

吳起早已無比明瞭，他身體裏住著一個好戰的靈魂。無論朝廷重臣還是平民百姓，永遠都不會比麾下將士和對面死敵給予他的尊重更多。在戰場上，沒有一個人膽敢輕視他一分一毫。在生死間不容髮的一瞬，所有的虛偽和俗套都將煙消雲散。在這裏他是神亦是魔。

對眼下這一戰，吳起不僅有信心，而且有底牌。陰晉城中的五萬多人，乃是他一手打造起來的精銳 —— 魏武卒。

史書記載：「魏氏之武卒，以度取之，衣三屬之甲，操十二石之弩，負矢五十，置戈其上，冠冑帶劍，贏三日之糧，日中而趨百里。中試則復其戶，利其田宅。」

可見，魏武卒乃重型步兵，其選拔極為嚴苛，不是想當就能當。入選者需身披三層重鎧，戴頭盔，扛長戈，配利劍，背五十支箭，攜三日軍糧，還須會操作三百五十四千克的強弩 —— 推測為牀弩，半日之內跑四十一點五公里路。

這樣的兵卒，身體條件可謂百裏挑一，訓練也極嚴酷。不過，一旦成為魏武卒，便能享受優厚待遇，不僅可免除全家賦稅徭役，還可獲贈良田和房屋，也就意味著一個人可以改變全家的命運。

選將方面，吳起最注重「忠誠」與「指揮若定」這兩點，進有重賞，退有重刑，行之有信，違令者定斬不赦。

吳起還明白一件事：永遠不要指望士兵為一個整日高高在上的人賣命。他本人律己之嚴，到了難以想像的地步。與最下層士卒同衣同食，

睡覺時不鋪席子，行軍時不騎馬坐車，還自己親自背乾糧。有的士兵背上長惡瘡，腥臭難聞，路人掩鼻而過，吳起卻用嘴為他吸出膿液，治好傷口——吳起的這一系列做法，成為後世名將的標桿，不知多少人曾效法於他。

吳起之吮，是偷心術，也是死亡之吮。有一個士兵被吳起吸過膿液，其母聞訊伏地大哭。別人安慰她：「你兒子只是一個小兵，人家吳大將軍親自為他吸膿，您哭甚麼呢？」這位母親一臉絕望：「往年，吳公為我夫吸過膿，我夫奮勇殺敵，身受重傷十餘處，仍戰不旋踵，至死方休。現在吳公又為我兒子吸膿，我不知道他哪一天又會戰死……」

身體彪悍，訓練有素，裝備精良，賞罰嚴明，將士歸心，人人用命……這一切，使得魏武卒成為戰國初期一支赫赫有名的虎狼之師，也是吳起在魏國最強硬的底牌。

在探知秦軍即將大舉進攻陰晉之前，吳起並未舉行甚麼誓師大會，而是精心策劃了一場飯局。

這是一場聲勢浩大、震動全國的飯局，吳起專門請來了魏國的國君魏文侯。顯然，這一場慶功宴是國宴的標準。

沒錯，就是慶功宴。雖然大戰還沒開始，但宴席要先吃。吳起讓所有將士分三排就坐。第一排，坐的是以往歷次戰役中立過大功者，使用金、銀、銅等各類貴重餐具，豬、牛、羊三牲俱全，美酒佳肴可任意取用。第二排，坐的是立過小功者，貴重餐具適當減少，伸長胳膊就能吃到前面桌上的宴席。最後一排，坐的則是無功者，不得用貴重餐具，胳膊伸得再長也夠不著桌上的菜。

宴會結束之後，魏文侯還在大門外對有功將士的父母、妻子等家屬論功行賞。並對死難將士的家屬，專程派使者慰問並給予賞賜，以示不忘。

這頓飯，有功者吃得得意揚揚、威風八面，連全家人一起都感覺風光無限；而無功者則個個灰頭土臉，恨不得找條地縫鑽進去，在整個家族面前也抬不起頭來。

這一頓，吃的不是飯，而是氣，一股「知恥而後勇」的積聚之氣。所謂「養兵千日，用兵一時」，吳起在用兵之外，還加上了激將。通過一場超大規模的激將法，他將士兵的表現與家族的榮譽捏合到一起，這在「重名輕生」的當時，無疑形成了最大的動力。

當秦軍來襲的消息一公開，魏國三軍踴躍請戰，特別是那些無功之人，來不及穿上甲冑，便紛紛報名上前線。吳起大喜，但他只挑選了五萬名無功的將士。此外，還調來戰車五百乘和騎兵三千人。

魏文侯依舊忐忑。這一戰直接關係魏國的生死存亡，他怎能不擔心？只是，面對這位戰功赫赫的將軍，魏文侯又不便當面質疑，只是滿腹狐疑地看著他。

吳起冷冷一笑：「君上，您聽沒聽說過，一個亡命徒在曠野中逃命，一千個人也不敢靠近他。為甚麼？因為每個人都怕他突然暴起和自己拚命。我有五萬個亡命之徒，放眼天下，誰人能敵！」

事實上，吳起所憑藉的絕不只是人心，他還有戰法。他組織起一個以步兵為主體，戰車和騎兵為策應的作戰編隊，這就是史上著名的魏武卒方陣。他嚴令：步兵、戰車和騎兵，各歸其位，不遵將令者，縱使斬殺敵人也不錄軍功，而且還要嚴加治罪。

當戰鼓如雷霆般敲響，秦軍才發現，他們遇到的根本就不是一群人，而是一群狼。魏武卒嗷嗷嚎叫著，滾動著，碾壓著，很快就把素以陣容嚴整而著稱的秦軍衝得七零八落，伏屍百里，流血漂櫓。

五萬魏軍完勝五十萬秦軍，這一戰讓吳起的名字牢牢載入史書。後人稱其，「吳起之用兵也，不過五萬」，「有提七萬之眾，而天下莫當者誰？曰吳起也。」

熟讀歷史的人也知道，在對抗秦國的戰爭史上，魏國能佔得一點便宜的除吳起之外，也僅剩下一個人，那就是「戰國四大公子」中的信陵君魏無忌。

這些年，吳起極少喝酒，因為只要幾杯酒下肚，他就覺得自己的心要跳出來。

這一日，他卻故意多喝了幾杯。擎著酒杯走到院裏，其時已是深秋，落日正沉入西山，紅彤彤似一團冷火。

「夭夭。」他唸道。這個唸了無數次的名字，一到喝酒的時候，就會變成一隻火紅的蝴蝶在腦袋裏蹁躚，一閃一閃，全都是她。「今天，我終於為你的《司馬法》又找到了傳人。他便是名將樂羊，雖然老了些，但他是個難得的將才，定能將此兵書代代傳承下去。妳看行嗎？」

吳起在院子裏坐下來。他早已斥退了侍衛和僕役，也只有此刻在醉意朦朧中，他才敢回憶那個充滿血色的日子，他和夭夭最後一次的絕命對飲。

「吳郎。」夭夭的聲音永遠是那樣脆冷，像深秋嚴霜下的梨子，「你的劍穗又髒成這樣了！」她說著，從壁上的銅鈎摘下吳起的佩劍，起身進了廚房。

吳起瞥了一眼，心裏木木的，只一杯一杯，兀自飲酒。許久，不見夭夭回來，心猛然一跳，連忙跑去推開廚房的門。一股血腥味撲面而來。夭夭已然躺倒在地，四溢的鮮血，沾滿了柴草，又流到了土牆根。

吳起眼前一黑，幾乎栽倒在地。他睜開眼睛，「哇」的一聲，連酒帶血噴吐而出。

「夭夭，你何苦如此！」他咬碎了牙齒，淚眼朦朧中，看到灶台上擺著一封信，正是夭夭的親筆。字跡工整，竟不似倉促間所寫。

莫非 —— 吳起不忍、不敢再想下去。

信中，夭夭詳述了她的家世生平。自司馬穰苴謝世後，後人便謹遵其遺訓，遠離齊國朝廷。然而，齊國君主始終對司馬家處處提防。田氏一族坐大後，深知齊國百姓仍不忘司馬穰苴之蓋世戰功和卓絕品行，便想讓司馬家挑頭，率眾造反，他們再趁機弒君，取而代之。

孰料，司馬家始終不為所動。田氏又探知司馬穰苴傳下一部兵書，名曰《司馬法》，記錄其一生所學所悟。倘若得到這部兵書，即便沒有司馬家襄助，亦可橫行無阻。於是，他們先是軟硬兼施，繼而痛下殺手，將司馬家幾近滅門，然而終未得到兵書。

夭夭正是司馬穰苴的後裔，為保住《司馬法》，她的父母在趙國遇刺，兄長在中山國被殺。她獨自一人亡命天涯，這期間也漸漸明白，如此下去終究難免死於刺客劍下。若想保住兵書，最好的方法莫過於將其傳於一位有志之士，待其功成名就，為大國名將，那時又何懼齊國的刺客？

　　她聽聞子夏學冠中原，自儒家之中隱隱開出兵家一派，便來到西河。住下後，卻又擔心他與齊國暗通款曲，尚未決定是否前去拜會，便先遇到了吳起。

　　吳起又驚又痛，心道：憑夭夭的經歷與見識，怎會不知道我以往的劣跡？可她還是選擇了我。這是一種怎樣的相憐與相知，亦是怎樣的恩重如山！

　　那封信的最後寫道：「請斬夭夭首級，奉之於魯君，則吳郎可為將矣。夭夭自到之事，莫使鄰人知之，果爾，徒增魯君疑慮，使夭夭枉死一場。吳郎莫惜莫痛，夭夭一生悲苦，早已活得夠了！」

　　這幾句話，字字有剜心之痛。隔了二十多年的時間回望，吳起的眼睛仍籠罩在那片血光之中，手上的黏稠與血腥讓他徹夜難眠。

　　和夭夭相比，我吳起又算得了甚麼。她才是一隻孤狼，從未在心底裏倚仗過誰，也從未真正獲得過溫暖，反而以如此決絕的方式成就了一代名將。

　　她一介弱女子，卻用自己的頭顱，稱出了這個亂世的斤兩。

萬箭穿心亦溫柔

一朝天子一朝臣。這句話是總結，更是預警。

魏文侯死後，吳起繼續效力於他的兒子魏武侯（魏擊）。和剛剛即位的年輕君主一樣，魏武侯既躊躇滿志又毫無想法，既想當明君又心生叛逆。過度分泌的荷爾蒙常常使他無所適從。

經魏文侯多年苦心經營，魏國一派生機勃勃。經陰晉之戰，吳起又徹底擊敗秦國，此時的魏國不僅確立強國地位，而且隱隱已有稱霸中原之勢。

那年春天，魏武侯與吳起一起乘舟沿黃河南下。船到中流，魏武侯看到如此險要地形，只覺豪氣干雲，很想吟詩，但張開嘴之後才意識到自己不會作詩，便感慨道：「奇哉！壯哉！錦繡河山，美如畫卷，固若金湯，真乃我魏國之重寶！」

吳起手拈鬍鬚，瞥了一眼這位比他高半頭的莽撞國君。他認為自己很有必要對這位年輕人進行一番思想道德教育。

「國家最寶貴的乃是君主之德行，而非地形險要。君上，您忘了書上怎麼說的嗎？夏桀和商紂之國土，哪一個不是地勢險要，還不都為人所滅？切記，假如君主不修德行，即便是我們今天這同一條船上的人，也很有可能去轉投敵國。」

言辭犀利，有理有據，不愧儒家出身。吳起這一番話，讓船上眾人連連點頭。他自己也很滿意，臉色分外紅潤。

「有理。」魏武侯只淡淡地說了一句。這位年輕君主努力壓制住心頭那股強烈的厭惡感。面前這位小個子將軍直視過來，他覺得自己瞬間變成稀薄的空氣，吳起倨傲的目光早已穿過他，投向了浩浩湯湯的河水。

他心中默默道：「吳起啊吳起，扯甚麼仁義道德，你的醜事天下誰人不知？一個禽獸不如之人，竟敢當眾教訓我，擺甚麼老臣架子！這條船上，最可能投敵的，那就是你！」

像很多有功的重臣一樣，吳起並未意識到，自己已然犯了一個致命的錯誤 —— 不能在大庭廣眾之下教訓國君，尤其是年輕、敏感的新君。

一句話可以融化一塊冰，也可以築起一道牆，甚至引來刀兵之禍。關於如何勸人，吳起應該跟另一位重臣翟璜學學。當年，翟璜巧諫魏文侯的做法，堪稱經典。

彼時，魏文侯派大將樂羊，攻取中山國，封長子魏擊 —— 後來的魏武侯 —— 為中山君。這一日，魏文侯同幾位士大夫宴飲，席間道：「諸位愛卿都說說，寡人是個怎樣的君主？照實說就行，寡人要聽真話！」

眾人稱智、稱仁、稱善，全是褒揚之詞。輪到任座，他卻道：「君上，您是不賢之主。為何？攻下了中山國，不封您的弟弟，卻封您的兒子，此乃私心作祟，是以不賢！」魏文侯聞言大怒，瞬間變了臉色，任座見勢不妙，趕忙小步跑了出去。

眾人均知，任座闖了大禍。客觀來看，魏文侯的確是一位賢君，平時也聽得進逆耳之言。但任座所言，戳中了他的痛處。封子不封弟，看似只是一個爵位問題，背後隱藏的卻是，以後究竟要把魏國傳給自己的兒子，還是傳給弟弟。一旦牽涉到這一點，便成了最致命的問題。任何君主都不想聽到不同聲音，尤其是在自己毫無思想準備的時候。

四下瞬間安靜下來，接下來，任座就要被降罪了。

關鍵時刻，翟璜站了出來。「君上自然是仁君，而且是古來少有的仁君！」

「何以知之？」魏文侯沒好氣地看了翟璜一眼，心說這任座就是你舉薦給寡人的。

「微臣素來聽說『君仁則臣直』。剛才任座所言可謂率直、耿直，古來稀有，微臣是以知道君上乃是仁君。」

魏文侯聞言大喜，命翟璜將任座請回來，並親自下堂迎接，請其坐於上座。

一番話救了任座。假如吳起能懂這種講話藝術，自然不會引魏武侯反感。只不過，老臣與新君之間，素來都有一種緊張而微妙的關系。所以，吳起最好的選擇，還是不說話。

順便提及另外一點，古人常說「文死諫，武死戰」，看似一種職分，其實也是規則。文臣以死相諫，君主聽不聽，都會感念一片忠心。而武將一旦死諫，君主就會琢磨：你是不是擁兵自重，要挾於我？新君更會忌憚，乃至猜疑：你哪裏是忠心，分明是欺負我！那時，問題就嚴重了。

只可惜，吳起不是翟璜。他早已習慣了兩軍對陣、刀頭舐血的生涯，至於朝廷裏的明槍暗箭、含沙射影，他不懂，更不屑。

吳起鎮守西河，戰功赫赫，又得軍心，儼然已是魏國之柱石。

這一年，魏國要任用一位新丞相，很多人認為非吳起莫屬。然而，魏武侯最終用的卻是貴戚田文——當然，歷史上另有一位田文，戰國四公子之一的孟嘗君，那是近百年後的人物。

吳起心中不服，去找田文，「來，你先跟我比比功勞吧。」田文答應：「好。」「第一，統領三軍，使士卒用命，敵國不敢來犯；第二，管理各級官吏，使百姓歸心，增加財賦；第三，坐鎮西河，讓秦國不敢東向擴張，趙國韓國俯首聽命。這三點你哪樣比得了我？」

「我都不如你。」

吳起見田文回答得如此老實，更火了，「你都不如我，可你的官卻比我大，憑甚麼？」

田文看著吳起，心平氣和道：「吳將軍，我也問你個問題：如今君

上年少，君臣關係緊張，舉國不安。你說這個時候，是你當丞相合適，還是我合適？」

吳起沉默許久，不得不承認：「還是你合適。」

直到這一刻，吳起才明白，自己竟然真的不如田文。也直到此時，吳起才懂得，原來還有比統兵打仗更重要的事，就是保一國之安穩。

他的惡名早已是附骨之蛆，堵塞了上升之路。一如後人所言：「打天下唯才是舉，坐天下唯德是能。」唐代魏徵也說：「天下未定，則專取其才，不考其行；喪亂既平，則非才行兼備不可用也。」

數年後，田文去世。公叔痤繼任丞相，其妻正是魏國公主。這個公叔痤很有才幹，只是對官位無比看重，他很不放心吳起，整天擔心他會來搶自己的丞相之位。手下謀士悄悄獻計：「除掉吳起太容易了。」

公叔痤聽了欣喜若狂，立即去求見魏武侯。二人本就是一家人，當然不用太客套。

公叔痤故作滿面愁容狀，「我現在很擔心一件事。」

魏武侯眉毛一挑，「甚麼事？」「吳起的能力太強，這麼多年一直也沒當上丞相，心裏肯定有意見。咱們魏國是小國，西與強秦接壤。依我看，吳起恐怕不想長期留在魏國。假如他一旦去了秦國，那對魏國絕對是一場災難。」

「那可如何是好？」「君上可以許配一位公主給他，他如果想留在魏國，肯定會欣然接受。如果不願意留下，必然會斷然拒絕。這樣，我們就能摸準他的真正想法了。」公叔痤說完，又加上一句，「如果吳起真要走，決不能讓他活著離開魏國。」

「這個……」魏武侯雖然很不願意把公主許給吳起 —— 畢竟殺妻之事天下皆知，但他實在想不出更好的辦法，只好勉強答應。

絲竹聲聲，紅燈帳暖。相府之中，雖然一干人等全力勸酒，吳起也僅僅飲了數杯。

公叔痤見時候已到，便起身道：「我夫人近來身體欠安，我進去看看。她這人脾氣不好 —— 吳兄請先慢用。」

吳起點點頭，端著酒杯獨自靜默。這些年他努力重建自己的名聲，不再爭功，還撰寫了講述自己戰爭生涯的兵書《吳子》，一如當年的司馬穰苴所撰的《司馬法》。他沒有娶妻，無數個夜裏，一閉眼就看到亡妻夭夭。

過了好一陣子，公叔痤才出來。頭上新纏了一圈白布，隱隱透出些血跡。

吳起問怎麼了。

公叔痤長歎一口氣：「吳兄有所不知，我夫人乃魏國公主，脾氣暴烈，動輒對我拳腳相加，剛剛又用燈枱砸破了我的頭⋯⋯說甚麼貴戚，其實就是奴隸。這樣的老婆，打又不敢打，休也不敢休。」

吳起寬慰了他幾句，心中生出幾分快意。

沒過幾天，魏武侯便向吳起提親，要把一個公主嫁給他。吳起本就決意不再娶，又想到公叔痤的慘狀，立刻斷然拒絕。不過他也很快發覺，魏武侯臉色越來越難看，眼裏還時常閃現殺機。

吳起靜下來一想，便明白了自己的危險處境。他不等魏武侯和公叔痤動手，連夜南下逃往楚國。

需要說的是，吳起南奔楚國，也成為魏國國勢的一個重大轉折點。

自此，魏國不僅失去了最得力的大將，原本的稱霸之夢也逐漸灰飛煙滅。不到二十年，秦國收復河西五城，魏國被迫從安邑（山西夏縣）遷都大梁（河南開封）；不到三十年，秦國攻佔魏國整個河西故地。魏武侯及其子魏惠王，一改魏文侯聯韓趙抗秦之戰略，四面樹敵，國力虛耗。

吳起耗費多年心血打造的精銳魏武卒，後來在桂陵之戰和馬陵之戰中，遭遇齊國大將孫臏的伏擊，傷亡殆盡。

而長期擔任魏國丞相的公叔痤，在他臨死之時，舉薦了一個人才，那就是擔任自己侍從的商鞅。他對魏惠王建議，商鞅熟知魏國的一切，要麼對其委以重任，以國政相託付；要麼就殺了他，以免為敵國所用。可惜，魏惠王認為他老糊塗了，二者都沒有聽取。

恰恰是這個商鞅，西出秦國，將李悝的法令、富國之策以及吳起的治軍之道，統統應用於秦國變法之中，致使秦國迅猛崛起，成為魏國最終的掘墓人。

當然這都是後話。

楚國是一片全新的天地。這裏彌漫著蠻荒色彩，也醞釀著陰謀詭計。這裏崇尚的是力量，仁義道德的空氣稀薄很多。

吳起只經歷了一個小小的過渡，便被任命為丞相。國君楚悼王十分看重吳起，希望他能讓楚國脫胎換骨，重振雄風。

要知道，楚國原本實力雄厚，屢屢北上問鼎中原，楚莊王為春秋五霸之一。後來伍子胥為父報仇，引吳兵來攻，致使楚國元氣大傷。但瘦死的駱駝比馬大，戰國初期，楚國仍是領土最大的國家。只是政治腐敗，積弊纏身，社會動蕩，楚悼王的父親楚聲王，就是為亂民所殺。

楚悼王一即位，就接連遭到魏趙韓三晉聯軍的進攻，喪失了大片土地，西面又緊鄰強秦。楚國被欺負得抬不起頭來。

而今，人算不如天算，名震天下的吳起來了。楚悼王很清楚吳起熟悉三晉，對秦國又極具威懾作用，正好讓他替自己揚眉吐氣。

終於坐上丞相之位的吳起，將半生積聚的幽恨迸射出來。他果斷實施改革，嚴明法令，裁掉不急需的官吏，廢除遠支的貴族，把節省下的錢全都花在了軍備上。當時，遊走於諸侯之間的縱橫家很走紅，但吳起壓根瞧不起他們，認為那些把戲不能治本。於是在吳起的鐵腕政策下，楚國也變成了一個軍國主義國家。

吳起從來就不相信有小康之治，更不相信天下太平。他最擅長戰爭，也只相信戰爭，堅信只有打垮敵人，才能真正強大起來。

一年中，楚國向南平定百越，向北兼併陳國和蔡國，把妄圖擴張的三晉大軍打得落花流水。至於秦國，吳起也將其教訓了一頓。一個強大的楚國破土重生，諸侯戰栗，都在盤算如何除掉吳起。

隨著楚國越來越強，不光諸侯睡不著，就連很多楚國貴族，也越來越不能容忍。吳起讓楚國轉型太快，很多原本屬貴族的利益被剝奪，

收歸軍隊所有。貴族們暗暗結盟，商量應對之策。只不過有楚悼王在那兒，暫時沒人敢動吳起。

這一切，吳起絕非不知。他心中既不屑又憤怒。不屑是因為他瞧不起那些貴族，他們背後像蒼蠅一樣聚在一起嚶嚶嗡嗡，見了面卻又會巧言令色，曲意逢迎，那嘴臉讓他覺得噁心。憤怒則是因為，他嘔心瀝血把楚國治理得越來越好，這些貴族為甚麼就不能考慮一下大局？

這正是改革者的悲哀。

那年三月的清晨，吳起正在江邊漫步。

正行走間，他忽見路邊有一樹桃花，淒淒艷艷，寧靜而寂寞地開著。那枝幹很纖細，遠看如女人之手臂，顏色卻比普通的桃花深了好多，花上有晨露，儼然女人之淚珠。他忽覺脊背發冷，往日在這裏走，從來沒見有桃樹啊。

正昏昏沉沉，忽然有人飛車來報：「啟稟相國，大事不好，君上昨夜薨了。」

吳起聞言大驚，他知道楚悼王最近重病纏身，但怎麼也沒想到，他竟然死得如此之快。他趕忙回府，準備去宮中弔唁。

一夜之間，王宮如同下了一場大雪，四下白茫茫的一片。宮門、過道，連同院子裏的樹上都掛滿了帷幔和白紗。

吳起緩步走著，他想起魏文侯死了之後，自己在魏國的前途盡毀。現在楚悼王又死了，新即位的國君又會怎樣對他？

吳起祭拜完起身，忽然發現靈堂中連一個重臣都沒有，只有一些太子府的衛士。白色的喪服底下，隱隱還罩著貼身軟甲。

吳起心知不妙。靈堂內殺機彌漫，一陣冷風拂起帷幔，後面竟已站滿成排的刀斧手、弓箭手。

衛士們早已接奉太子之號令，誅殺吳起，但這個小個子將軍威名遠揚，別有一種淵渟嶽峙的宗師氣度，一直無人敢動。直至事已敗露，不得不發，衛士們才刀出鞘，箭上弦。

四顧無所依傍，吳起一個箭步躍到楚悼王遺體前，將遺體擋在身

前，厲聲怒喝：「你們誰敢上前，依大楚律例，擅動大王遺體者滅族。」

衛士們面面相覷，無人敢動，只將吳起團團圍住。吳起望著眼前的數百支箭頭，自知大限已至。

雙方就這樣僵持著。上午的陽光照進靈堂中，無數粉紅的灰塵在空氣裏飛，一如人世的三千塵夢。

吳起想起清晨看到的那一樹桃花，那不是夭夭在被面上繡過的桃花嗎？染了她的血跡，自然更紅一點。定是她來為自己招魂了。他彷彿又看見離家時母親被灶火映紅的臉⋯⋯

忽覺左肩一震，原來是衛士長怕太子怪罪，揮劍砍倒了身邊一個猶豫不決的衛士，並率先發箭。隨著一聲「射」，吳起瞬間就被射成了刺猬。楚悼王的遺體和他緊緊釘在一起，血肉模糊。

吳起死了。楚國太子楚肅王即位。因為射殺吳起時傷及楚悼王屍身，所有參與射殺的衛士全部斬首，很多貴族遭到株連。史官寫下：「坐射起而夷宗死者七十餘家」。

據說，這個一向以戾氣陰冷而著稱的將軍，死時竟一臉溫柔，若回家般釋然。

白衣飄飄的將門

樂毅

在刀光隱現的史冊中，有一個熠熠閃光的詞，叫作「將門」。

「將門必有將，相門必有相」，這是因循千年的說法。而「將門」與「虎子」更是家喻戶曉的固定搭配。

唐宋之後，將門常常和精忠聯繫在一起，最著名的便是岳飛，另有被拔高了的楊家將。而呼延讚則把家訓刺在兒孫耳朵後面作文身：「出門忘家為國，臨陣忘死為主」。

但是，在雄才輩出的戰國，將門絕非一個「忠」字可以概括的。他們的血脈之中，湧動著膨脹的野心、不羈的個性、殺戮的慾望和利益的驅動。

在戰國，如同殺人只是殺手的生計一樣，戰爭也僅是名將的職業。雖然後者的能量，是前者的千倍萬倍。

那是一個形勢瞬息萬變，人才急速流動的時代，名將也輾轉於各國之間，不獨君主求將，將亦求明主。他們要為自己的才華尋一個最佳買主。換言之，名將也跳槽。

而在燦若星河的跳槽將領之中，從成就之著與跳槽範圍之廣來看，吳起和樂毅堪稱代表人物。當然，他們二人雖同樣身負蓋世奇才，卻又有著截然不同的命運。

吳起步步坎坷，處處碰壁；樂毅卻游刃有餘，神閒氣定。吳起行遍天下，盡皆起謗，身敗名裂；樂毅卻風生水起，逢凶化吉，百代流芳。

就連目空天下的諸葛亮，也每每「自比於管仲、樂毅」，將樂毅奉為偶像。

如果說吳起是史冊中的一陣陰風煞氣，樂毅就是廟宇裏一座鎏金神像。如果說吳起是喋血孤狼誅心人，樂毅就是濁世翩翩佳公子。

樂毅連同他所在的將門，是一個巨大的謎團，混雜了光榮與夢想、理智與情感，也有陰謀與曖昧……

食人者的後裔

名字是人的另一張臉，尤其是對喜歡文字的中國人來說。樂毅，這名字一看便有幾分喜氣。所以，就連這個學堂裏新來的先生，點名時也故意多喊了兩遍，喊完之後就笑。一位十歲左右的白衣少年站起來。那是一張稚氣未脫的臉，眉清目秀，皮膚白晰，在上午的陽光下，儼然一棵開花的小樹。

「你叫樂毅？」

「是，夫子。」

「你祖上也是狄人吧。」

先生這樣說是有依據的。狄，乃少數民族。春秋時，晉文公與一位狄女，生下一個兒子，即公子樂，其後裔世世代代以「樂」為姓。況且這裏是中山國，最初就是白狄建立的國家。只是在多年前，中山為魏國所攻取，從獨立的國家變成了魏國的附屬國。

然而眼前的少年沉默了。先生以為這少年太羞澀，抑或太敏感，便講了個笑話，想緩解一下緊張的氣氛，然而少年依舊沉默。

「樂毅，你為甚麼不笑？」

少年低眉不語，佇立在那裏，彷彿凝固了時光。

忽然，四下傳來小夥伴的哄笑聲：「夫子啊夫子，樂毅的祖爺爺，吃了他的爺爺，所以呀 —— 樂毅根本不會笑。」

先生的心中彷彿被針刺了一下：「呀！他是名將樂羊的後人！」

樂羊，白狄中山國人。在歷史上，他也被稱為樂羊子，傳下來的主要是美名。

早年樂羊外出求學，半路撿了一塊金子，就美滋滋地回來了。妻子很生氣：「這金子花完之後，我們怎麼辦？還不一樣挨餓受凍？等你學了知識，做了大官，便一輩子榮華富貴享之不盡！」聽了妻子的訓斥，樂羊甚麼也沒說，重新踏上求學為官之路。

——就此看，他似乎有一點「妻管嚴」。還有一件事。樂羊做大將後，在外三年沒回老家。回家時卻發現妻子懷孕了。這時他沒有吼叫，沒有質疑，也沒有去照鏡子，看自己頭上是否青翠欲滴，而是樂呵呵地認下了這個莫名其妙的兒子。他說妻子懷念自己，日思夜想感動上蒼，此乃天賜之子。

——就此看，他除了「妻管嚴」之外，還會裝糊塗。

不過，讓樂羊真正名震史冊的，是另一件事。

魏文侯任命樂羊為大將，討伐中山國。出征前，有人提醒魏文侯：「樂羊就是中山國人，他長子還在那裏做將軍，君上派他去，放心嗎？」魏文侯笑了笑，沒有聽。

這一戰足足打了三年。剛剛逃到魏國的吳起，就曾作為樂羊的部將，參加了這場戰爭。也就是這一次，吳起發現樂羊和自己一樣，也是一個狠人。也許正是因此，多年之後，吳起才會將那部性命一般珍貴的《司馬法》，傳給了樂羊。

三年過去，魏國朝中大嘩，群臣紛紛上奏，直指樂羊有通敵之心。而此時中山國也到了崩潰邊緣，他們想出一條毒計，殺了樂羊的兒子，燉成肉湯，將肉湯連同首級一起，大張旗鼓地給樂羊送去。（這位不幸的兒子，正史中並未留下名字，明末小說家馮夢龍在《東周列國志》中稱其為「樂舒」。）

按照他們的計劃，只要樂羊不吃這碗肉湯，就說明他掛念著中山國內的妻兒，也會佐證他有通敵之心。那麼魏國很可能臨陣換將。如此，中山國便可趁機發動反攻。

樂羊顯然很明白這個道理，於是，他默默地吃完肉湯，還把空碗交給中山國使者帶了回去。然後從容指揮攻城，一舉滅掉了中山國。

捷報傳來，魏文侯環顧眾人：「你們說樂羊不忠心，可他為了我，連自己兒子的肉都吃（樂羊以我之故，食其子之肉）。」眾人默然不語，也有人小聲道：「兒子的肉都吃，誰的肉他還不吃（其子之肉尚食之，其誰不食）！」

這一句話，在魏文侯心裏埋下一根刺。班師回朝之後，魏文侯論功行賞，將樂羊的官職封在了中山國都城靈壽。

而仔細分析會明白，樂羊這官是越封越小，名為封賞，實為罷黜。顯然，魏文侯想讓他離自己遠遠的，免生不測。

對此，史官寫下：「樂羊食子以自信」、「文侯賞其功而疑其心」。

靈壽，是一座西依太行山、東臨平原的城池，樂羊之後，樂家幾代定居於此。

當年樂羊回到靈壽之後，主要做了兩件事：一件是剿滅白狄中山王室的殘餘勢力；另一件則是納妾，盡一切可能生兒育女。據說他的晚年活在恐懼之中。

樂羊的妻子睿智而大氣，家中又有《司馬法》和丈夫豐富的實戰經驗做教材，所以樂家的家庭教育很扎實，代代都有出類拔萃之人，終於成為聞名遐邇的將門。

除去樂羊和那位被燉湯的不幸兒子兩代為將之外，其孫子輩中還有一個樂池，也是赫赫有名的人物。史書記載，樂池曾在秦國和中山國做過丞相，也做過趙國的大將。

在靈壽，世世代代流傳一句民謠：「中原一將，靈壽樂羊。子尚食之，其誰不食？」

樂毅也是樂羊的孫輩。他從小生長在那座深宅大院之中。青灰的瓦，粉白的牆，院子裏種滿了丁香樹。每年春天花開，一片一片，千朵萬朵，籠罩在海一般的香氣中，讓人愁緒百結，肝腸寸斷。

樂毅的身上有一股陰氣，彷彿經年累月曬不到陽光。而他從小又喜

著白衣，從頭到腳一塵不染。只是這種白，非但不能給人以明亮，反而更像一片茫茫的混沌。

在孩子們眼中，樂毅是老實的玩伴，幾乎從不生氣，永遠溫和。但在大人們看來，他卻驚人地早熟，話雖不多，卻每每切中要害。他從不隨其他孩子打鬧，常常一個人靜靜地站著，像一泓無風不起皺的湖水。

樂羊食子之事，樂家從來沒有人說起，但也沒有人可以隱瞞，更沒有人能夠忘記。

樂毅早早洞察了一切，這個家族人員眾多，但人情淡漠，總有一根弦緊緊繃著。即便沒有外人在場，起坐也皆合禮儀。剛開始他還以為這是一種齊家之道，直到多年後才明白，這是樂羊所遺下的一股陰寒之氣，相隔幾代依舊無法驅散。

母親對樂毅的期許是像那位族兄樂池一樣，「出將入相，方不愧對樂家列祖列宗」。

事實上樂池比樂毅大了整整四十歲，被中山國罷相之後，一怒而轉投趙國。樂毅雖不喜歡這位族兄，但並不妨礙他在七歲那年，跟隨樂池一同去覲見了趙武靈王（趙雍）。

趙武靈王這位年輕英主正為一件事頭疼。當時趙國東北面的燕國大亂，強盛的齊國乘虛而入。趙國大臣分為兩派：一派認為應乘亂分一杯羹，以免齊國勢力獨大，危及趙國；另一派認為應隔岸觀火，以免激怒齊國，引火燒身。

就在大臣們爭執不下之際，樂毅忽然說了一句，清脆的嗓音在大殿中回蕩：

「不如伐齊存燕。」

趙武靈王吃驚地望著這個孩子，重重拍了一下案几：「諸位卿家，你們的見識還不如一位七歲的孺子！燕趙兩國向來唇齒相依，唇亡而齒寒，坐視齊國滅燕，則趙國危在旦夕。寡人心意已決，伐齊而存燕！」

接下來，趙國施展一系列外交手段，南聯魏楚，共同伐齊，又暗中支持燕王一個兒子——公子職，設計引來秦軍，終於大敗齊國。這樣

一來，既保住了燕國，也避免齊國坐大，威脅趙國的安危。

其間，樂毅「將門神童」的美名，也在趙國流傳開來。

樂毅十三歲那年，樂家舉家從中山國遷至趙國。

二十歲，樂毅弱冠。此時的他已出落成一個清朗俊逸的美少年，星眸電射，顧盼神飛。像一把絕世寶劍，他已經在鞘中低調了二十年，一朝出鞘作龍吟，定然要震動四面八方。

樂池依舊在為趙國奔走，不時前往各國出使，同時，他一次又一次鼓動趙武靈王，不可放過曾有負於自己的中山國。

樂毅此時已看得明白，趙武靈王真乃一代雄主，其「胡服騎射」使趙國軍力大增，北逐戎狄佔領榆中，更是隱隱打通了直抵秦都咸陽的一條通道。當然，趙武靈王也的確視中山國為心腹大患，只不過，其真正倚仗的仍然是丞相肥義等舊臣，垂垂老矣的樂池，根本不可能得到重用。

然而，這位已過花甲之年的族兄，似乎還不「知命」。樂毅對於討伐中山國，也並無興趣。因為他牢牢記住了祖父樂羊為魏國伐滅中山的教訓——自食其子而伐滅母邦，賞其功而疑其心。這覆轍豈可重蹈？

生逢雄主，卻又不能、不願為其所用，這何嘗不是一種悲哀。可是，悲哀總比後悔好。那些日子，樂毅所做的就是在邯鄲開壇講學。數年間，他成為天下最著名的青年才俊，談兵講武，聽者如雲。男男女女們摩肩接踵而來，一睹其名士風采。在他們眼裏，這才是將門虎子，國士無雙。

蹉跎時節藥與酒

　　白衣有一種超塵出世之姿，然而當白衣久了成為白丁，情形便大不一樣。

　　樂毅在邯鄲講學之後，還鄉過起了隱居生活。那是一座偏僻的小宅，可讀書撫琴，靜觀天下大勢。

　　鄉間素來安靜，開門便是阡陌交通，桑田野樹，水流風生。然而一旦久了，鄉間又最不平靜，如同雞犬相聞一般，總有一些人如烏鴉一般，散播著各種流言：

　　「我看老樂家要敗了。樂池死了，樂毅那小子顏值的確很高，可惜沒本事。在邯鄲那麼多年，連個小官都沒混上。」

　　「聽說樂毅好像也有那麼一丁點兒本事，只不過眼高於頂，志大才疏，還喜歡言過其實，肯定把大王給惹惱了，否則為甚麼不用他？」

　　「我們大王英明神武，連秦國都怕他三分。樂毅居然惹惱了大王，那還了得，我看老樂家說不定要滅族！」

　　「噓……當心被人聽到，人家可是將門，咱惹不起呀！」

　　……流言聲聲入耳。

　　家人憤憤不平，樂毅默然不語。那天晚上，他想到了吳起夜殺三十多個鄰居的血腥往事，禁不住冷笑幾聲。

　　他也想起趙武靈王，其一手打造的胡服騎兵已是精銳之師，堪比吳起當年的魏武卒，放眼天下只有秦國銳士堪為敵手。歷經十二年征戰，

趙國終於滅掉樓煩國，蕩平西北戎狄，也吞併了心腹大患中山國。

對趙武靈王的雄才大略，樂毅一向服膺。此前多年，他不肯出仕，主要是不願參與攻打故國中山的戰爭。而今中山已滅，他再不會背上罵名，那還在等甚麼呢？

樂毅仍顧慮重重。他敏感地覺察到，趙國已深埋禍患。他不想卷入亂局，以一條性命博一段前程。

因為早在四年前，尚在壯年的趙武靈王就已退位，提前當起了「主父（太上皇）」。對趙武靈王來說，這本是一番苦心，因他常年御駕親征，擔心刀槍無眼，一旦陣亡會便會造成趙國大亂，提前傳位只希望平穩過渡。沒了後顧之憂，他就可以全心投入戰爭。

問題在於趙武靈王傳位的對象，並非年長的太子趙章，而是他新寵幸的美女吳娃之子趙何。趙何（趙惠文王）即位時年僅九歲。如此廢長立幼，乃一大敗筆。隨著時間流逝，矛盾日益尖銳。

事實也驗證了樂毅的先見之明。在戰爭平息僅一年後，趙武靈王先是在兩個兒子間遊移不定，而後又想重新奪回王位，終於引發兵變。「亂軍」攻入趙武靈王位於沙丘（在今河北廣宗）的行宮，殺死趙章，爾後圍而不攻，將一代雄主趙武靈王活活餓死宮中。

噩耗傳來，樂毅半晌無言，心中波瀾起伏。他深深感覺到一種浸入骨子裏的悲涼，這世上，不管是誰，一旦沉湎於感情都會智商清零，即便雄才大略如趙武靈王者，也難免昏招迭出，進退維谷，終致大禍。

事實上，隔著兩千多年的塵埃回望，趙武靈王在主動退位的那一刻，就已大錯特錯。在中國歷史上，他是極少的主動要當「太上皇」的君主。後世，無論是唐代李淵、李旦、李隆基，還是明代朱祁鎮，都是迫於無奈而「被太上皇」。這一過程，少不了刀光劍影，躲不過淒風苦雨。或許，另一個例外是乾隆皇帝弘曆，而他也只是表面瀟灑，聊充談資罷了。

權力是一艘巨大的賊船，有一整套絲絲入扣的機制，數不盡的人和慾望在背後拚命角力。這賊船，豈是想下就能下來的！

蟄伏太久，也是一把刮骨鋼刀，消磨鬥志，泯滅自信。是不是要等趙國政局安穩了，然後再出山？不。就在那一年，一位來自魏國的使者，用華麗無匹的馬車，將樂毅請回了大梁城。

　　大梁是魏國的都城。在那裏樂毅享受到夾道歡迎的禮遇，數不盡的百姓從巷子裏出來，爭相觀看名聞天下的將門虎子，到底是個甚麼樣子。一片嘈雜聲中，他聽到有人喊：「樂先生，歡迎回魏國老家。」

　　樂毅淡然一笑，繼而生出幾分如浮萍般的幽幽恨意。老家，哪裏才是我的老家？我祖居白狄中山國，但白狄中山被先祖樂羊所滅。我生在魏屬中山，但魏屬中山又被趙國所滅。我先祖是魏國名將，但成名後卻被魏國永久雪藏……我樂毅已二十六歲，至今尚未出仕，這漫長的一生，又怎知歸於何處？

　　剛剛即位的魏昭王，對樂毅甚為恭敬，二人相談甚歡。當天魏昭王便任命樂毅為大夫，賜予一座精美田宅，名曰「樂府」，請其住了下來。

　　樂毅很快便發現，自己得到的其實只是一份閒職，除去偶爾去王宮接受魏昭王諮詢之外，並無具體工作，更遑論甚麼大權。他仔細分析了一下，認為主要有三種可能：

　　其一，魏昭王只想博取一個招賢、愛才的名聲，而壓根不想重用自己。

　　其二，魏昭王仍舊忘不了樂羊食子之事，認為以魏文侯之英明神武，尚且不敢信任樂羊，他又怎敢重用樂羊的後裔？誰能擔保樂毅不會遺傳祖宗的冷血基因？

　　其三，魏昭王想先觀察、瞭解一下樂毅，作為一個「超級備胎計劃」，等到事關緊急再請樂毅出馬。

　　然而，無論是哪一種情況，樂毅都必須要面對一段空虛而迷茫的日子。

　　是的，以前他從未陷入過迷茫。但一入大梁，他忽然沮喪地發現，自己再也讀不進書，仁義道德已然看透，兵書戰策也早就翻遍。如何與這個家門外的世界相處，他還沒有頭緒。

從樂府出來，走五十步，左轉折上大街，再走一百二十步，便是一家酒肆。

樂毅喜歡二樓臨街的位置，每次只喝二兩杜康。他極少說話，常常端著酒杯，看太陽變成血紅血紅的一團，一寸一寸落下去，冷冽的月亮升起來，清冷冷照著這片塵世。

在客人眼中，這個穿白衣的年輕人似乎成了這家酒肆的一個符號。他從夏入秋，每天固定出現在這一位置，不言不語，卻又不怒自威。一柄裝飾華貴的寶劍斜放在酒桌上，劍穗像一條火樣的蛇。而每當有人想上前要求換位置，都會被酒保拉住，輕聲說一聲「靈壽樂家的」，來人便會乖乖停下。

對於一個聲名遠播的新人，所有聰明人都不願輕易去冒犯。因為誰都不知道他未來會到哪一步。

酒樓對面是一家藥舖，藥舖裏有一個姑娘，姑娘是老闆的女兒，常常把中藥搬到門口來曬。姑娘偶爾一抬頭，會恰好和樂毅的目光撞在一起。她總是笑笑，低頭繼續忙別的。

不知怎麼，樂毅很喜歡那些陽光下的藥材，雖然只有淡淡的味道飄來，但那感覺很明亮，很溫暖。

那年，雪下得早。樂毅頂著寒風去酒肆。姑娘穿一件大紅棉襖，頭上是白茫茫的雪花，小臉凍得紅撲撲。兩個人差點撞到一起，她卻只問一句：「喝酒去啊？」

那天，樂毅不知不覺間竟然醉了。這是他平生第一次醉酒，眼前飄來飄去都是紅棉襖的影子。

那一年，魏國接連為秦國所敗，襄城失守。然而，魏昭王並沒有起用樂毅的意思。

一個希望的水泡破滅了。樂毅迷上了這家酒肆的杜康。每次坐在那個位置，白亮的陽光照進來，落到酒杯裏，他就感覺很溫暖。中藥舖的姑娘也已熟悉，樓上樓下眼神碰撞的機會漸多。偶爾，二人還會在藥舖門口聊幾句。這個讓他感覺溫暖的女子，竟然叫阿冰。

酒醉後次日的煎熬，不足為外人道也。通常，上午會十分懊惱，苦思前一天酒後是否做過醜事；中午則萬念俱灰，痛恨自己直到咬牙切齒，捶胸頓足；下午則會感慨虛度光陰，蹉跎歲月；到了晚上，則忍不住想再喝一杯，聊作自遣。

這是一個痛苦而無法自拔的循環。人生從未經歷這個循環，或許有點遺憾。但假如長期陷身於此，則要小心再小心了。好在，樂毅向來都是個理智的人。他適時得知了一個消息，從遙遠北方的燕國傳來。

燕國國君燕昭王求賢若渴，不僅慧眼識才，還能才盡其用。他專門修築了一座高台，上佈樓宇精舍，內有黃金萬鎰，請英才居於其上，以示尊崇。據說，很多有志之士都已快馬加鞭趕去。

樂毅決心去燕國看看。不過，以何種身份前往是一個問題。他心中暗暗盤算：燕國地處偏僻，我樂毅之名，不知道燕昭王聽說過幾分？我如果以普通士人的身份前往，是否會被那燕昭王看輕？倘若他也是一個葉公好龍之輩，也只給我一個閒職又當如何？趙國那邊暫且不能回去，如若再開罪魏國，又得不到燕國重用，我的前途可就凶險了。

樂毅從來都不是一個不留退路的人。思索再三，他決定向魏昭王上表，稱自己來魏國已久，空享俸祿而寸功未立，心中慚愧。而今聽聞燕昭王廣招人才，不知是否要對魏國不利，自己想一探虛實，以報魏王知遇之恩。

魏昭王很高興，當即任命樂毅為特使，擇日出使燕國。離開之前的那天，樂毅去見阿冰。這是他第一次走進那家藥舖的門。各種藥材乾澀的清香在空中飄舞，往日的溫暖而今卻成為一種肅殺。他忽然明白她為甚麼叫阿冰——或許就是因為這種冷香吧。

阿冰正在寫字，見樂毅進來，忽地便把筆藏到身後。樂毅看她忸怩神色，禁不住心中一蕩。再看那案上有幾排木牘，上面有墨跡未乾的字，正是《詩經》中的幾句：

南有喬木，不可休思；

漢有遊女，不可求思。

漢之廣矣，不可泳思；

江之永矣，不可方思。

呀！這是一首透著幾分絕望的情詩。

樂毅感覺自己猛然被撞了一下，臉上發熱，輕聲道：「我明日便要去燕國出使了，跟你道個別。」說完又看一眼對面的酒肆，歎口氣，「這一去，我會想念這裏的杜康……」

阿冰一怔，旋即道：「好呀！只是天寒地凍，路途遙遠，樂先生可要多多保重。」說著，她默默抓了一包藥，遞給樂毅，說路上或許有用。

樂毅直直盯著她望，那一對眸子，烏黑而清澈，像水仙盆裏的石子。

一種悲戚從心底升騰而起。他迅速從腰間解下一塊玉虎，那是中山國祖傳之物，輕輕塞於阿冰手中，轉身便走。

這一路飄飄忽忽，像失了魂魄。回府之後，他連忙打開藥包，竟是一包當歸。「當歸，當歸……」樂毅喃喃道，「可惜我身在江湖，又怎知歸與不歸？」

他斟滿了一杯酒。窗台上一盆水仙亭亭而立，顏色青青。

報君黃金台上意

　　一個愛喝酒，卻永遠不喝醉的人，不應該是一個好朋友。一個戀愛後，卻永遠不曾昏頭的人，也不值得託付一生。當樂毅乘馬車離開大梁那天，是個半陰不晴的日子。天上有半個太陽，卻又紛紛揚揚下著雪，像滿城飄飛的柳絮。柳色留客，愁人絮語，而今卻是冬日。

　　樂毅上了車，就不曾再拉開簾子。他知道會路過那滋潤了他枯腸的酒肆，溫暖了他目光的藥舖，或許那位好姑娘阿冰也會出門來送他。但他更明白，在馬蹄與車輪聲中，大梁的日子已經到頭了。

　　從魏國到燕國，路途不遠也不近，中間還要途經趙國的部分土地。車外寒風嘶吼，樂毅擎著一壺暖酒，裹緊了身上的白袍。這一路，他得好好整理一下閒了半年多的腦子。

　　此行所要去見的燕昭王，是一個苦大仇深的人物。如果說戰國是淒風苦雨的人間，那麼燕昭王則是在被詛咒的地獄裏長大的。中國歷史上，沒有哪個王族像他家這般坦誠而又悲慘，冤屈而又荒腔走板。這一切，全拜那些巧舌如簧的縱橫家所賜。

　　燕國創始人乃是召公，姬姓，與周武王、周公旦同輩。他輔佐武王滅商後，受封於薊，建立燕國。傳至戰國時期，燕文公求賢若渴。當年，鬼谷子的高徒蘇秦一下山，便慕名來到燕國。當時蘇秦正年少，匹馬黑貂裘，憑風度學識，迷得燕文公神魂顛倒，五體投地。

　　於是，燕國出千金，資助蘇秦遊說各國。蘇秦亦不負所望，抖擻精

神，將三寸不爛之舌抖出萬朵槍花，深得燕、趙、魏、韓、楚、齊等六國倚重，合縱抗秦。他那瘦削的黑色身影站成了史書中的一個傳奇。

燕文公去世，燕易王剛即位，蘇秦與新寡太后有染之醜聞便暴露出來。雖然燕易王沒降罪，但蘇秦又羞又懼，主動要求去鄰邦齊國做「間諜」，承諾攪亂鄰邦齊國之朝政，以解燕國之憂。在齊國，蘇秦活著時隱藏得很好，但死後身份被曝光。自此齊國國君齊宣王深恨燕國。

燕易王之子是燕王噲（燕噲），他的人生因一場詭異的「禪位」而淪為鬧劇。

蘇秦死後，其弟蘇代並未受到株連，繼續在齊國任職。蘇代也是個厲害角色，但他對燕國沒甚麼感情，只是一心想幫自己那位名叫「子之」的親戚，後者的身份是燕國丞相。

一次，蘇代出使燕國，同燕王噲進行了一場簡短而又危險的對話。燕王噲問：「蘇先生，依您看，齊王能不能稱霸？」「肯定不能！」蘇代的回答擲地有聲，「因為他根本就不信任他的大臣。」

一向對治國之道昏昏沉沉的燕王噲，聞言如醍醐灌頂，很快就放權給丞相子之，並對其言聽計從。

子之大權到手，仍不滿足。隨後，燕王噲又聽取了一個更大膽的方案：把王位禪讓給子之。諫言者稱：大王就是再怎麼讓位，子之他也肯定不敢接受，這樣您既表現出了對大臣的信任，還能獲得直追堯舜的美名。

然而計劃中的一出好戲，到上演時卻走了樣 —— 子之根本沒客氣，直接笑納了王位。到這一步，燕王噲仍執迷不悟，還把俸祿三百石以上大臣的印綬全部收回，讓子之重新任命。

等轉過味兒來時，燕王噲蒙了，燕國的江山竟然就這樣拱手讓人！他本想當一個「名君」，結果變成了一個笑話。

當然子之像很多權力慾膨脹的人一樣，除了權力慾之外，一無所長。他在位三年，燕國大亂。

齊宣王認為，報復燕國的時機到了。他派人求見燕太子平（燕

平），承諾全力助他奪回王位，「我齊國雖然不大，但唯太子之令是從」。

太子平信以為真，與一位名叫市被的將軍合謀，率眾攻擊子之。雙方展開巷戰，一時難分難解。戰至酣處，市被忽而反攻太子平。這一戰數月不止，幾萬人身死，燕國上下亂作一團。

至此齊國才發兵，趁火打劫，攻入燕都薊城，殺死燕王噲，又將子之剁為肉醬，一舉滅了燕國。

史書記載，此刻主張「以仁為本」的孟子正在臨淄，他勸齊宣王將燕國宗廟重器送回薊城，為其另立新君，然後撤兵。然而齊宣王哪會將他看在眼裏？一笑置之。

燕國被滅，震動鄰國，尤其是趙國。七歲樂毅的一句「不如伐齊存燕」，觸動了趙武靈王脣亡齒寒的危機感。於是，趙國暗中支持燕王噲的另一個兒子——流亡韓國的公子職（燕職），又通過一系列外交手段，趕走齊軍，助燕國復國。

這位公子職就是燕昭王。

馬車離薊城二十里，遠遠看到一座高台，矗立在荒蕪的平原上。「這定是黃金台了。」樂毅喃喃道。遙遙望去，此台除巍然高聳之外，似乎並無多少奇異之處。但近些年來，它已然成為天下士人心中最著名的樓台。而其中之關鍵，無非是「求賢」二字。

這又哪裏是黃金台，分明是亂世裏每一個不甘平凡者的慾望舞台！樂毅九歲那年，燕昭王在一片廢墟之中即位。多年血與火的經歷，使得他勤勉務實，一心想治理好國家，以報齊宣王殺父破國之仇。苦於身邊沒有人才，燕昭王想大舉招賢納士。但在戰國白熱化的「搶人大戰」中，對於燕國這樣一個實力衰微的小國來說，如何招來一流人才是一大難題。為此燕昭王悶悶不樂，腦袋都快想炸了。

這一日，一位名叫郭隗的人給他講了一個故事：

「古時候，有位國君最愛千里馬，求之三年而不得。後來，他聽說西域出現一匹千里馬，便派侍臣持千金去買。侍臣到時，馬已病死，便花五百金買回了馬骨。國君一見大怒：『千里馬已死，買回馬骨何用？』

侍臣娓娓道來：『世人若知大王重金買馬骨，定知大王愛馬如狂。人皆好利，到時自會有人主動將千里馬送來。』果然，數年之內，這位國君就得到了好幾匹千里馬。」

因為祖上吃過太多虧，燕昭王對好逞口舌之利的儒生素無好感。但他還是靜靜聽郭隗講完，才問：「郭先生，你到底想對寡人說甚麼？」

郭隗呵呵一笑，「大王，郭某雖然能力有限，但還稍微有一點兒名聲。如果大王能待我如同馬骨，消息自會流傳出去，那些比我強得多的人，必然會聞風而來」。

燕昭王苦思一番，認為郭隗所言有理，便待之以國士之禮，還為其建造宮殿。後來，為了讓求賢之名響徹雲霄，燕昭王還在薊城十里之外，興建了一座高台，台上放黃金萬鎰，專門賞賜前來燕國的人才。

果然，如此一來，燕昭王求賢之名迅速傳遍天下，一時應者如雲。燕昭王小心收攬人心，弔死問孤，與百姓同甘共苦，經十七年勵精圖治，燕國漸漸恢復元氣。

樂毅進入薊城，已是午後。他本打算先住下，擇日再拜見燕昭王。然而一進城門，便有幾名燕國內侍笑臉相迎，當先一人口稱：「樂大人，我們大王恭候多時了。」

內侍前頭帶路，樂毅在後跟隨。奇怪的是，他們去的並非城中的燕王宮，而是城外的黃金台。

樂毅暗忖：「作為魏國使者，燕王怎會在那裏見我？莫非他已看出我此行的目的？」

馬車到得黃金台下，一高瘦老者臨風而立。內侍忙施禮退下，樂毅見那老者兩眼眯成一條縫，彷彿時時在笑。一通名姓，竟是郭隗。

樂毅一揖到地，「久仰郭老先生大名，晚生樂毅有禮」。郭隗連忙還禮，笑道：「『中原將門，靈壽樂家』，樂先生名滿天下，老朽得見，三生有幸。」郭隗在前，樂毅大步跟在後面。眼見這座黃金台遠不如世人傳言的那樣華麗，反而處處彰顯著一股凝重沉穩之氣。台高約二十丈，由土石築成。台上房屋多按最結實、最簡單的式樣建造。石階兩

旁，鬆樹亭亭如蓋，欄杆亦無雕欄玉砌。守台皆是少壯精兵，一色黑盔黑甲，槍戟林立，氣魄奪人。

台頂一座巍峨大殿，上有三個鎏金大字：聚賢殿。殿門外早有人等候，當先一位紫衣王者，頭戴金冠，體態魁偉，目光炯炯直望向樂毅，自是燕昭王了。

樂毅連忙行禮。燕昭王一把拉住，哈哈大笑：「素聞樂先生乃當今國士。方才寡人見那一片森然冷寂中，先生大袖飄飄而來，漫山遍野都是白衣身影，真如上仙下凡一般。」

樂毅微微一笑，隨眾人進殿，卻見酒宴已經排好，更覺意外。會見他國使者，未談國事，豈能先行宴飲？這燕昭王行事也太不合常理了吧！

果然甫一落座，燕昭王便道：「樂先生作為魏國使者，當在王宮接見。但寡人素仰先生大名，又知先生愛酒，便決意先行接風，今日只管暢飲，明日再論國事，如何？」

「我們大王得知樂先生前來，一入燕國之境，便命探馬時時通報先生行程。今日這場宴席，是大王昨日便已安排好了的。」郭隗笑道。

樂毅只好欠身道：「謹遵王命。」再看自己對面坐了三人，除郭隗之外，另有一文一武，均氣度非凡。通過姓名，那儒雅文士名叫鄒衍，乃當今有名的陰陽家，本是齊國人。另一人虬髯黑臉，名為劇辛，有將才，乃趙國人。樂毅對這二人聞名已久，見他們已被燕昭王招入麾下，暗暗心驚。

燕昭王連連敬酒，卻極少說話。看來不善於言辭，卻別有一派王者之風。

倒是郭隗等三人開口閉口，總聊些治國方略、行軍佈陣、賦稅錢糧等事，還不時問一問樂毅。樂毅隨口應答。三人話語漸少，舉杯次數漸多，郭、鄒二人很快便酒力不支，懨懨欲睡。

樂毅卻越飲越清醒。他知道這裏絕不是縱酒的地方。他留心觀察燕昭王，對方眼睛裏有一種令人無法拒絕的誠懇，目光一觸，禁不住心頭

灼熱。

這一日賓主盡歡。當晚樂毅下榻大殿後院館舍──招賢館。

次日燕昭王依舊設宴款待，仍未論及國事。樂毅自然不好主動開口詢問，但管飲酒。

日出飲到日落，劇辛已現疲態。燕昭王依舊酒量如海，與樂毅對飲三四十杯不醉。樂毅飲到酣時，看著酒杯中自己的倒影，心頭生起幾分悲愴。燕昭王則長嘯當歌，聲震屋瓦。這一日酣暢淋漓。

令樂毅怎麼都想不到，一連七天，燕昭王日日設宴，卻連自己為何來燕國出使都一句未問。從第四日起，每次宴飲剛到一半，郭隗等三人總是退去，只剩下燕昭王和自己，二人一邊把盞言歡，一邊縱論天下，甚為投機──原來，他並非不善言辭。

第七日宴罷，正值黃昏，樂毅提出要與燕昭王談談。二人進入內堂。樂毅說自己在燕國逗留已久，此次前來主要是代表魏王進行一次常規拜會，並無其他要事，感謝大王盛情款待。

這一番套話卻使燕昭王沉默，許久方道：「寡人與先生日日飲酒，不談國事，正是因為怕先生說完便走。」說罷，低頭蹙眉，面上一片沮喪之氣，「寡人捨不得先生走。」

樂毅單刀直入：「樂某素聞大王雄才大略，五年前擊破東胡，拓地千里。再觀此台構建，便知大王體恤民力，不圖奢靡之樂。這幾日深談，更覺大王實乃當今一代明主。只是這些天，大王日日在台上飲酒，難道不掛念燕國朝政和黎民百姓嗎？」

燕昭王喟然長歎：「寡人在此七日，一切只為先生。」說罷，他一把扯開窗前的重重簾幕，薊城全景盡收眼底。斜陽之下，樂毅所見乃是一片寥落蕭疏，比之大梁城實在遜色得多。

「先生也看到了，寡人的城池比起魏國來，恐怕還差了不少，更何況與秦國和齊國相比。每次在黃金台上俯瞰薊城，寡人都羞憤欲死。這些年，寡人也算勤於政事，但苦於內無賢臣，未有勃興之望。先生身負經天緯地之才，卻在魏國身居閒職，豈非浪擲青春，虛耗才華？如蒙不

棄，寡人願舉國相托，敢問先生之意？」

樂毅不答反問：「這些年，大王最想做的事情是甚麼？」

「報仇！」燕昭王衝口而出，「燕國至今國力衰微，全拜齊國所賜，破國殺父之仇，夜夜噬我心肝。寡人早已立誓與齊王不共戴天。燕國富強之日，便是兵發齊國之時」。

樂毅起身拱手道：「大王文有鄒衍，武有劇辛，還有郭隗招賢納士，相信燕國富強指日可待。樂某身受魏王恩典，況又學淺才疏，論能力難堪大任，論年齡資歷也不足以服眾。樂某深怕辜負大王之恩義，明日自當回魏國去了。」

燕昭王苦苦相勸，樂毅只是不從，轉身回了招賢館。

華燈初上，樂毅在館中獨酌。燕昭王一片赤誠之心，令他感動不已。但他仍然認為，拒絕是必須的。

一者，就為臣之道而言，他若輕易答應燕昭王，便顯得自己見利忘義。既辜負了魏昭王，也有失使節身份。同時，燕昭王也難免會輕視於他，乃至防他幾分，以免他日後背叛燕國。

二者，就資歷而論，他初來乍到，一旦官居郭隗等人之上，恐怕會樹敵無數，日後更會處處掣肘，阻力重重。況且燕國王室被大臣戲弄的悲慘歷史，早已深植記憶，要真想讓燕昭王放權，也只能以退為進。

果然兩個時辰後，便有人口稱奉燕昭王之命，前來拜見。來人是個黑衣少女，不卑不媚，肅然捧了一隻漆金長盒。

「莫非，這便到了要贈我黃金的時候？」樂毅這樣想著，打開了盒子。盒內並無黃金，只有長劍一柄、書信一封。

信上寫道：「此劍名喚『玉龍』，乃我燕國鎮國之器。先生劍不離身，自是愛劍之人，寡人願將此劍相贈。先生若為燕相，此劍當為尚方劍，可行誅殺之權。先生若還魏國，便以寶劍贈壯士，聊充薄禮。寡人觀先生正如此劍：不動如玉，謙謙君子；動則如神，天下莫敵。」

樂毅拔劍出鞘，劍身果有「玉龍」二字。劍窄而薄，望之如溫玉，信手一揮，寒氣攝人魂。

那黑衣少女隨手取出一片輕紗，往劍刃憑虛一放，輕紗瞬間斷為兩截。

樂毅胸中熱血奔湧，想不到燕昭王竟以傳國之寶相贈。且不說自己這二十幾年來，便縱觀百代古人，又有誰受此恩遇？當下再無二話，攜劍跟隨那黑衣女子去見燕昭王，進門便拜倒在地。

「士為知己者死，大王待樂毅如此，敢不效犬馬之勞？」

燕昭王連忙扶起，縱聲長笑：「寡人既得先生，國恨家仇何愁不雪，但求先生有朝一日，持此玉龍劍，斷齊王首級，遂寡人平生之志。」

笑聲在大殿激蕩。樂毅分明看到，燕昭王兩行熱淚滾滾而下。這君臣二人黃金台七日之會，改變了燕國歷史，更為苦覓良主而不得的後世文人，立下了一個不朽標桿。唐人李賀有詩讚曰：「報君黃金台上意，提攜玉龍為君死。」

匣中明月劍，枕邊黑衣人

魏都大梁，跟著樂毅出使燕國的隨從帶回了消息：「樂大人被燕王扣留在燕國了⋯⋯」

「樂大人？哪個樂大人？」魏國的重臣們眼皮動了一下，「哦，你說的是那個樂毅呀！」

魏昭王只淡淡地笑了笑，沒說甚麼。這人生就像一場宴席，有時候你冷了、餓了、倒了，都不會有人多看一眼，然而換到另一桌，卻可能變成壓軸大菜。炎涼二字，此之謂也。

樂毅就這樣留在了燕國，燕昭王以其為「亞卿」。根據當時官制，卿分上、中、下三級，次者為中卿，又稱亞卿。丞相應為上卿。是燕昭王食言了嗎？

非也。中國是個太講資歷的國家。絕大多數時候，一個人即便再有能力，再受重視，初來乍到，最好也別官職太高，只要有實權就好。如此不會太扎眼，以免招人嫉恨，待其他人習以為常，自然也就息了非分之想。

樂毅是哪一年做的丞相，歷史並未記載，總之時間不會太長。那段日子太過平穩、忙碌，而又按部就班，所以史官並未多寫一筆。

那也是一段夙興夜寐，追逐光榮與夢想的歲月。樂毅用事實證明，他在高談闊論之外，也絕非浪得虛名之輩。這一對君臣協力，厲行改革，將燕國治理得蒸蒸日上，百姓殷富，士馬強盛。

三十而立，那年樂毅終於成了親。妻子便是當年黃金台上，燕昭王派去給他送玉龍寶劍的那位黑衣女。她的名字叫燕寒，乃燕昭王流亡韓國時收留的孤女，並收其為義女。

　　對於這門親事，燕昭王極其看重，不僅親自賜婚，在黃金台大擺筵席，還下旨賜百姓酒食，令燕國百姓普天同慶，一時傳為美談。

　　反倒樂毅本人，較為淡定。歲月不饒人，婚是必須要結的。他也會想起遠在大梁的阿冰，山長水遠，卻不知她怎樣了。

　　妻子燕寒，真是人如其名，性格中有幾分凜冽，如金鐵之銳。

　　她人生得美，體態輕盈，行走無聲，終日素面，即便大婚那天，也只是淡掃蛾眉。天生皓齒明眸，卻絕不故作柔媚，舉手投足間，有一種掩不住的英氣。她極少笑，笑亦無聲。她與四季的百花都不同，乃是冷月之下的一片雪花。

　　她又偏偏喜著黑衣，窄襖細褲，衣衫儼然一把刀鞘，與身穿飄逸白衣的樂毅站在一起，一個夜晚，一個白晝。

　　他們很快有了一個兒子，名叫樂間。

　　樂毅的一個姪子也從趙國來到薊城，與小樂間一同讀書，名叫樂乘。

　　這夫妻二人相敬如賓，日子倒也和順。樂毅終日忙於國事，妻子相夫教子。日月如梭，不知不覺，便是十一年。

　　戰國的風起雲湧，從來都不曾停止。此時，秦國經商鞅變法已五十年，國力強盛。一代將才白起已然出道，在伊闕之戰中殲滅韓魏聯軍二十四萬，取得空前勝利。韓魏兩國精銳盡失，被迫割地。楚國在楚懷王被誘執，客死秦國之後，受困於秦的軍事外交，只能俯首帖耳。而趙國，雖然漸漸從趙武靈王之死的陰影中走出，但已盛況不再。

　　至於齊國，燕昭王恨不得食其肉、寢其皮的齊宣王已去世多年，其子齊湣王（田地）即位。這個齊湣王雖然名叫田地，卻有著一顆不接地氣的心。他為人倨傲，沿襲了其父親對秦的政策，曾與秦王相約為東西二帝。與楚魏聯合，滅掉宋國而三分其地。瓜分不久，齊國又先後

擊敗楚魏，整個獨佔了宋國國土。不僅如此，齊湣王還一度想要滅掉周天子，自為天子。這一來，突破了各國的底線，使得鄰國不安，天怒人怨。

燕昭王暗暗盤算，認為報仇的時機到了。這一日，燕昭王在黃金台上設宴，在座的除了樂毅、劇辛、鄒衍等人之外，還有常年鎮守遼東的老將秦開，當年也正是他掃滅東胡，為燕國拓地千里。

酒過三巡後，燕昭王令人將窗戶全部打開，起身眺望，薊城景致盡收眼底。相比於十一年前的蕭條冷寂，如今城池早已脫胎換骨，百業興旺，熱鬧非凡。

燕昭王佇立良久，忽道：「丞相，玉龍劍可還鋒利？」

樂毅摘下腰間劍，雙手捧起，恭恭敬敬奉上，「微臣時時拂拭，不敢倦怠，玉龍劍依舊吹毛斷髮，銳不可當」。

燕昭王拔劍在手，抖起數點寒星。他注視樂毅，雙目精光四射：「能斷齊王頭否？」

樂毅心頭大震，劇辛、鄒衍面面相覷。卻聽燕昭王又道：「寡人身負被齊王破國殺父之仇，至今即位已足足二十八年。這二十八年，無日不想踏破臨淄，將齊國宗廟夷為平地，拿齊王的狗頭來祭祀先王，是以虛心求賢，發憤圖強。」

說罷，他看了一眼樂毅，「丞相十一年前自魏入燕，還記得寡人說『望丞相能持此玉龍劍，斷齊王首級』嗎？」

樂毅翻身拜倒。這些年來，他已數次阻止了燕昭王復仇之舉，而這一次他意識到已經阻攔不住了。只好道：「臣怎敢忘記？依臣之見，如今齊國可伐。但至於如何來伐，如何發兵，還請大王三思。」

劇辛、鄒衍也跟著拜倒，連稱「大王三思」。燕昭王命諸人平身，繼續商議。

「微臣以為，由燕國單獨出兵伐齊，絕非上策。」樂毅仔細分析了當今的形勢：

第一，「瘦死的駱駝比馬大」，即便齊國國力有所衰弱，但仍地大

人衆。燕國縱使僥倖取勝，也會元氣大傷，如何確保臨近的趙、魏、韓、楚四國不分一杯羹，坐收漁人之利？

第二，趙國與燕國接壤，若趁燕國以傾國之兵伐齊之際，乘虛而入直搗薊城，那更將是一場災難。

可見，最好聯合趙、魏、韓、楚四國一同伐齊，讓誰都有利可圖，誰也騰不出手來攻擊我們。

只不過，還有第三個問題，秦國在四國背後，若秦國不參與伐齊，四國必不敢動，所以，最好也能把秦國拉進來。

燕昭王連連點頭，「丞相深謀遠慮，真乃我燕國之福！」言罷大笑。接著分派使節，前往楚、魏，聯絡發兵伐齊之事。

劇辛道：「大王，趙國與我燕國比鄰數百里，休戚相關，必須派心腹之士，說服趙王，辨其真偽，以免其置我於腹背受敵之絕境。」

燕昭王看了一眼樂毅。樂毅微微一笑：「還是臣親自走一趟邯鄲吧。」

「寡人也正有此意。不過，至於由誰來出使秦國，寡人還未有上佳人選，尚需好好物色。」

「那韓國呢？」

「丞相，寡人想有勞尊夫人走一趟。」燕昭王緩聲道，「燕寒對韓國風物極為熟稔，由她出使，定然馬到成功」。樂毅點頭稱是，面不改色，心中卻著實有些吃驚。

離開邯鄲十數年，樂毅又回來了。

他所面見的趙惠文王，正是當年趙武靈王的幼子，此時雖只有二十餘歲，卻已做了十五年君主，年輕而又穩重。

二人一見如故。趙惠文王對樂毅顯然不是一般的看好，不僅答應出兵，還將趙國丞相之印授予樂毅，讓其以趙國丞相之名統領趙軍。這可謂天大的信任。

二人談了些甚麼，史書並未記載。後人推測，其中少不了的一個問題就是——樂毅當年為何不為趙國效力？

關於這個問題的答案，或許可以從樂毅最著名的粉絲——諸葛亮那裏獲得一些啟示。

裴松之注《三國志・蜀書・諸葛亮傳》時，引用了《袁子》中的記載：「張子布薦諸葛亮於孫權，亮不肯留。人問其故，曰：孫將軍可謂人主，然觀其度，能賢亮而不能盡亮，吾是以不留。」

這段話是說，東吳重臣張昭向孫權舉薦諸葛亮，被諸葛亮斷然拒絕，理由是：「孫將軍能用我，但不能給我施展全部才華的空間。」後來，還有人要向劉表舉薦，也被諸葛亮拒絕，理由是劉表抱殘守缺，難成大事。

樂毅當年的處境，豈非正是如此？他想做官並不難，難的是尋一個能盡展平生所學的舞台，一個「不僅用我，更能盡我」的明君。

在邯鄲，樂毅還做成了另一件事。當時他得知秦國的使臣也在邯鄲，就請趙惠文王出面勸說秦國參與伐齊。而此時的秦昭襄王（嬴稷）也認為齊國的力量太強，其滅宋之後已侵入中原，對秦不利，於是欣然答應，加入聯軍。

樂毅回到薊城，燕昭王大喜。而此時的燕寒也已趕回，同樣不辱使命，而且還帶來了韓國的相印。

望著樂毅，她倏忽一笑。樂毅忽然想到匣中玉龍寶劍的離合神光。

如何當諸葛亮的偶像

這一年獵獵秋風勁吹，燕都薊城之南草色枯黃。燕昭王徵召傾國之兵，一色的黑盔黑甲鋪滿了整個平原，劍戟似林立，殺氣作陣雲。他登台誓師，慷慨激昂，如雷怒吼。只是秋風不聲不響，就將這一番豪言壯語吹得支離破碎。

樂毅被任命為上將軍，統領三軍，即日率兵伐齊。樂毅微微眯縫著雙眼，眼前的一幕讓他感動。十一年嘔心瀝血，燕國才有今日之盛況。這個偏僻小國如此規模的發兵，在燕國歷史上乃是空前絕後的一次。然而此情此景，他一點都振奮不起來，更遑論沙場秋點兵般的熱血奔湧。他只是覺得蒼涼，這些年輕的生命，即將在帝王的恩怨糾葛中輕易赴死，這是怎樣一種宿命。

燕軍在與其他國家的軍隊會合之前，就先與齊軍交鋒兩次。

與以往爭戰不同的是，這是兩場「間諜戰」。前文曾經提及一個人 —— 蘇秦的弟弟蘇代，他曾計激燕昭王之父燕王噲重用丞相子之，而使燕國大權旁落，陷入重重劫難。而燕國崛起之後，蘇代又悄悄聯絡燕昭王，表示願意助其復仇。

樂毅強忍住心中的鄙夷。這蘇代，好一雙翻雲覆雨手。假如老天真有好生之德，就少給這種人一點才華，那麼世上也將會少一些干戈！

當然，此刻的戰國，早已過了講求規則的時代，勝負二字足以壓倒一切。

燕軍壓境，頓兵不前。蘇代先暗中派人對齊湣王道：「燕兵遲疑不進，說明其兵力不強，主帥無謀。大王何不派蘇代領兵拒敵，以蘇代之賢，必能破燕。」齊湣王大喜，用蘇代為大將。蘇代故作推脫，聲稱自己不會帶兵，帶兵必敗。齊湣王豈肯理會？於是蘇代出戰，兩軍戰於晉下，齊軍折兵兩萬。齊湣王既心疼又窩火，然而蘇代有言在先，也只好道：「此寡人之過也，子無以為罪。」

樂毅再攻陽城和狸城。又有人對齊湣王獻策，仍派蘇代出戰。蘇代連連推辭，卻依舊「被迫」出戰，再折兵三萬。兩戰過後，齊軍主力已被斬首五萬，流言又起，自此軍心動搖。

也許這兩戰太像兒戲，顯得齊湣王過於愚蠢，真實性存疑。但齊國此刻的君臣離心，已是不爭的事實。

齊國與趙國邊境，燕、趙、秦、韓和魏等五國聚集人馬二十餘萬。楚兵遲遲未至，只是屯兵淮南，瞄準了齊國淮北之地，隨時準備趁火打劫。

五國聯軍與齊軍主力相遇於濟水之西（今山東濟南西北方）。樂毅銀盔銀甲素羅袍，手持紫金令旗，端然坐於帥旗之下，在烏壓壓的萬軍之中煞是奪目。諸將望去，競相服膺——這才是一代儒將風姿。

然而樂毅心裏明白，如此裝束，看似吸睛，實則冒險，易遭敵軍神箭手狙殺。只不過這一戰事關燕國生死存亡，不得不拚死一搏。

齊軍有十萬餘衆，但齊湣王為迫使將士死戰，以挖祖墳、行殺戮等手段相威脅，更使將士離心，鬥志消沉。樂毅先令騎兵從兩翼衝散齊軍陣型，繼而揮師掩殺。齊軍一觸即潰，四散奔逃，殘部敗回都城臨淄。

五國聯軍大勝之後，旋即出現分歧。趙、魏、韓、秦等四國認為，經此一戰，齊國損兵折將，無法再威脅鄰國，原有秩序恢復，目的達到可以撤兵。但樂毅深知燕昭王恨齊國入骨，豈肯如此善罷甘休？

於是樂毅考慮到秦、韓兩國路途遙遠，即便佔據齊國土地也無法固守，便拿出大批戰利品，分贈兩國軍隊，遣其回國。再分派魏軍攻打此前被齊國奪走的宋國土地；派趙軍攻打與中山國相鄰的河間之地。這兩

處也正是魏、趙覬覦已久的地方。

將利益分配完畢之後，樂毅指揮燕軍，乘勝直搗臨淄。事實上，即便燕國內部，此時也有不同聲音。老將劇辛就苦勸樂毅：「啟稟丞相，齊大而燕小，燕國獨力攻齊，無異於以蛇吞象。末將以為，當今之計，應逼齊王將邊境城池割讓給燕國，如此才能收長久之利。否則我們兵力有限，懸軍深入，對城池攻而不佔，無損於齊，無益於燕，若結怨太深，更將後悔莫及。」

劇辛所說，言之有理，樂毅豈會不知？只是，他更瞭解燕昭王，這位在仇恨中浸泡了一輩子的國君，早已把話說得擲地有聲 —— 滅齊宗廟，斷齊王頭。

此時的齊湣王早已是驚弓之鳥，只做了一場象徵性的抵抗，就狼狽逃往莒城（今山東日照莒縣附近）。

樂毅率軍殺入臨淄。就像三十年前齊軍對燕國所做的一樣，燕軍也將齊國金銀財寶連同宗廟重器，統統裝到車上，源源不斷地運回了薊城。

然後分兵五路，攻取齊國各地。左軍殺向東萊（今膠東半島）；右軍沿黃河屯兵阿鄄（魯西南），以連魏軍；前軍從泰山以東，攻打琅琊，直到東海；後軍掃蕩北海、千乘（今高青、昌樂等地），直到渤海；中軍坐鎮臨淄。

身在莒城的齊湣王慌忙向楚國求救。此時，一直首鼠兩端的楚頃襄王（熊橫），終於等來了機會。他派淖齒為將，打著救齊的旗號，趁機佔領了原屬齊國的淮北大片土地。

隨後淖齒更是深入莒城。齊湣王本想抓住這根救命稻草，卻沒想到人家根本不是來救命，而是來要命的。淖齒的目的是想和燕國平分齊國疆土。不久齊湣王便死在了楚國人手中。

至此齊國已破，齊王已死。消息傳來，燕昭王在祖廟中仰天長嘯，繼而痛哭流涕。臥薪嚐膽二十八年，破國殺父之仇終於報了。

樂毅是當之無愧的頭號功臣。然而歷史演進到此處，史官對他的態

度卻開始曖昧起來。

　　據《史記》的說法，燕昭王聽聞大捷，喜不自勝，親自到濟水之濱犒賞三軍，並封樂毅為昌國君，封地於昌國（今山東臨朐）。至此，樂毅的功名已勝過其先祖樂羊。隨後燕昭王又命樂毅繼續攻擊。

　　《資治通鑒》寫得比《史記》詳細很多。其中記載，攻破臨淄後，樂毅兵威之下，齊城望風而潰。隨後，樂毅的一系列做法，證明了他絕非普通的名將，高出得也不是一點半點。

　　第一，他約束三軍，禁止劫掠淩侮百姓，消除他們的恐懼心理，並廢除了齊湣王的橫徵暴斂。生命無憂，負擔驟減，齊國百姓皆大歡喜。

　　第二，尋訪齊國名士，舉賢任能，二十多人獲取爵位。只要有能力就有官當，造反的自然也就少了。

　　第三，他還在臨淄城郊祭祀齊桓公和管仲，以表敬意。這一招最狠，看似懷柔，實為誅心，給很多仇恨正熾的貴族降了溫。

　　一系列的措施，讓齊國上下歸心於樂毅。也正是在這種情況下，燕軍才會只用六個月，便攻下七十多座城池，並順利將其納為燕國郡縣。

　　整個齊國，未能攻下的只剩下莒城和即墨兩地。

　　莒城仍由齊國王室佔據。楚將淖齒弒殺齊湣王後沒幾天，齊國王孫田賈，便率四百人誅殺淖齒，立齊湣王之子田法章為王，昭告天下，是為齊襄王。鎮守即墨的則是齊國王室的一個遠親，田單。

　　這個田單不簡單，他在歷史上留下了重重的一筆。當燕軍兵臨臨淄城下時，他還只是一個市掾，即管理市場的小官。眼看臨淄陷落，貴族們爭相出逃。田單卻沒有慌，他先讓同宗中人在馬車的車軸上裹以鐵皮，然後再走。

　　之後燕軍追來，其他貴族只顧狂奔，很快車軸就跑斷了，難逃當俘虜的命運。而只有田單一族全部脫險，順利逃入即墨城。燕軍將即墨團團圍住，守城的即墨大夫率軍出戰，兵敗而死。即墨城中之人聽說田單一族因為他的計策而得以脫險，對他刮目相看，隨後又發現，他知兵法，有韜略，於是紛紛推舉田單做了守城的主將。

田單見燕軍兵多將廣，並不出戰，而是死守即墨。即墨城高地廣，萬眾一心，燕軍的攻堅戰遭到頑強狙擊。也是直到此刻，樂毅才遇到了真正的對手。

久攻不下，樂毅改變策略，命燕軍離城九里安營紮寨。他還下令：「如果城中百姓出來，可以放他們走。看到窮人，就發給盤纏。此為攻心之法。」這一來又是三年。

此時燕國已流言四起。一位侍臣還向燕昭王上奏：「大王，樂毅很輕鬆就攻下了七十多座城，為甚麼剩兩座城就攻不下來了？其實不是攻不下，而是他不願攻，攻下之後他不就得班師回朝了嗎？他根本是想收買人心，以便自己當齊王。這幾年樂毅沒反，是掛念著自己在燕國的妻兒。可齊國美女眾多，他也快把妻兒忘了……」

這種話最狠毒。放眼中國歷史，你會發現，若想扳倒某位重臣，最有用的方法就是在皇帝面前說他可能要造反。即便「莫須有」，即便皇帝是明君，也會立刻就拿放大鏡來觀察你，只要有一點蛛絲馬跡，就會痛下殺手。

也正是在這一背景下，燕昭王才親往濟水之濱犒賞三軍。

濟水浩浩蕩蕩，向西北而流，其時正是暮春，暖風如醉。

這對君臣經年未見。樂毅看燕昭王雖豪氣不減，但身體已呈龍鐘之態。燕昭王眼中的樂毅，也不復當年的白衣秀士，這些年鞍馬勞頓，已過不惑之年的他兩鬢染霜，衰老得厲害。

二人心中感喟，卻並不多言，只是對飲，不覺便喝了二十餘杯。剛要稍事休息，燕昭王忽然站起身，暴喝一聲，令那個上書稱樂毅要反的侍臣出來。

他厲聲喝道：「你們都給我聽好了，燕國歷代之王從未貪圖將土地留給子孫！先王就曾將國家拱手讓人，只可惜所托之人心懷不軌，齊國又興兵為禍，害死先王。寡人對齊國恨之入骨，是以築黃金台招賢納士。寡人早已決心，事成之後，願與賢臣共掌燕國社稷。而今，樂丞相替寡人破齊，將其宗廟夷為平地，為寡人報仇雪恨。齊國本就該歸丞相

所有。試想，若丞相與燕國結盟，共抗諸侯，這對燕國是福而非禍，這豎子竟敢妄言離間之語。來人，將其推出轅門，斬首！」

這一番話迅如疾雨，那名侍臣還沒明白怎麼回事，已經被推出斬首。首級由兵卒呈了上來。

樂毅誠惶誠恐，慌忙拜倒。

接著，燕昭王又下詔，賜樂毅之妻王后之服，其子公子之服，並賜車馬，由內侍呈給樂毅，欲立其為齊王。

樂毅慌忙拜倒在地，連稱自己一心忠於燕昭王，誓死不當齊王，請收回成命。

於是，史官寫道：「由是齊人服其義，諸侯畏其信，莫敢復有謀者。」

這一刻，樂毅的心中究竟想的是甚麼呢？

現在，我們不妨分析一下，為何同一次犒軍，《史記》與《資治通鑒》記載相差如此之大？這裏面隱含著一個重大問題，就是如何評價樂毅。

或許，如同未曾介紹「樂羊食子」這一家族背景一樣，歷史傳記作家司馬遷對樂毅深有好感，他有一種「為賢者諱」的想法。而一度為副宰相的司馬光最主要的目的卻是告訴皇帝：當心權臣。

當我們看到樂毅拒絕燕昭王立其為齊王的時候，不能不想起五百年後的熟悉一幕。那時，劉備為東吳大將陸遜所敗，僵臥於白帝城中。一向視樂毅為偶像的諸葛亮，在面對劉備托孤之際，也有類似的表現。

《三國志·蜀書·諸葛亮傳》中記載，劉備臨終對諸葛亮說：「君才十倍曹丕，必能安國，終定大事。若嗣子（劉禪）可輔，輔之；如其不才，君可自取。」諸葛亮涕泗橫流：「臣敢竭股肱之力，效忠貞之節，繼之以死！」

隔了千年回望，人們看到的往往只是兩代明主忠臣的佳話。然而，此情此景，聲淚俱下、誓死效忠的背後，不知掩蓋了多少冷汗和恐懼。

這是不是一次引蛇出洞的「陽謀」？那層層帷幕之後，有沒有刀出

鞘、箭上弦的刀斧手？

　　歷史的角落中，吳起那具冰冷的屍首，一直躺在那裏，躺在每一個功高震主的名將心底。

即墨之戰，血與哀愁

瓦罐不離井邊破，將軍難免陣前亡。這是為將者的悲哀。然而作為名將，長壽往往又會有麻煩。因為名將一旦比明君活得久，危機便會接踵而至，比如，楚悼王一死，吳起便被太子誅殺。

如何與新君相處，是擺在所有老將面前的一道難題。

「濟水之會」後又過了五年，燕昭王在薊城病逝。至死，他終未等到攻下莒城和即墨的捷報，好在前頭有齊湣王在黃泉引路，他也不算死不瞑目了。

在此也不能不說一個困擾後世兩千年的謎團——樂毅為何多年攻不下即墨城？

要知道，中國歷史上從來都不缺乏圍城戰。斷糧道、佔水源、掘長壕、引河水、挖地洞、投毒藥等數之不盡的方法，一一被記錄在冊。無論是戰國初年的智伯率韓魏聯軍圍晉陽，還是唐代安史之亂中叛軍圍睢陽，都用不了一年，城中便會出現「易子相食」的慘劇，老鼠的身價飆升堪比黃金。然而即墨城卻巋然不動，這是為甚麼？

這一點還能從後來的「火牛陣」中看出來。戰國時期，牛耕尚未普及，能從一座城中「得牛千餘」，這難免讓人揣測這座城中到底藏了多少人力物力？別的不說，這千餘頭牛是如何養活的？需要多少糧草？

所以，仔細分析的話大概有三種可能：

第一，即墨城的確很大，很難攻破。即墨城為齊國重鎮，一向殷

富，防衛嚴密，內外城之間應該有大片土地，可供耕作。這是不怕圍城的原因之一。

第二，燕軍真正圍城的時間並不長。一方面，燕軍總共十萬左右，駐守齊國七十餘城後，還要分兵攻莒城。所以即墨城下機動兵力並不多。另一方面，樂毅的戰略就是懷柔，圍城僅一年，便解圍，距即墨城九里紮營，駐軍處如今仍有「樂毅城遺址」之說。而懷柔，則是因為燕國以蛇吞象之勢，懸軍深入，意在一個「化」字，不想圍城過於慘烈，激起城外齊國百姓同仇敵愾之心，陷入四面受敵之境。這一「化」便是很多年。

第三，樂毅的軍事攻堅能力是否有限？他會不會像正史中的諸葛亮一樣，只擅長治國和管理，而不擅長行軍打仗，尤其是決機於兩軍陣前？假如有白起之類名將，會不會是另一種結果？

對此，後人只能想像，乃至可以懷疑他的忠心。

燕國太子即位，是為燕惠王。死守即墨的田單，認為機會終於來了。他早已聽說，燕惠王做太子時與樂毅就有矛盾。於是，立刻派人前往薊城，離間這對君臣。

在中國歷史上，這是較早記載和最成功的反間計之一。隨後幾十年，它被頻繁應用於戰場，戰國四大名將之中有三個深受其害，其中兩個丟了性命。

反間計程序一般是這樣：先派間諜深入敵國都城，持重金收買某個寵臣。然後由寵臣向國君進讒言，說前方主將有反心或不稱職，建議誅殺或改派他人。己方藉此機會獲得喘息，直至一舉扭轉戰局。

田單也是如此。被收買的燕國寵臣對燕惠王道：「即墨與莒城至今沒攻下來，正是因為樂毅與大王有矛盾。他想在齊國稱王，這一點在齊國盡人皆知。一旦大王改派別的將領，齊國的末日就要到了。」

燕惠王果然中計，立即派另一個寵臣騎劫前去代替樂毅，並下旨召樂毅回薊城。

中軍大帳，樂毅接到詔書久久不語。因為連年征戰，四十幾歲的他

已兩鬢如霜，妻子和兒子更是數年未見。在燕軍之中，樂毅從未像吳起那樣為士卒吮膿吸瘡，但士卒歸心於他，都知道丞相勇略過人，多年未強攻即墨和莒城，還不是怕傷亡太重？還有甚麼比珍惜將士性命更能得人心？

能被國君看重的人，通常都不傻。騎劫雖然平日輕狂，但踏入樂毅大營前，他還是反復拍打自己那張白嫩的臉，「一定要當心一點呀！」

雖有王命在身，他仍然對樂毅畢恭畢敬——他清楚自己的資歷，更害怕樂毅那柄已經成為傳說的玉龍劍。那是先王所賜的鎮國之寶，有誅殺大權，他可不想讓自己脖子試其鋒芒。

樂毅並不多言，將兵符交於騎劫之後，他立刻便整理行囊，帶著幾名親兵離開大營，乘車向北而去。

那一日蘆荻蕭蕭。三軍將士望著樂毅蒼老的背影，紛紛垂淚。他們慨歎「一朝天子一朝臣」的無情，也在為自己擔心，把性命交給這位騎劫將軍手中，究竟勝算幾何？

燕軍將士的擔心並不多餘。那個在樂毅時代只知死守的田單，等騎劫一上任便瞬間活了過來，並親手密織一面天羅地網。而騎劫則一頭鑽進了田單所設的計謀當中。

一場震古爍今的大戰即將上演。後人迄今仍在驚歎，一個此前只做市掾的人，在沒有智囊團的情況下，何以能制定出如此嚴謹而周詳的作戰方案？

第一步，對外迷惑敵人，對內樹立信仰。田單命即墨城中之人，每次吃飯前要先祭祖，於是便有很多鳥飛來覓食。城外的燕軍覺得奇怪，田單便宣稱：「有仙人在教我們操練兵馬。」

某日，有個士兵操練累了，想偷懶，便大喊：「我是神仙。」說完發足狂奔，跑回營睡覺。田單得知後，連忙將他請入官衙，口稱他為「神師」。

士兵慌了，忙道：「大人饒命，小的是騙您的。」

田單把眼一瞪：「我說你是你就是，再敢說不是，我把你滿門

抄斬。」

此後田單每次巡營時，都帶著這個士兵，尊他為神師，稱天佑齊國，定將取勝。

第二步，不擇手段，進行仇恨教育。田單派人到城外散佈消息：「齊國人都很愛美，假如燕軍把俘虜鼻子割掉，逼其走在隊伍前面，守軍就嚇死了，即墨城必破。」騎劫聞訊大喜，照此行之。齊軍見如此暴行，眾皆大怒，拚死守城，誓死不當俘虜。田單又宣揚：「齊國人最重宗族，最怕燕國人把城外的祖墳掘了，這樣一來，守軍人心就散了。」騎劫又照葫蘆畫瓢，令燕軍把齊人祖墳挖了個遍，並縱火焚燒死人。齊軍從城頭望見，個個咬牙切齒，淚流滿面，紛紛請戰，誓與燕軍決一死戰。

第三步，不惜一切代價，鼓舞士氣。這裏需要提及的是，齊國人有習武之傳統，荀子就曾提及「齊人隆技擊」，單兵作戰能力強，但協同作戰能力較弱。田單親自持兵器與士卒一起操練，還把自己的嬌妻美妾也編入軍隊之中，將城中所有糧食平均發放給全體士卒，共同進退，同仇敵愾。

第四步，故意示弱，讓敵人放鬆警惕。田單命令精壯士卒全部隱藏，只讓老弱殘兵和婦女守城。還收集即墨城中的金銀細軟，謊稱富豪想投降，把財物送給燕軍，以保家人免遭屠戮。騎劫大喜過望，燕軍更加鬆懈。

第五步，祭出殺招，佈下「火牛陣」。這也是田單的一大創舉。他收集城中的千餘頭牛，給其穿上紅色繪衣，並在牛角上綁上尖刀，在牛尾拴上蘆葦，蘆葦塗油。那天夜裏，他命人將城牆鑿出數十個大洞，點燃牛尾上的蘆葦。千餘頭火牛衝向燕軍大營，人逢人倒，馬碰馬亡。本就鬆懈的燕軍被衝了個七零八落。五千精兵緊隨火牛之後，順勢掩殺，殺得燕軍血流成河，騎劫也橫屍疆場。

此後田單乘勝追擊，一舉將燕軍趕出齊境，赴莒城迎回齊襄王，七十多座城池重歸齊國所有。

對燕國而言，燕昭王和樂毅數十年的苦心經營，攻城略地，所有努力轉眼之間灰飛煙滅。

對齊國而言，這場立國以來最大的浩劫也終於結束，幸有田單，幸有莒城，才使其香火得以延續。後來「勿忘在莒」變成很多人自警自勵的座右銘。

再說樂毅，他是否回了薊城？燕惠王又是如何對待他的呢？事實上，離開燕軍大營不久，樂毅便接到了妻子燕寒從薊城發來的信。那信寫得極短，並未敘說分別之情，而是一針見血地指出：樂毅一旦回薊城，便會背上莫須有的罪名，百口難辯，凶多吉少。

這一點，樂毅怎會不知？他望著熟悉的筆跡，眼前浮現了妻子的身影：那襲黑衣之中包裹著清瘦軀體，那雙眼睛裏永遠有一分冷靜，她如此寡言，卻又洞悉一切。她派人送出了這封性命攸關的信，講明了危險，卻未給他任何建議。

樂毅苦澀一笑。一切她都懂，但她就是不說。

他用沙啞的嗓音吩咐車夫：「不回薊城，改道邯鄲，大王命我赴趙國出使。」

趙惠文王見樂毅前來投靠，大喜過望，當即封他為「望諸君」，封地在觀津。燕昭王曾封樂毅為「昌國君」，從這一封號可以看出，趙惠文王給他也是不錯的待遇。

趙惠文王很清楚，只要樂毅在這裏，無論燕國還是齊國，以後想打趙國的主意，那都得先稱一稱自己的斤兩。

當田單用「火牛陣」大破燕軍的消息傳到趙國時，樂毅呆坐良久。他命人端上一壺酒，自斟自飲，一直喝到弦月掛上枝頭，方才幽幽歎了一口氣。他向來都不是一個放不下的人，也懂得花自飄零水自流。這一歎，是為了苦大仇深的燕昭王，也為了自己消磨在廟堂與鞍馬之上的錦瑟年華。樂毅知道，自己用心血寫下的那一頁史書已然翻過去了。

身在邯鄲，樂毅給燕寒寫信，希望她能帶著孩子來趙國。妻子的回信卻使他悵望久之。信中寫道：

「夫君放心，間兒、乘兒在薊城安好。大王不滿君離燕赴趙，但妾自會護兒周全。妾受先王重恩，實不敢再有負先王。山長水遠，君且自珍重。」

樂毅又如何放心？但他知道，這就是燕寒。他們從來都不曾改變對方。

不過樂毅很快就收到了另一封信，寫信的是燕惠王。「先王舉國而委將軍，將軍為燕破齊，報先王之讎，天下莫不震動，寡人豈敢一日而忘將軍之功哉！會先王棄群臣，寡人新即位，左右誤寡人。寡人之使騎劫代將軍，為將軍久暴露於外，故召將軍且休計事。將軍過聽，以與寡人有隙，遂捐燕歸趙。將軍自為計則可矣，而亦何以報先王之所以遇將軍之意乎？」

信中，既為自己誤聽讒言，召回樂毅而辯解，又責怪樂毅對不起燕昭王。

樂毅笑了，他一眼便看穿了燕惠王的外強中乾。這封信問罪是假，想討好自己倒是真的，目的還不是怕他趁燕國新敗，率趙兵前去趁火打劫？他當即回了一封信：

「臣聽說，『善作者不必善成，善始者不必善終』。過去，伍子胥輔佐吳王闔閭，立下蓋世奇功。而闔閭死後，夫差即位，伍子胥卻因直言進諫而被賜死。夫差是否忘了伍子胥的大功？為何賜死功臣一點都不後悔？依臣看，這都怪伍子胥沒想明白，兩代君主的度量是不一樣的。

「臣來趙國，委曲求全，不單是為保住性命，也是為先王著想。假如臣回薊城，遭誹謗而被賜死，那對先王將是一種侮辱。豈非說他沒有知人之明？再者，臣死之後，大王接著就見到騎劫之敗，那將使您背上昏君之名，對您也是一種侮辱。依大王看，臣抽身遠走，是否比伍子胥的愚忠高明一點？

「大王放心，雖然您此前對不起臣，但趁燕國新敗而引兵報復，此等不義之事，樂毅斷然不為。」

直到兩千年之後，人們都必須承認，樂毅不僅能治國平天下，寫文

章同樣是絕世高手。他不僅把自己棄燕投趙的罪名推得一乾二淨，還把燕惠王好好教訓了一頓。最後再給他吃一顆定心丸，藉此能保自己在燕國的妻兒平安無虞。

燕惠王看完信後，臉上一陣陣發燒，但他終於放下心來。他下詔，讓樂毅之子樂間，承襲其昌國君的爵位和封地。

趙國和燕國還分別封樂毅為客卿，一頭白髮的他遊走於兩國之間，充當和平使者，並在趙國壽終正寢。

因為妻兒都在燕國，樂毅死時子然一身。幾個僕人從他冷了的屍身上，發現了一隻絲繡暗袋，拆開來，竟是幾片當歸。

那是無人知曉的青春心事，太陽底下，一縷暖香。

樂毅的故事，至此已經說完。

翻回頭來看，樂毅的人生著實斑斕。他從趙國一鳴驚人，到魏國擔任大夫，在燕國做到丞相，率軍橫掃齊國，最後又卒於趙國。一個圈子下來，雖然大起大落，卻無大悲大喜。他有理想，但不為理想所累；他有抱負，但不為抱負涉險；他有感情，但不為感情所迷；他有家庭，但不為家庭所羈絆。他穿越了大半個天下，最終成就了自己。

這就是他，一個懂得盡責，但更懂責任有限的人。他所做的一切理由充足，不會過於糾結難於取捨，他比誰都知道，在戰國的亂世裏，任何不必要的羞澀和內疚都可能致命。

在重重史冊中，樂毅成為一個超級偶像。而在漫漫人生裏，誰又會問，他有怎樣的悲喜？

後來燕趙交兵。樂乘、樂間相繼來到趙國，成為趙國名將，並在此傳宗接代。

直到漢高祖劉邦路過趙國，還專門尋訪樂毅後人並授予官職。縱觀浩瀚的歷史人物，能讓劉邦路過時還能問起的，只不過寥寥數人，除了樂毅之外，大約只有一個信陵君魏無忌了。

刀頭上的絕響

王　鼐

後人論「戰國四大名將」，提到的是四個人：白起、廉頗、李牧和王翦。

為甚麼是他們？與這四將相比，吳起長於兵法韜略，樂毅強在治國外交，但若論決機於兩軍陣前，破軍殺將，或稍遜之。

關鍵之處還在於，四將所處的是戰國中晚期，此時面臨的已不是桂冠之爭，不是理想抱負，也不是報仇雪恨，而是赤裸裸的殺人之戰。攻者有王命在身，一心要殲敵有生力量，直至吞併敵國；守者要保江山社稷，一寸河山一寸血。

他們無法選擇，無路可退，無處可逃。他們一臉血污，兩手血腥，渾身血債。

在諸侯和平民眼中，他們都不再是活生生的人，而是泛著冷光、血光的武器。然而他們偏偏又是個性太過鮮明的人，鐵骨錚錚，任性使氣。

他們的是非恩怨，生死榮辱，歡笑眼淚，是芸芸眾生之中最雄渾的絕唱，也是戰國這一「星河時代」最淒厲的挽歌。

而四將當中，王翦正處於這個時代的尾巴上，也是整個戰國大幕的關鍵拉幕人。

這個西北漢子，以他極具張力的一生貫穿起一部六國消亡史，而他自己飽蘸血淚的生存智慧，直到今天仍然給我們啟示。

活就活在戰場上

昏黃的天，赭黃的地，廣袤的黃土高原上行走著一支身穿黑黃色甲胄的軍馬。

看得出這是一支精銳之師，他們走得並不快，但步伐一致，就像一群歸巢途中的狼，放鬆而又蓄積著殺氣。

當先一匹黃驃馬，馬上的將軍個子不高，腰桿筆挺，身材健碩。一張瘦黃臉，佈滿了刀斫斧劈般的紋理。那雙眼睛也是渾濁的，似乎被這關中平原的風磨糙了。但在偶然間雙目一橫，眉峰微蹙，隱隱射出幾分虎威。

在這一片黃色的天地裏，一桿黑色大旗在寒風中呼呼啦啦飛舞，上書一個斗大的「王」字。

此將正是王翦。這也是他的名字第一次出現在史冊中，率領秦軍攻打趙國要塞閼與，也就是今天的山西黎城縣東北一帶，攻拔九座城池，一戰成名。

將士們很放鬆，有的甚至扯著嗓子吼起了秦腔，讓更多的人想起家來。端坐在馬上的王翦感慨萬千，還有誰比他對這條大路更熟悉呢？在這片黃土高原上，他前前後後已經出征了數十次。

王翦老家在頻陽東鄉（今陝西富平），家世並不顯赫，史書也未留下任何記載。像很多出身庶民的秦國將領一樣，他只是商鞅變法百餘年之後，從尋常百姓之中殺出的一頭猛獸。

他自幼習武，喜歡行軍佈陣，青少年時曾行走四方，只為看一看黃土地外面的這片天下，也將山川、河流、地形、民風一併藏入胸中。

他弱冠之年從軍，彼時秦國國君還是秦昭襄王，名將白起剛剛過世一年，王齮等大將正率秦軍一步步蠶食各諸侯國疆土。

王翦自幼便視白起為偶像。印象裏，白起永遠都站在大勝之後班師回朝的戰車上，在咸陽城中接受百姓的如雷歡呼。他向百姓揮手，灰白頭髮在風中揚起，目光似冰雪之刃。

王翦能清楚說出白起橫行天下近四十年中的每一戰。其中他最欣賞的兩場大戰，乃伊闕之戰和長平之戰。

在伊闕，白起避實擊虛、先弱後強。悄悄將秦軍主力繞至韓魏聯軍之後方，多次擊破聯軍分隊及後方留守之軍，逐漸將聯軍主力包圍於伊闕，最終殲敵二十四萬人。自此韓魏兩國精銳盡失。

在長平，白起後退誘敵，分割圍殲。在正面戰場故意示弱，暗中派兵奇襲趙軍最後一道防線。前方看似節節敗退，實際卻張開雙翼，派奇兵將趙軍團團圍住。隨後趙軍統帥趙括意識到糧道被斷，陷入重圍，便死命突圍，又被白起截為三段。最終趙括突圍之中被射殺，趙軍投降，據說有四十萬降卒慘遭坑殺。自此趙國損失了一代青壯年男子。

「這才是戰神！」王翦由衷地感歎。只不過剛從軍時，他認定白起不可能「坑殺四十萬降卒」，並以這一「發現」而沾沾自喜。其一，他遊歷過趙國，根據其國力和人口估算，即便發傾國之兵，也只有二十餘萬，無論如何達不到四十萬人；其二，從糧草供給來看，長平之戰發生於青黃不接的四月，前線趙軍根本不可能從人口有限的上黨盆地就地取食。而以趙國的運輸能力，也根本無力跨越「山嶺高深」的太行山脈，為四十萬趙軍提供糧草。

然而隨著年歲漸長，久經戰陣，他覺得這個問題越來越不值一哂。「四十萬」不就是一個數字嗎？反正絕對不止四萬。一個數字能讓秦國人士氣大振，讓趙國人聞風喪膽，有甚麼不好？他也不替白起感到委屈，畢竟他坑殺了太多人，殺孽太重，即便數字誇張了點，又能委屈他

幾分？

王翦也曾夢想像白起那樣橫空出世，而現實卻將他牢牢按在了地上。

腥風血雨中，他長久沉淪下僚。足足用了二十年，才憑一口金背開山大刀，從士卒殺成了能獨自領軍出征的將軍。

二十年流光暗轉，屈指堪驚。此時秦王嬴政已經在王位上坐了十一年。其他諸侯國早已無力與秦國爭鋒。自從樂毅破齊之後，齊、燕兩國均元氣大傷。五年前，楚、趙、魏、韓、衛等五國聯軍伐秦，主帥是「戰國四公子」中的春申君黃歇，大軍浩浩蕩蕩殺到函谷關外。然而秦軍主力一出，立即擊潰五國聯軍，那陣勢直如摧枯拉朽一般。

而對於秦王嬴政，王翦則有一種很複雜的感情。這不同於千里馬遇到伯樂的感激和敬意，而是更複雜，更有幾分恐懼和興奮。

王翦親眼見證了嬴政的威力。他十三歲即位，旋即以驚人的速度成熟，讓所有輕視他的人慘遭滅頂之災。二十一歲那年，他殺死了造反的親弟弟成蟜；二十二歲擊殺母親的情人嫪毐；二十三歲罷免了一向專權的相國呂不韋，命其舉家遷蜀，隨後因恐懼而飲鴆自盡。坊間傳言稱，呂不韋正是他的親生父親。

也正是嬴政，讓已屆不惑之年的王翦第一次當上了主將。王翦甚至覺得，嬴政注意自己已經很久了，但不知為何此刻才委以重任，還派桓齮、楊端和這二人充當副將。要知道，桓、楊二將被封為將軍明明是在自己之前的呀。

「莫非，大王疑心我是呂不韋的人？」他有些忐忑，但很快又否定了這個猜測。

像絕大多數草根出身的人，王翦萬事都很喜歡琢磨一番。商鞅變法定下的制度，成為秦國立國之本，正因為不計出身，賞罰嚴明，秦軍戰鬥力才會冠絕天下。然而，秦國的政治鬥爭絲毫不遜於其他國家，甚至比其他各國更複雜、更殘酷。從天下聚集而來的人才，擠到同一屋簷底下爭權奪利，各逞心計，步步驚雷。嬴政幼年即位，大權曾一時旁落，

大臣結黨自重之風，於是更甚於往昔。

王翦不想參與其中，他知道一不小心就可能成為鬥爭的犧牲品。那些明槍暗箭、含沙射影，讓有背景的人都戰戰兢兢，何況他這種毫無背景的。

他也暗暗下定決心：「活，就活在戰場上，那裏更安全一些；死，也死在戰場上，那裏更乾淨一點。」

每當想起政治、權謀之類事情，王翦也會想到一個人——尉繚。這是中國歷史上極神秘的一個名字。《史記》及其他正史中，關於尉繚的記載僅隻言片語。然而到了北宋，尉繚所著兵書《尉繚子》，卻與《司馬法》、《孫子兵法》、《吳子兵法》等一起被列為《武經七書》，這也是中國古代第一部軍事教科叢書。

一年前，來自魏國都城大梁的尉繚走入了嬴政的視野。他向嬴政獻上一策：「以當今秦國之強大，諸侯儼然已是郡縣之君，老朽所擔心的是諸侯『合縱』，他們聯合起來，出其不意，就能對大王構成威脅。希望大王不要吝惜財物，以重金去賄賂各國權臣，以擾亂其謀略。如此不過損失三十萬金，而諸侯則可以盡數消滅。」

嬴政「從其計」，將尉繚留在身邊。為顯示尊崇，還讓尉繚享受與自己相同的衣服飲食，每次見他，總是很謙卑。

一日，王翦正在他位於咸陽的小宅院中練武，忽然家人通報：有客來了，正在前廳。

「是誰呢？」王翦雖在軍中不乏患難與共的兄弟，但在咸陽城並無多少熟人。他官職卑微，又小心謹慎，極少和其他人來往。

來人一襲平民裝束，瘦小乾枯，一雙鳳眼卻頗為有神。不待王翦發問，他先開口道：「老朽尉繚，見過王兄。」

王翦大驚，一邊施禮一邊納悶：他可是大王御前紅人，怎麼到我家裏來了？

尉繚大大方方坐下，笑道：「王兄，我們難得一見，小酌一杯可好？」

「好，好，先生大駕光臨，王某求之不得。」王翦連忙命人辦來幾樣酒菜，與尉繚對飲起來。那日的酒喝得極暢快。

開始，王翦尚小心翼翼，唯唯不敢多言，爾後漸漸放鬆下來——畢竟是在自己家中，而且主要是尉繚說話。

「王兄，你可知大王因何用我？」

「定是先生一策千金，令大王茅塞頓開，是以待先生以國士之禮。」

「陳詞濫調！」

「是，王翦讀書甚少，見識淺陋，只會說些陳詞濫調，先生莫怪。」

「老朽是說，拜見大王那日，我所說的都是陳詞濫調！」尉繚哈哈一笑。

「先生真是過謙了！」王翦跟著笑了笑。

「王兄是覺得我虛偽呢，還是認為我在詆毀大王的判斷力？」尉繚抿了一口酒，沉聲道：「事實上，那日我才真正見識了大王的厲害。我本想搪塞他幾句，胡亂混碗飯吃。孰料大王不僅能分辨那些陳詞濫調，而且還不以為意，仍然留我、用我、尊我。只因他一眼便已看出：我尉繚日後對他會有用處。」

「先生深藏不露，大王更是慧眼識才。」王翦說著，向尉繚高高舉起酒杯。

尉繚一口喝了杯中酒，「在老朽面前，王兄何必如此客套！」

王翦嘿嘿一笑，默默將酒喝了，低頭不語。

「依老朽看，王兄身經百戰，武藝超群，假以時日，前途不可限量！」

「先生此言差矣。王某半生戎馬，至今也只是一個裨將而已，庸庸碌碌二十載，又有何前途可言！別的且不說，多少將軍早住上了深宅大院，而像王某這種小門小戶，咸陽城不知有幾千幾萬家……」

「那是因為時候未到。我看大王年紀雖輕，卻有併吞天下之心。當今秦國諸將，論武功心智，何人能與王兄匹敵？相信用不了多久，他定會起用王兄。」

王翦臉上微紅，兩眼放光，「先生當真如此認為？」

尉繚看了一眼王翦：「王兄沉穩低調，誠實篤厚，老朽才敢與兄交往。再說了，我會白白喝你的酒嗎？」

尉繚所料果然不錯。那場酒喝完之後僅一年，王翦便被嬴政任命為將軍，率軍攻打趙國。

這一戰，秦軍兵分左中右三路，王翦名義上雖為主將，但實際率領的只是中路人馬。

左路軍由楊端和率領，進攻轑陽（今山西左權一帶）；右路軍由桓齮率領，進攻鄴邑、安陽；中路軍由王翦率領，進攻閼與。王翦所率的中路軍是主力之一，而任務無疑也是最艱難的。

這閼與地勢極為險要，乃趙國都城邯鄲的西方門戶，也是極少數曾讓秦軍折戟沉沙的關口之一。早在王翦出兵之前的三十多年，秦軍就曾在此遭遇大敗。

當年秦軍出奇兵圍攻閼與，趙惠文王召集諸將商議，問能否前去救援。先問大將廉頗，廉頗回道：「道遠險狹，難救。」再問樂乘，樂乘的回答和廉頗一樣。趙惠文王許久無言，又問趙奢。此時，趙奢還無多少名氣，乃是「戰國四公子」中的平原君趙勝推薦給趙惠文王的，只因他在徵稅時展露出非凡才華。但趙奢的回答與眾不同 ——「其道遠險狹，譬之猶兩鼠於穴中，將勇者勝。」

一句「將勇者勝」，鼓舞了趙惠文王，於是他任用趙奢為將。趙奢先設疑兵之計，而後晝夜兼程，距閼與五十里，紮穩營壘，佔據高點，以逸待勞，大敗秦軍，自此一戰成名，被封為馬服君。秦軍次年再攻閼與，仍無功而返，只好改變策略，決心先攻上黨。於是才會有日後的長平之戰。

四十歲才初次單獨領軍的王翦，第一戰就要打閼與。沒有人比他更明白此戰的重要性，這是他用了二十年才等到的機會，容不得任何閃失，無論如何都輸不起。

王翦深思熟慮後，認為閼與在太行群山之中，行軍運糧極為困難，

所以兵貴精不貴多。拿到兵符的第十八天，他便將俸祿不滿百石的校尉統統裁撤，精簡軍官；又從每十名士兵當中挑選兩人，其他人打發回家。如此，組建了一支精兵，然後一舉襲取閼與，攻下九座城池。

「這一戰雖勝得不易，但到底也是勝了。大王對我的表現，是不是滿意呢⋯⋯」在班師回咸陽的路上，王翦習慣性地沉思著。

天色漸漸暗下來，王翦的兒子王賁也從後軍趕上來，和父親並轡而行。王賁二十多歲，體態魁偉，比父親高出半個頭。他雖年齡不大，但跟隨父親南征北戰已有五六年。

見父親臉上並無多少喜悅，王賁忍不住嘟囔了一句：「爹，這次要不是碰到那個李牧，咱們說不定就直搗邯鄲了⋯⋯」

王翦抬眼看了看兒子，咧嘴笑了一笑，胸中湧起一股暖流。一輪滿月從頭上升起，士卒的刀槍在月光下閃著凜凜寒光。王翦心想，此刻咸陽城中，花白頭髮的妻子肯定正在小院裏張燈結彩，準備迎接自己和兒子凱旋了。

我所思兮在雁門

我所思兮在雁門，欲往從之雪氛氛。

黑漆漆的城，黑黢黢的山，一輪冷月照在月白色的披風上。城樓上的將軍，一襲銀盔銀甲，傲然而立，任霜雪在頭髮上結成蒼茫一片。

此人正是李牧，他成名比王翦要早十餘年，在雁門城頭已站成了一個符號。

雁門關名震天下，但這一名稱始自唐朝，戰國只有雁門郡，《呂氏春秋》稱之為「九塞之首」。往昔趙武靈王胡服騎射，大破林胡、樓煩之後，設雁門、代郡、雲中等郡。

關於「雁門」二字之來由，後人寫道：「代山高峻，鳥飛不越，中有一缺，其形如門，鴻雁往來……因以名焉。」由此亦可知雁門之險。

雁門向來英雄輩出，而李牧可算第一個，也是名頭最響、最名副其實的一個。後來的抵禦遼國的楊家將有誇大之嫌，斷箭自戕的大俠喬峰更純屬虛構。

這是苦寒之地，也是死亡之所。關外便是塞外，此時匈奴勢力已成，鐵騎如風，時常劫掠人畜，襲殺官吏，無事時，還將關外的趙國人當活箭靶。而此時的趙軍也早非趙武靈王時期的精銳，自長平之戰後趙軍實力大減，已難與匈奴騎兵抗衡。守軍出戰，每戰必敗，邊境人心惶惶，束手無策。

趙國君主趙孝成王（趙丹）無奈之下，命熟知此地情況的大將李牧

鎮守雁門。

在一向講究出身的趙國，李牧絕對是一個另類。他出身寒微，沒有任何背景，甚至連健全的身體都沒有 —— 天生右手萎縮，臂上裝了一支鐵鉤。然而即便如此，他依舊東征西殺，憑著一腔熱血和滿腹韜略，殺成了趙國的一員悍將。

除去鐵血作風之外，李牧還有寧折不彎的性格。他一向執拗，固執己見，從不輕易對人低頭，為了執行自己的既定戰略意圖，屢次抗命。

和絕大多數君主一樣，趙孝成王對李牧既愛又恨，恨多於愛。只要還有其他選擇，他就不願用李牧為主將，但而今只希望借李牧這一身錚錚鐵骨，擋住匈奴的強弩鐵騎。

李牧坐鎮雁門，先向趙孝成王要來了屬地人事權和財權。一面減租減息，厚待邊關的黎民百姓，一面將所有稅收等財源充為軍費，修繕烽火台，完善情報系統。

針對匈奴騎兵來去如飛、只重劫掠的特點，李牧明令堅壁清野，每當匈奴寇邊，他就下令士兵和百姓收拾物資入城固守，從不出戰。

而且在雁門城樓之上，李牧對所有守軍將士下了一道死命令：「這道命令，諸位都要聽進耳朵裏，刻到心頭上 —— 從今往後，匈奴來犯，無論官職高低，敢言戰者，定斬不饒！」

趙軍將士面面相覷，個個詫異。他們素聞李牧悍勇，絕非浪得虛名之輩，本以為由他鎮守雁門，可以率眾打幾場乾淨利落的翻身仗，自此揚眉吐氣，誰知他竟說出如此令人「羞恥」之語，而且還作為最嚴軍令，這豈非荒唐透頂！

當然不服歸不服，守軍也知道李牧軍令如山，有意見也只能咽下去。

如此幾年下來，趙軍無傷亡，財物無損失，匈奴亦無所得。然而長年不出戰，給了匈奴人最致命的一樣東西 —— 驕氣。他們有時也不列陣，赤裸上身，連日到關前大罵趙軍，在一箭之外的地方敞開肚皮睡覺。晚上則點起篝火，圍著火堆喝酒跳舞，喝醉之後繼續辱罵。有時他

們還穿上女人的衣服，在關前追逐嬉戲，譏諷趙軍怯懦無能，如同女人一般，不敢出關應戰。

守軍將士恨得牙癢癢，心頭如同火烤，怨氣越來越大。史書就此寫道：「匈奴以李牧為怯，雖趙邊兵亦以為吾將怯。」

然而李牧從不解釋，依舊每日早晚巡視，嚴格操練隊伍。諸將憤憤不平，他也只是發下一些碎布，讓眾人塞住耳朵。

這一日，兩員貴族出身的年輕裨將，忍無可忍，一同找到李牧請戰。李牧也不多言，傳令擂起聚將鼓。眾將魚貫而入，雁列兩旁。

「本將軍此前明令『敢言戰者，定斬不饒』，爾等可曾知曉？」

「我二人世代將門出身，來此邊關，只圖建功立業。大王命將軍鎮守雁門，宜早定計，調撥軍馬，分頭征進，討平匈奴，替大王分憂。而今只令堅守勿戰，忽忽數年，又是何意？若能坐待老天殺賊，又要我等將士何用？我二人不是貪生怕死之人，特請兵出戰，寧可戰死沙場，也不做這烏龜將軍！」

二將這番話說得慷慨激昂，擲地有聲。眾將連連點頭，火一般的急切目光，齊刷刷望向李牧。

李牧面沉似水，「你二人，近前一步說話！」

二將心中一凜，對視一眼，向前邁出幾步。

李牧月白色的披風一抖，九尺高的身形如山一般忽地挺起，二目如刀，從尚帶稚氣的臉到身上華麗的鎧甲，一寸一寸割著二將。

「我只問一句，爾等可是藐視本將軍？」

二將為他氣勢所懾，不敢抬頭，低聲道：「屬下不敢！」

李牧一聲冷笑，「爾等明知故犯，置我軍令於何地？來人，推出去，斬！」

左右刀斧手，將二將推出轅門，便要開刀。諸將慌忙跪倒求情，皆稱願替二人受罰。

李牧冷冷一笑，令諸將簽字畫押，做出擔保，倘若再有任何一人違犯軍令，便要一併問罪。如此才免去二人死罪，各打一百軍棍，直打得

皮開肉綻，方才作罷。

這樣一來，諸將雖憤憤不平，卻也無人敢提出戰之事。

消息傳到朝中，趙孝成王大為不滿，立馬派使者前來責問李牧，命令出戰。李牧默然不語，使者走後，依舊緊閉城門。

趙孝成王聞訊大怒，下詔召李牧回朝，改派其他將領鎮守雁門。對於這一命令，李牧同樣一句話都沒解釋，當即收拾行李，回到邯鄲。

對於李牧，趙孝成王表現出了一定的度量，並未追究其抗命之罪。李牧在邯鄲的這段日子很清閒，其間還奉命臨時客串了一次丞相，替性如烈火的廉頗出使，與秦國訂立盟約，接回了在秦國充當人質的一位公子。

李牧的不解釋，於他也許只是不屑於解釋；無怨言，也許只是不屑於出怨言。但用今天的眼光看來，這雖非上策，卻也是孤高耿介者的一種生存之道。因為不發怨言，才有再次被起用的可能。

假如拿李牧與其前輩廉頗相對比的話，他著實是個好說話的老實人。

在雁門，頂替李牧的主將奉旨多次出戰匈奴，依舊每戰必敗，傷亡慘重。

趙孝成王萬般無奈，只好再請李牧出山。誰知李牧閉門不出，稱自己臥病在牀。趙孝成王只好親自前往，軟硬兼施，強令李牧領兵，李牧只說了一句話：「王必用臣，臣如前，乃敢奉令。」

這一次，趙孝成王答應了。重回雁門，李牧故技重施，嬰城自守，而匈奴驕氣更盛。李牧置之不理，不僅如此，他在刻苦訓練士卒之後，還時常殺牛宰羊，犒賞三軍。

經過此前血的教訓之後，守軍將士也終於明白，李牧堅壁清野，嚴令避戰，也並非沒有道理。

此時邯鄲忽然傳來噩耗。趙孝成王不幸病逝，其子趙偃即位，是為趙悼襄王。

縱觀趙孝成王這一生，堪稱是一位稱職的君主，他發掘了李牧，

又重新重用廉頗，多次擊敗燕國進攻。當然，他這輩子有一個最大的失誤，就是不顧藺相如等人的苦諫，在長平之戰用趙括代替廉頗，終於釀成一場毀滅式的慘敗，將趙國推到了懸崖邊上。

當然長平之敗或許也不能過於苛責趙括「紙上談兵」。一方面，趙括本來就不是白起的對手，對此他也有自知之明；另一方面，趙國無論是國力、軍力，還是對長平前線的運輸補給能力，都不如秦國。所以此戰換作廉頗也許同樣會敗，只是敗不了如此之快、如此之徹底。

李牧在雁門聞訊，甚為悲痛。他當然明白，最好的祭奠莫過於一場大捷，但事關重大，不能操之過急。

又過一年，李牧認為時機終於成熟。經多年休養生息，雁門以及附近幾個郡，不僅府庫充盈，還積攢起了一支雄兵。這支軍隊在李牧的操練之下，已具有較為可觀的戰鬥力，連番犒賞也使他們急切地想證明自己。而更大的動力還在於，匈奴的辱罵造成他們的切齒仇恨。

人心思戰，三軍用命，李牧暗暗點了點頭。

他精選戰車一千三百輛，戰馬一萬三千匹，精兵五萬，弓箭手十萬，通過嚴格編隊，組成多兵種戰隊。而後又命士兵扮成百姓，四處放牧，誘使匈奴來攻。

因為雁門堅壁清野，匈奴已多年搶不到東西。而今一看到漫山遍野的牲畜，眼睛都紅了。當然匈奴人雖輕視趙軍，但也疑心是陷阱，初始只是試探。李牧又派小股部隊出戰，故意讓匈奴俘獲。連番示弱之後，匈奴終於大肆入侵，縱兵劫掠。

李牧誘敵深入，然後以戰車阻擋匈奴騎兵，弓箭手輪番射殺，步兵正面阻擊，騎兵兩翼插入，直殺得匈奴血流成河，全殲其十萬人馬。只有單于帶著少量親隨倉皇逃竄。

李牧乘勝收服趙國北部的匈奴屬國，完全清除了北方邊患。此後匈奴十數年不敢南窺趙境。

此戰，李牧創造了中國歷史上以步兵為主的多兵種戰隊，全殲騎兵大兵團的首次大捷，而他也成為繼廉頗和趙奢之後的趙國頭號名將。

不過名將歸名將，李牧從來都不是君主身邊的紅人。如果說趙孝成王對李牧還不冷不熱的話，趙悼襄王對他則幾乎是不聞不問。

　　趙國當朝第一紅人名叫郭開。趙悼襄王剛剛即位，就祭出了一記昏招，下詔將廉頗解除兵權，而派樂乘去代替他。廉頗和樂乘雖然曾經一同出征，但他一直瞧不起樂乘，心中不忿：「那姓樂的小子除了借樂毅的名頭，出身好點之外，哪一點比得上我？有甚麼資格來代替我？」於是越想越氣，終於領兵攻擊樂乘，樂乘見勢不妙，飛也似的逃走，自此在史書中沒了消息。廉頗也出走魏國。

　　趙國沒了廉頗，遭受秦國蠶食更甚。趙悼襄王開始後悔，派使者去魏國見廉頗。郭開素來與廉頗有仇，怕他回來重掌兵權，於是買通使者，便有了「廉頗老矣，尚能飯否」的著名典故。史書中記述了這一老將的淒涼晚景：「廉頗見使者，一飯斗米，肉十斤，被甲上馬，以示可用。使者還報王曰：『廉將軍雖老，尚善飯；然與臣坐，頃之三遺矢矣。』趙王以為老，遂不招。楚人陰使迎之。廉頗一為楚將，無功，曰：『吾思用趙人！』卒於壽春。」

　　老將廉頗之後，趙悼襄王也沒有立即重用李牧，他選的繼任者比廉頗還老，乃是已經八十多歲的龐煖。雁門大捷後，趙悼襄王曾命李牧作為龐煖的副將進攻燕國，奪取了武遂、方城兩座城池。

　　事實上，燕國國君燕王喜（燕喜）也一直惦記著趙國。他認為趙國經長平之戰，勢力已經大減，又聽說廉頗出走，龐煖領兵，便覺得機會來了。

　　燕王喜向自己手下的老將劇辛——當年樂毅伐齊時的副將，打聽龐煖的水平。劇辛早年曾與龐煖交好，聞言，自信地笑道：「龐煖易與耳。」

　　燕王喜見劇辛成竹在胸，不由得大喜，任命其為主將，率兵伐趙。兩位年過八旬的老將軍、老朋友各為其主，這也是一場古來少有「銀髮大戰」。真是不打不知道斤兩，劇辛兵敗被擒，而後被殺。

　　廉頗一走，李牧更感孤獨。他二人雖性格迥異，但同為弱國名將，

自有一種「背靠背」的情意無需言表。

除此之外，讓李牧難過的還有，在他出征燕國那年，信陵君魏無忌病逝。「戰國四公子」名聞天下，但真正既能讓各諸侯國服膺，又能統領各國聯軍擊敗秦國的，卻只有一個信陵君。若非他當年「竊符救趙」，解了邯鄲之圍，趙國早就亡了。更令人遺憾的是，信陵君並非死於國事，而是因魏國國君魏安釐王——他的異母兄長，猜忌心重，對其處處提防。信陵君心灰意冷，也為避嫌，終日沉迷酒色而亡。自此魏國沒有了頂梁柱，趙國也喪失了最有力的盟友。

雖然匈奴已近絕跡，但李牧依舊被派去鎮守雁門。

這樣一種安排，也許是李牧和朝中當權者都願意看到的。對李牧而言，離政治越遠也就越安全。他不屑於曲意逢迎，也不懂得長袖善舞，那如刀似劍的性格，時時處處都可能樹敵，又怎能躲得過小人們的機關算盡？對當權者而言，讓李牧離得越遠，他們也越安全。畢竟李牧手握二十萬雄兵，戰功彪炳，用兵如神，假如肯花一點心思來討好趙悼襄王，隨時都可能贏得好感。假如他獲取信賴之後，再把兵權和朝政一手抓，那時想剪除誰，不都是小事一樁？此等禍事，當然要堅決杜絕。

所以從史書中看到的是，李牧無論如何立功、怎樣揚名，都一直未獲升遷。在其他大將一戰即可授爵的時候，李牧依舊沒有頭銜。

如此，日月如梭，轉眼趙悼襄王也去世了。就在趙悼襄王臨死之前，曾派兵攻打燕國，奪取了一座狸陽城。然而戰爭還沒結束，秦國已兵分三路，乘虛來襲，領軍的大將正是王翦、桓齮與楊端和。

眼見王翦勢如破竹，攻下閼與，邯鄲告急，趙悼襄王連忙從雁門調李牧南下。

李牧率兵星夜馳援，在漳水一線阻擊王翦，甫一接戰，便知遇到勁敵，雙方均不敢大意，漸成疲兵相持之勢。而後，王翦退兵，各保疆域，李牧回防雁門。

趙悼襄王死後，趙幽繆王（趙遷）即位。他的母親早年曾是一名妓女，因深受趙悼襄王寵愛，被立為妃。不僅如此，趙悼襄王還廢黜了自

己與正妻所生的長子——德才兼備的太子趙嘉，而將他與妓女的「愛情結晶」趙遷立為太子。

廢長立幼，自古便是社稷的禍端。此前趙武靈王曾致使骨肉相殘，盛況不再；趙悼襄王的這一次陷身溫柔鄉，更使得趙國自此一步一步滑落深淵。

兩年後，桓齮獨自率軍攻擊趙國南部，採取迂迴戰略，攻取邯鄲東南部的平陽（今天河北臨漳縣以西）。趙軍大將扈輒兵敗被殺，趙軍被斬首十萬級。長平之戰後，趙軍再遭重創，邯鄲震動。趙幽繆王只好急調李牧。這一次李牧被封為大將軍，指揮全部趙軍，迎擊秦軍。

李牧率軍在宜安，與秦軍對峙。他考慮到秦軍士氣正旺，再一次築壘固守，堅壁清野。

對於趙國將領的持久戰法，桓齮早有耳聞，以往廉頗就是這樣抵禦王齕，秦軍只好退兵。他明白，拖延下去對秦軍不利，於是便率一部進攻鄰近的肥下城，企圖誘使趙軍前往救援，然後將其擊殲於運動之中。

這一招「圍點打援」不可謂不高明，也是後世的經典戰法。只可惜，桓齮此次遇到的不是其他趙國將領，甚至不是「不善野戰」的廉頗，而是一個曾全殲匈奴鐵騎的人——試問還有誰比匈奴人更擅運動戰？

李牧並未派兵救援，而是連夜直搗空虛的秦軍大營，一舉俘獲全部留守秦軍及糧草輜重。桓齮連忙回救，又被李牧中途設伏。秦軍大敗，桓齮孤身一人僥幸逃脫，害怕嬴政降罪，遠投燕國去了。

趙幽繆王接到捷報，手舞足蹈，大叫：「李牧真乃寡人之白起也！」於是封李牧為武安君。

李牧終於有了封號。而且對為將者而言，能與白起相提並論，甚至有同一封號，這絕對是天大的榮幸。只是那些熟悉歷史的人們卻又不得不感喟，冥冥之中，這封號是否也潛藏著某種令人絕望的宿命？

兩個只能活一個

行軍道上，一個月白色的名字在王翦腦子上下翻飛 —— 李牧。

距離上次與李牧在閼與、漳水一線交戰，轉眼已過了七年。這七年間，王翦在軍中的地位穩步上升，隱隱已現「秦軍第一戰將」的勢頭。而他的大器晚成也成為一個話題，給了眾多一事無成者以希望，抑或說辭。

而秦軍的另一大話題，則是李牧。桓齮被李牧一戰擊潰，逃往燕國，秦王嬴政暴怒。此戰過後，李牧又南征北戰，每戰必勝，令秦軍膽寒。

一個是秦國最鋒利的矛，一個是趙國最堅實的盾。人們都想看看，如果這二將全力拚殺，又是怎樣一種場景？

機會已經來了。嬴政在攻趙連番受挫之後，決定再派王翦出征，發誓不破趙國絕不罷休。

與七年前的陡然接戰不同，而今這二人彼此都已聞名太久，連對方最擅長的戰法也瞭然於胸。他們互為對方的頭號強敵，不敢有一絲一毫的懈怠。

這一次王翦兵分兩路。因七年前在閼與被李牧所阻，此次轉由太原攻擊井陘，計劃自北而南，直指邯鄲。南路軍則交給他的老搭檔楊端和率領。

王翦的進軍路線，被李牧料個正著。李牧親自率趙軍主力阻擊王

翦，紮穩營盤，使其人馬無法進出山隘。另外分出一支人馬，由其副將司馬尚率領，在南線擋住了楊端和。

井陘，得名於「四方高，中央低，如井之深，如灶之陘」，素有「太行八陘之第五陘」、「天下九塞之第六塞」之稱，乃河北通衢要衝，歷來為兵家必爭之地。

秋陽之下，一桿「李」字大旗在城頭迎風招展。見李牧早有準備，王翦並不覺意外。他本就以穩健見長，何況這一次的對手是李牧，他怎會有絲毫的僥倖心理？

手提金背開山刀，仰望井陘關上的那面將旗，王翦心中生起一種極其複雜的感情。

他與李牧，俱已過知命之年，都是平民出身，半生戎馬，同樣威震天下，從無敗績。如果不是狹路相逢於兩軍陣前，二人或許能結為知交，而今卻只能各為其主。

王翦記憶裏有一個故事，與他的金背大刀有關。那年他十八歲，蕩遊天下。黃葉飄零時，他從魏國大梁返回，一路西行，在韓國的宜陽停留了幾天。宜陽有天下聞名的鐵山，鐵器冶煉冠絕各國，出產的兵器行銷千里。到這裏，他是想給自己尋一柄趁手的兵器。

宜陽城，精兵利器果然不少。只可惜王翦雖有幾分眼光，但畢竟是小戶人家出身，看中的都買不起。遷延幾日，終一無所獲。這讓他既沮喪又憤慨，但又不想遷就，便只帶一肚子火氣和一皮囊酒，踏上歸程。

宜陽西南十里，洛水之濱。王翦坐在黃土坡上歇腳，喝著皮囊裏的酒。一個大漢打他身邊走過，在數丈之外坐下，側過臉來，似是看他，又似看路。

王翦看那大漢身長九尺，面容比自己大不了幾歲，頭髮卻已花白。一身服色樸素而乾淨，刺眼的是，他竟然束了一件披風 —— 那種貴族們才用的披風，質料卻極廉價。讓人第一眼看去覺得彆扭，第二眼就覺得可笑。

王翦沒有笑。一是因為他原本性情寬厚，二是因為對方神情似有幾

分焦渴。他衝大漢舉了舉皮囊，「來口酒？」大漢認真看了他一眼，又認真搖了搖頭。王翦注意到，他的腰間和自己一樣，都配著一把劍，一把象徵窮酸士人的簡易鐵劍。

東方塵土紛飛，接著便是蹄聲，二十餘騎由遠而近，忽地勒馬停住。王翦眯眼看著，暗暗攢緊了劍柄。那分明是一群盜匪，其中一匹馬上橫放著一女子，綁了手足，兀自掙扎。

「兀那兩個窮酸，值錢的東西都扔過來。別讓我們兄弟動手，傷了爾等小命！」為首一人叫道。

王翦默然不語，心中早打定主意，要救那女子。只是這幫匪徒全副武裝，若以步對騎，被團團圍住，幾無勝算可言。好在那大漢被視作同他一夥，只是不知人家願不願幫他？又有沒有本事幫他？

王翦正猶豫間，忽聽大漢叫道：「你們想要錢財就去搶，抓那女子作甚？」

那匪首聞言大怒，罵了一聲，抽刀下馬。其餘人也各挺兵刃，逼上前來。

王翦見眾人下馬，心生一計，於是發足狂奔。一匪徒追出二十餘步，被他拔劍刺死。王翦已搶過一匹馬，拍拍腰間，「這裏有錢，哪個來取？」縱馬向東而去。眾匪徒一楞，旋即追來，王翦回首看時，見有十餘騎緊追不捨。他故意放慢馬速，待一人靠近，便回身厮殺。不多時，殺死八人，剩下幾人見勢不妙，逃得一乾二淨。

調轉馬頭，回到黃土坡前。但見地上躺了十餘具屍首，包括那匪首在內。被擄的女子已鬆了綁，正對著一棵白楊樹拭淚。那大漢依舊坐於原處，披風上血跡斑斑，而他顯然沒有解下來的意思。

王翦既驚又喜，不曾想竟在此遇到一位英雄，上前一拱手：「在下頻陽王翦，敢問兄台尊姓大名？」

大漢並不答話，只看了看王翦的酒囊：「尚有酒否？」

王翦哈哈一笑，遞了過去。大漢伸左手接了，一口氣喝了一半，叫聲「好酒」，又送回來。

這一接一送，王翦這才發現，大漢左臂細而短，宛若孩童，與其身形極不相稱。他強自掩住驚駭表情，仰頭將酒喝乾，大笑起來。

那大漢道：「你是不是想問，我身患殘疾，如何殺得了這些人？」也不待王翦答話，便將一直掩在披風中的右臂亮了出來，那臂膊短而粗，上面赫然裝了一隻亮銀鐵鈎，寒氣逼人。

王翦一望便知，這鈎鋒利絕倫，斷非凡鐵。

大漢站起身來，朗聲道：「而今列國紛爭，我等男兒自當喋血沙場。君是秦人，我乃趙人，日後各為其主，難免刀劍相向。我們不必相識，能飲一口酒，已是够了。」

他邊說邊走，已跨上一匹白馬，隨手一指方才所坐之處：「地下有一物事，可抵你酒錢。」言罷，打馬而去。

王翦悵惘良久。先送走那婦人，而後掘土三尺，竟是一塊玄鐵，質地絕佳。不禁喜出望外，傾囊中所有，回宜陽鑄了一柄開山刀，此後從軍殺敵，用的就是這柄刀。多年後漸有積蓄，才另尋良匠，在刀背加了一層金，這便是他如今的金背開山刀了。

七年前，第一次與李牧交戰，王翦便疑心其是當年洛水之濱的那個大漢。七年後再次對陣，王翦更想解開這個謎。

然而他們從未在陣前搭話，甚至沒有打過幾個照面。對於秦軍在井陘關前叫陣，李牧根本不予理睬，和當年對匈奴一樣。

王翦知道，和七年前相比，李牧如今更為無奈。秦國席捲天下之勢已成，經連年戰事，趙國已無力組織大規模進攻。而在一年前，更是剛剛經歷了一場大饑荒。一年前，六國之中的韓國已然被滅。當時的韓國，在秦國數十年蠶食之下，已僅存其都城陽翟（今河南禹州）周邊的十餘座城邑，只相當於秦國一個小郡。其最後一代國君韓安早已獻出玉璽，願為藩臣。嬴政派內史騰發兵韓國，將韓安擄到咸陽，國土置為潁川郡。

秦與趙已不是勢均力敵的國家，王翦與李牧又怎能上演一場天雷地火的對戰？

事實上，這一戰幾乎從未有過對攻場景，甚至可用乏味來形容。李牧依舊堅壁清野，窮盡一切力量守城。雲梯、地道、炮石……王翦幾乎用遍了攻城手段，井陘關依舊歸然不動。

王翦也數次佯裝退兵，將主力回撤，多處設伏，營中設旗幟草人，丟棄糧草輜重，虛虛實實，引趙軍來追。李牧料定是引蛇出洞之計，依然不動。

對峙數月，僵局仍未打開。其時已是隆冬，寒風怒號，太行山落了一層薄雪，望之如蒼顏華髮。

秦軍中軍帳中，王翦溫了一壺酒，卻也無心喝，只來回踱著步。陽光照著他的臉，愈顯蒼老，頭髮也白了大半。兒子王賁早已是大將，獨自率軍征戰，此番未隨他前來。他也從未像現在這般焦慮，糧草已經堅持不到一個月了。而就目前的情形來看，要一個月內攻下井陘，斷無可能。士兵被凍傷凍死的消息不斷傳來，如此下去，只能退兵。

「到時，李牧定然揮軍掩殺，就算我安排妥當，不致大敗，可大王能接受這樣的結局嗎？」想到這裏，王翦眼前浮現出嬴政的那雙兇狠的眼睛，心頭一緊。

王翦又想起尉繚，那位曾準確預言他前程的枯瘦老者。

有一日，尉繚在王翦家飲酒，忽然問：「王兄，你看秦王為人如何？」

王翦聽他不稱「大王」而稱「秦王」，不覺便是一楞，「末將愚鈍，請先生明示。」

尉繚緩聲道：「秦王為人，蜂準、長目、摯鳥膺、豺聲，少恩而虎狼心，居約易出人下，得志亦輕食人。我布衣，然見我常身自下我。誠使秦王得志於天下，天下皆為虜矣。不可與久遊。」

這一番話，是史書上關於秦王嬴政相貌的最早記載。根據尉繚的描述，嬴政高鼻長眼，胸似老鷹，聲如豺犬，刻薄寡恩，有虎狼之心，絕非仁者。窮困之時能對人謙卑，得志之後就會隨意殺人。他是個對自己狠，對別人更狠的人。尉繚認為，自己本來只是一介平民，嬴政卻表現

得如此恭敬。這樣一個忍辱含垢的人，假如有朝一日奪取天下，也會視天下人為奴隸。像嬴政這樣的君主，實在不願與之相伴，太危險了。

「老朽本打算過幾天再走，但這番話既然跟王兄說了，明天一早便會啟程。」

王翦陪尉繚喝了個暢快，也把這番話深深記在心中。他深信尉繚對嬴政的判斷，平日更為小心謹慎。

不過次日尉繚未能走脫，剛離開咸陽，便被嬴政派兵追了回來，還被加封為國尉。國尉在秦國乃是高級軍職，白起曾任此職。

《商君書‧境內篇》中論軍爵，稱「國尉短兵千人」，也就是說，有千人的衛隊。

「如果尉繚先生在此，他會有甚麼破城之計？」王翦望著巍然高聳的井陘關，自言自語。

發愁之際愁更愁。嬴政的詔書忽然到了，命王翦火速拿下井陘，進軍邯鄲，滅掉趙國，不然定要問罪。雪上加霜，讓王翦眉頭緊鎖。不過那位傳詔的內侍和王翦素有交情。宣詔之後，便於僻靜之處，交給王翦一個黑色錦囊：「這是尉繚先生讓我交給將軍的。」

錦囊裏的信中赫然寫了三個字：反間計。

王翦心頭劇震。他豈會不知這條計策？當戰場上無從入手時，最好將目光投到戰場之外。自從田單以反間計逼走樂毅之後，反間計便廣為應用。長平之戰前後，各國曾互縱反間計。先是秦軍面對廉頗鐵桶般的防禦戰，一籌莫展，於是秦國丞相范雎施展反間計，趙孝成王上鈎，才用趙括替換廉頗。

長平之戰後，白起分兵三路，欲一舉滅掉趙國。韓國、魏國深知唇亡齒寒，於是請來年近九旬的縱橫家蘇代，持重金去見秦相范雎。蘇代同樣施展反間計，挑起范雎對白起的嫉妒之心，使范雎向秦昭襄王進言，召回白起。趙國得以續命，而范雎與白起自此結仇，將相離心。

如此陰狠、毒辣的計謀，王翦實在不想施加於李牧身上 —— 他多想和李牧分個高下呀！

王翦徹夜不寐，在營盤間游走。野外的枯風呼嘯如餓狼，加上凍傷士兵的呻吟，一聲聲刺入他的耳朵。那夜，一輪滿月當空。他又想起自己在咸陽的妻小，清晰地感受到自己已到了生死邊緣。

此刻月光也照耀著井陘關城樓。一個月白色的身影在城頭佇立，對城下秦軍的連營看也不看。他只是望著月亮，冷冷的、蒼白的亙古一輪冰月。

這一戰不是分高下，是決生死。第二日，王翦又收到了一封信。寫信的仍是尉繚，信上言明：他料王翦不願行這反間之計，已自行派人前往邯鄲，算來，拿下井陘關已指日可待。寥寥數語，讓王翦五味雜陳。

秦國使者潛入邯鄲，找到了寵臣郭開，賄以重金，讓他進讒言稱李牧謀反。

這郭開乃一奸猾小人，極善揣摩上意，趙悼襄王和趙幽繆王這一對父子都極寵幸於他。特別是趙幽繆王乃娼妓之子，自幼便沒受過甚麼教育，遭人鄙視。郭開便百般迎合，千般討好，讓趙幽繆王獲得了極大的滿足感，他也因之飛黃騰達。和所有的小人一樣，郭開在媚上的同時，對同僚則睚眥必報，嚴苛至極。當年性如烈火的廉頗，就因多次在朝堂之上折辱郭開，被害得客死他鄉。

李牧和廉頗性格迥異，而郭開對李牧懷的也是另一種恨。就在他權傾朝野時，李牧依然對他不理不睬，不上門，不迴避，不說一句話。在李牧眼中，郭開似乎從來都是透明的，那種眼神像刀一樣，每次都穿過郭開的身體。郭開多次主動示好，李牧也都拒其於千里之外。

當時有一位隱士名叫司空馬，原為呂不韋的門客，在呂倒台後從秦國逃到趙國，覲見了趙幽繆王，但未獲賞識。

李牧欣賞司空馬的才華。司空馬也對其出言相勸：「我知道將軍瞧不起郭開，但對他不應該太冷淡。將軍孤高耿介，在朝中本就沒幾個朋友，一朝遭遇讒言，連個維護您的人都沒有，那就會有大麻煩。將軍莫忘了廉頗的遭遇！」

李牧聽了，只冷冷一笑，對郭開照舊不理不睬。

用世俗的眼光來看，李牧似乎太「不懂政治」。假如公開蔑視君主身邊的小人，就應該提前想想自己是否真的毫無瑕疵，找不到半點兒可進讒言之處；抑或君主對你絕對信任，能包容一切缺點——符合這兩點的武將存在嗎？所以聰明的做法就是低調一點。即便不與小人同流合污，也不可與之勢同水火，如此才可免生禍患。

司空馬瞭解趙國朝中的情況後，立刻打點行裝。史書記載了司空馬臨行前的預言：「趙將武安君，期年而亡；若殺武安君不過半年。趙王之臣有韓倉子，以曲合於趙王，其交甚親，其為人疾賢妒功臣。今國危亡，王必用其言，武安君必死。」

也就是說，司馬空認為，如果趙幽繆王堅持用李牧，趙國還能支持一年。如果殺李牧，則根本挺不過半年。而且，趙幽繆王必聽讒言，李牧必死。

冥冥中，所有的結局都已寫好。郭開敢收秦國的賄賂，也因為早就打好了算盤。趙國是一個太重視出身的國家，歷來對平民出身的將領心存芥蒂。而李牧所率將士，又是他在雁門一手帶出來的，可說是一支親軍。所以，從理論上講，李牧既有造反的可能，也有造反的能力。

郭開便去找韓倉，他是趙幽繆王的男寵，也素來忌恨李牧。於是經過韓倉一番枕邊風，趙幽繆王果然信以為真，派趙蔥、顏聚持詔書替換李牧。

當年李牧與桓齮大戰時，趙蔥曾做過他的副將。李牧深知趙蔥除了姓趙之外，並無幾分真本事，斷然不是王翦的對手。而且臨陣換將本是兵法大忌。李牧面沉似水，拒不奉詔，趙、顏二將只得回朝稟告。

去軍中誅殺李牧？郭開和韓倉縱有十個腦袋也不敢。他們便勸趙幽繆王宣李牧進宮，調虎離山之後再行動。李牧也知道自己被人陷害，他怒髮衝冠，帶幾名親兵，飛馬入朝，要親自找趙幽繆王解釋清楚。

然而朝堂之上，空空如也。迎接李牧的只有韓倉——郭開不敢露面。

「我要見大王。」李牧冷冷道。

「大王不見將軍，他命小人持尚方寶劍，賜將軍自裁。」

韓倉嗓音柔媚得如同浸了蜜，與所講內容的冷酷極不協調，令人毛骨悚然。

「我何罪之有？」李牧厲聲問。

「將軍連退秦軍有功，大王賜將軍飲酒。將軍竟然在大王面前展露匕首——死罪！」韓倉聲音依舊溫柔，臉上卻全無表情，宛若僵屍。

「臣天生殘疾，身高臂短，手不能彎曲，跪拜不能著地，怕大王責臣不敬，是以命工匠給右臂接上木杖鐵鈎。大王若不信，請看臣的臂膀。」說著，李牧將袖中鐵鈎伸出，鈎上用白布層層纏裹。說這番話，李牧心中悲憤之極。他素來自傲，年長後更不曾對人解釋一句，今天居然向一個不男不女的人自曬殘疾，實為平生奇恥大辱。他心裏想著，這不是為自己，而是為了趙國社稷，為數十萬趙軍兄弟。

「還請韓大人向大王通稟。」

韓倉心下吃驚，他從來沒想過這個冷若冰山的李牧還會求人。但轉念又想，無論如何都不能讓李牧再見到大王，一旦大王回心轉意，信任於他，那對他和郭開就有滅頂之災。

「大王派小人來時，並未提過赦免，小人不敢多言。」韓倉拱了拱手，以示無奈。

李牧仰天長笑，拜倒接劍，「為人臣者，不可自殺於宮中。」於是提劍出宮，一路疾行，中途還路過了司空馬的舊居，一絲悔意在他胸中起了又滅——「我李牧死則死矣，何言後悔。」

韓倉哪敢靠近，和衛士遠遠跟隨。但見李牧行至宗廟前，左手舉劍自殺，無奈手臂太短，無法夠到脖頸。於是口中銜劍，撞柱身亡。

這是一個千古無雙的死法。那一夜，從邯鄲到井陘，飄起了鵝毛大雪。

易水歌聲與劍聲

雖然料定李牧必死，但消息傳來時，王翦還是仰天長歎，向雪地裏緩緩澆了三大碗酒。

對有志者來說，能遇到一個旗鼓相當的對手是何等幸事。他是一根鞭子，催你奮進，還是一面鏡子，讓你看清自己的影子。

李牧死後，王翦也清楚地感受到，自己身體中的一部分隨之而死。比如，傲氣、熱血、堅守……他從李牧的血泊中，看到了自己的未來，也看到兩個字：生存。終其一生，他都在提醒自己，不要重蹈李牧的覆轍。

木秀於林，風必摧之。更何況，你還是一棵毫無根基又高聳入雲的孤木？

王翦終於可以安心打這場幾乎必勝的攻堅戰。半個月後，他攻破井陘關，陣斬趙蔥，顏聚逃亡，還俘獲了大量軍糧。又兩個月，王翦攻破邯鄲，俘虜了趙幽繆王（趙遷）。

邯鄲城破之前，趙悼襄王原來的太子趙嘉 —— 趙幽繆王的異母兄，率宗族數百人逃到代地（今山西恆山以北），自立為代王。流亡的趙國大臣們，很多都投奔於他。

王翦曾無數次想要看看那個趙國寵臣郭開的嘴臉。覆巢之下，豈有完卵？到底是怎樣一個人，要置自己國家的擎天之柱李牧於死地？

記得當年郭開在陷害廉頗之後，秦軍的間諜曾問他：「你不怕趙國

滅亡嗎？」郭開答道：「趙國亡不亡是國家的事，而廉頗是我的仇敵。」為一己之私憤，置國家安危於不顧，這就是小人的邏輯。

王翦還是忍住了。因為王翦知道，只要見了郭開，一定會殺他，而他還是嬴政點名要見的人，人頭必須留著。

根據中國歷史的邏輯：當天下未定時，那些曾幫過忙的敵國奸臣，一般會得到寬大對待，乃至賞賜，這是給其他敵人以示範，便於其儘早歸降；而當天下已定時，那些敵國奸臣的末日也就到了，大多被斬首或賜死，這是為了警示自己的臣民，決不能做奸臣。

一個月後，嬴政親自來到邯鄲，犒賞王翦及其麾下將士。同時他重賞郭開，將趙幽繆王擄回咸陽。

對嬴政來說，此行也是故地重遊。其母趙姬本是趙國人，他自己幼年也曾生長於斯，在邯鄲做人質。此番到來，對於當年記恨的那些人，嬴政絲毫沒有留情 —— 全部活埋。對此，《史記》中的記載是：「秦王之邯鄲，諸嘗與王生趙時母家有仇怨，皆坑之。」而就在這一年，趙姬也死了。

趙遷的結局，正史並未記載。傳說的結局是：「趙王遷流於房陵，思故鄉，作為《山水》之謳，聞者莫不殞涕。」

後人對此說進行了演繹。趙遷被流放房陵後，住在城北一石室中，聽四周流水潺潺，想起自己聽信讒言，錯殺李牧，導致國破家亡，悔恨交加。其所寫的《山水》之謳中，有句曰：

> 嗟余萬乘之主兮，徒夢懷乎故鄉！
> 夫誰使余及此兮？乃讒言之孔張！
> 良臣淹沒兮，社稷淪亡；
> 余聽不聰兮！敢怨秦王？

深秋咸陽，大將軍府。王翦正在舉行家宴，一家人團團而坐。他有一點醉了，端起酒杯，望著老妻和兒孫，心裏暖烘烘的。一家人吃個團

圓飯太難，尤其是在秋天。這是用兵的最佳季節，他和長子王賁作為秦國砥柱之臣，長年征戰，談何顧家？似乎在轉眼之間，連孫子王離都已經十幾歲了。

這個秋天，王翦帶孫子去登了幾次驪山。松風雲影裏，他開始考慮要不要告老還鄉。他本是個要強的人，聽不得別人說他老，但自從井陘關那一戰之後，在登山臨水之際，他常常看到李牧的影子，以及他躺在雪地裏漸漸冷卻的屍身。

難道真要為了嬴政而埋骨沙場？值得嗎？

這一日，王翦沒有上朝。忽見王賁大步走進門來，開口便道：「爹，大王遇刺了！」

王翦腦子一炸。接著，王賁講述了當日朝堂之上的一幕。燕國使臣荊軻攜來了兩件厚禮：一件是燕國督亢一帶地圖，此乃燕國膏腴之地；另一件則是秦國叛將樊於期的首級。關於樊於期的具體身份，史書中語焉不詳。有人猜測，他就是那個曾數次伐趙的大將桓齮，被李牧擊潰之後，畏罪投燕。嬴政對他恨得牙根發癢，將其一家老幼殺得乾乾淨淨，還懸賞萬金、萬戶侯，求其首級。這種猜測的依據主要是，樊於期與桓齮讀音相近，履歷疑似，然而卻沒有更多具體證據。

這兩個都是嬴政朝思暮想之物。使者遠道攜來，嬴政豈能不喜？而正當他興奮之時，那荊軻忽從地圖中抽出匕首行刺。

「只是那個荊軻的武功實在太差，莫說比不過咱們，便是我們秦軍任何一個銳士，十招之內都可以取其性命。不過幸虧如此，大王才只是受了驚嚇，稍一定神，便拔劍砍倒荊軻，連砍八劍。衛士上前將其剁為肉醬。孩兒聽說，那把匕首就是失傳多年的魚腸劍，劍身焠滿劇毒，見血封喉，可見其用心之狠吶！」

「那刺客可有話說？」

「臨死之前，那荊軻道：『事所以不成者，以欲生劫之，必得約契以報太子也。』原來，他竟想挾持大王，而幕後主使正是燕國太子丹。」王翦半晌無言，心知這荊軻雖然行刺未遂，從結果看比不上專諸、聶

政、曹沫等人，但他能謀劃及此，還敢當庭行刺，其心思、膽略都遠超常人，絕對算得上是一個人物。深秋的陽光照進堂前，一道一道像流水一樣。王翦長歎一口氣，「賁兒，為父又要出征了。」

果然，嬴政把驚魂安頓好之後，便下令派王翦為主將，辛勝為副將，帶著荊軻所獻上的地圖，率兵直取燕國。

對於這一天，王翦早有準備。在攻下邯鄲之後，他便著手準備，並做了詳細調查。燕國國君燕王喜乃一庸主，目前燕國上下最得人心者正是太子丹（燕丹）。

這太子丹與嬴政本是老相識，二人曾在趙國同為人質，交情甚篤。當時雖然秦大燕小，但嬴政之母本為歌伎，即便生子之後，她與嬴政的王室身份仍未分明，處境尷尬，而太子丹則是無可爭議的燕國王子，所以往往是太子丹罩著嬴政。然而嬴政即位之後，逐步將大權抓入手中。步步蠶食之下，燕國風聲鶴唳，燕王喜為討好秦國，又讓太子丹到秦國做人質。

太子丹本以為嬴政會念及舊情，善待於他，說不定還會與燕國修好。誰知嬴政得志之後翻臉無情，對太子丹極為嚴苛。《資治通鑑》記載：「（秦）王即位，（太子）丹為質於秦，王不禮焉。丹怒，亡歸。」據此，可知太子丹偷偷逃回了燕國。

不過還有另一種離奇的說法：「燕太子丹朝於秦，不得去，從秦王求歸。秦王執留之，與之誓曰：『使日再中，天雨粟，令烏白頭，馬生角，廚門木象生肉足，乃得歸。』當此之時，天地祐之，日為再中，天雨粟，烏白頭，馬生角，廚門木象生肉足。秦王以為聖，乃歸之。」按照傳言，嬴政壓根沒有放回太子丹的想法，然而太子丹長歎一聲，竟然感天動地，「太陽倒行，天降穀雨，烏鴉白頭，馬頭生角，廚房門口的木象還長出了肉腳」，於是嬴政震驚了，乖乖讓太子丹回了燕國。

其實這種說法早在秦漢就已有之，但是連一向喜歡奇妙故事的司馬遷也直言「太過」，太不靠譜。那麼此說法是怎麼來的呢？很可能是太子丹及其門客為了洗白和神化自己編出來的。

在咸陽，王翦親眼見過太子丹幾次：他身高九尺，細長得像一根竹竿，衣衫華貴，說話搖頭晃腦，整日把「願效先祖燕昭王」掛在嘴邊，走在街上頗為引人注目。但在王翦看來，他只是徒有其表而已，貌似禮賢下士，胸懷天下，實則裝腔作勢，氣量狹小。

王翦心道，太子丹太不瞭解嬴政了，「定然是他在邯鄲時，萬事愛出頭，彷彿處處庇佑大王，實則深深刺痛了大王的自尊心，所以才會有日後的刁難。」

太子丹也絕不是盞省油的燈。回到燕國後，他便千方百計要報復嬴政。

他請教自己的太傅鞠武，鞠武建議西約趙魏韓，南聯齊楚，北媾匈奴，一齊謀劃進攻秦國。這一方案和當年樂毅伐齊如出一轍，也是太子丹的偶像燕昭王所認可的。然而太子丹立馬否決了，認為耗時太久，根本等不及。後來太子丹又收留了被嬴政通緝的樊於期——他想博個重義、納士的名聲。但鞠武堅決反對。

勸阻不成，鞠武仰天歎：「夫行危欲求安，造禍而求福，計淺而怨深，連結一人之後交，不顧國家之大害，此所謂資怨而助禍矣。」這番話絲毫沒給太子丹留面子，直斥其目光短淺，引火燒身，將殃及燕國。

不過失望歸失望，鞠武還是給太子丹推薦了「智深而勇沉」的田光，田光又為其推薦了荊軻。不僅如此，為讓太子丹放心自己不會洩密，田光當著荊軻的面就伏劍自殺。

在世人印象中，荊軻是個劍術絕倫的刺客。然而事實上，翻遍了史書都找不到他劍法高強的描述，倒是有兩次落荒而逃的經歷。一次在榆次，荊軻與蓋聶論劍，被蓋聶一個眼神驚退；另一次在邯鄲，荊軻與魯句踐爭道，被魯句踐一聲怒吼嚇跑。

史書中對荊軻的描述是：「好讀書擊劍」、「深沉好書」、「所遊諸侯，盡與其賢豪長者相結」，另外還曾遊說衛國君主衛元君，而「衛元君不用」。可見他只是一個劍術愛好者，而在那個士人大都佩劍的亂世，這個愛好實在太普通了。

荊軻更應該是一個縱橫家，愛讀書，口才好，擅交際，喜權謀，有膽略。

當然荊軻還有兩個著名的愛好——喝酒和唱歌。他和燕國樂手高漸離，以及屠狗行業的音樂愛好者，多次在鬧市進行即興表演，吸引了大批觀眾，名噪一時。他愛酒，愛音樂，也愛朋友，每當痛飲之後，引吭高歌，忍不住熱淚盈眶，與朋友抱頭痛哭。那些虛度年華的日子，是他一生最快樂的時光。

正是這樣一個文藝范兒荊軻，被當成了「稱太子丹之命」，也就是太子丹命中注定會遇到的那個人，被賦予了刺殺秦王嬴政的重任。這實在是一個不可能完成的任務。

刺秦太凶險，只是荊軻天生愛做夢，這也是他畢生等待的揚名天下的機會。他也明白自己劍法不行，但依然想完成任務，甚至想超額完成。

所以荊軻和太子丹商議，做了極其周密的準備。太子丹尋來了失傳已久的魚腸劍，請高手焠以劇毒，並用活人做過實驗，只要滲出一縷血絲，「人無不立死者」。此外還為荊軻找來一位燕國著名的少年勇士做副手，他的名字叫秦舞陽，十三歲就曾殺人。據《史記·匈奴列傳第五十》記載，秦舞陽是將門之後，其祖父秦開乃是燕昭王時，功勞僅次於樂毅的名將。荊軻自己，也動用三寸不爛之舌，勸說樊於期自刎，將頭顱作為刺殺時的見面禮。

萬事似乎都已具備，荊軻仍然不願出發。太子丹懷疑其反悔，兩次催他，荊軻大怒：「何太子之遣？往而不返者，豎子也！且提一匕首入不測之強秦，僕所以留者，待吾客與俱。今太子遲之，請辭決矣！」很多人只記住了荊軻此時對太子丹的憤怒，卻忽視了重要的兩點：其一，荊軻認為以身赴死只能算「豎子」，他其實並不想死，而是打算挾持嬴政再回來。他這一想法，無疑讓刺秦難上加難，也是他後來失敗時所最感慨的。其二，荊軻看出秦舞陽只是個中看不中用的「繡花枕頭」，他在等一位真正的高手與自己同行。

這位高手是誰呢？《東周列國志》中說是蓋聶，這可說是合理猜測。正史中提到的曾與荊軻有交集的高手，只有蓋聶和魯句踐。蓋聶劍法高超，心思細密，而且很可能是趙國人，與嬴政有亡國之仇。他既有行刺的本事，又有行刺的動機，應是上佳人選。而魯句踐霸氣外露，一個為了爭一條道就動輒怒斥的人，也許適合上戰場，但並不適合當刺客。而且，《史記》中稱，荊軻刺秦之後，魯句踐歎道：「惜哉其不講於刺劍之術也！甚矣吾不如人也！曩者吾叱之，彼乃以我為非人也！」很顯然，他既感慨自己不知荊軻，不如荊軻，也為自己未曾接到荊軻刺秦之邀而深深遺憾。

然而毛躁的太子丹已失去耐心，這也傷害了荊軻的自尊心。於是，荊軻決心啟程。

易水之濱，太子丹為荊軻舉行了一場浩大的告別儀式。這也是整個中國歷史上最著名的送別，沒有之一。司馬遷用筆之絕，讓人不敢、不願、不忍做更多解讀：

「太子及賓客知其事者，皆白衣冠以送之。至易水之上，既祖，取道，高漸離擊築，荊軻和而歌，為變徵之聲，士皆垂淚涕泣，又前而為歌曰：『風蕭蕭兮易水寒，壯士一去兮不復還！』復為羽聲忼慨，士皆瞋目，髮盡上指冠。於是荊軻就車而去，終已不顧。」

荊軻一去不回頭。他自知必死，必敗，必入史冊。

他這一生所抵達的頂點，不是在萬眾矚目下的刺秦一瞬，而正是在這無語東流的易水邊上。蒼涼的歌聲呼嘯而過，他已然站上了生命的刀尖。

而此時，也是太子丹的人生巔峰。不能不說，這場告別儀式是他這輩子做得最成功、也唯一成功的一件事。也許他真正適合的其實是組織演出，而非搞政治。

王翦徐徐展開地圖，見燕國西北部是陰山山脈之高地，中部與南部則為廣袤平原，易水、白河、永定河，均由陰山山脈自西向東流淌而去。燕都薊城與邯鄲之間的一條平坦大道，為河水所阻斷。他早已派人

探過，這裏的河水寬廣而流深，不易渡過。

王翦輕輕歎了口氣。荊軻行刺身死，嬴政怒不可遏，派他即刻進兵燕國。這一次，嬴政不僅調動了滅趙的秦軍全部主力，還加派了許多人馬。這場仗並不難打，在合上地圖的那一刻，他已經料定燕軍會如何佈防，破敵之策胸有成竹。

而此刻，燕國朝野亂作一團。秦軍伐燕的消息傳來，太子丹也慌了神。雖然事先曾預想過刺秦失敗會引來秦兵，但當這一天真正來臨時，他才發現自己竟然一籌莫展。他在宮中一圈一圈如困獸般遊走，在燕昭王的牌位下徹夜長跪，希望能用誠心感動神靈，或許祖先能給他一點啟示。

然而真正給太子丹一個主意的不是祖先，而是代王趙嘉。趙嘉派使者飛馬前來，稱願與燕國勠力同心，共抗秦軍。

太子丹的心神稍微穩了穩，繼而慢慢生出幾分悲壯之氣：是呀！怕他嬴政作甚？此次與代王攜手並肩，縱然戰死沙場，也勝過苟活於嬴政陰影之下！

於是太子丹與趙嘉率領燕代聯軍，依托薊城與邯鄲之間的大道，沿易水重兵佈防。這是二人多次謀劃的結果，認為如此據險而守，秦軍就難以安然渡河。

燕代聯軍的意圖完全落入王翦的意料之中。他只派一小部分秦軍沿易水紮營，廣紮營盤，多樹旗幟，以為疑兵，暗中卻派主力迂迴至易水上游，悄然渡河。當燕代聯軍發現時，其右翼已被漫山遍野的秦軍包圍。一番大戰，聯軍被擊潰。王翦揮師北進，一舉攻克薊城。

那日依舊風蕭蕭兮易水寒。太子丹並未戰死，而是與燕王喜一起遠逃遼東。代王趙嘉則逃至上谷（今張家口宣化區一帶）。

此番出征，王翦帳下一員小將平地崛起，此人名喚李信，連番戰鬥中，他斬將殺敵，勇冠三軍。

王翦見燕王喜和太子丹逃走，知道嬴政絕不肯善罷甘休，便派李信率一哨人馬日夜兼程，一直追到了遼東，頓兵城下。

燕王喜嚇得魂飛魄散，和太子丹面面相覷，除了長吁短歎，又哪有甚麼退兵之計？

此刻，一封及時而又殘忍的信到了，寫信的仍是代王趙嘉。信中道：「秦所以尤追燕急者，以太子丹故也。今王誠殺丹獻之秦王，秦王必解，而社稷幸得血食。」

燕王喜默默看完，把信交給太子丹。這對末路父子，一個愁眉緊鎖，一個面如土色。許久，太子丹顫聲道：「兒臣這便自刎，請父王以兒臣之首級，換社稷之安穩。」言罷，扭頭便走。燕王喜淚如雨下，心如刀絞，卻也別無選擇。

宮室靜寂，太子丹擎著自己的華貴佩劍，架到自己頎長而白晰的脖頸上。劍鋒冰冷。「這是我的劍第一次見血。」他想。

利劍一揮，血濺縞素。對太子丹來說，如此「悲壯」的結局，他早已預想過太多次，有時他甚至為自己想像中的故事所感動，認為這必將為世人所傳揚、歌咏。

他咧嘴笑了笑，像傳說中的悲劇英雄那樣，手上加了點力。然而一陣疼痛襲來，他那只手陡然癱軟。嗆啷一聲，寶劍墜地。

他再一次意識到自己的怯懦。這讓他絕望，然而很快又生出來幾分歡喜和慶幸。

「我還活著，有甚麼比這更好的嗎？為何不留著這條命？待我召集門客，說不定日後還能復國，就像燕昭王那樣！」

太子丹一邊自我安慰，一邊縱馬出城，沿著衍水河畔逃走。遠遠看見秦軍追來，他便跳入冰冷的衍水河，藏身於一處泥洞中。

李信搜尋不到，繼續攻城。燕王喜聽說太子丹逃走，又驚又怒。他先派使者向李信求和，繼而又命熟悉地形的人，到衍水河邊找到了瑟瑟發抖的太子丹，當場斬首，獻給秦軍。

太子丹終於沒能當成英雄。但他的一顆頭顱，稍稍平息了嬴政的燒天怒火，為燕國續命五年。他也成為是燕國歷史上最後一個名人，那條見證他生命最後時刻的衍水河，也被後人稱為「太子河」。

一盆髒水慰平生

趙國已滅，燕國已破。燕王喜和代王趙嘉雖尚據一隅，但也僅是苟延殘喘，無關整個北方戰局。在嬴政的棋盤上，下一步的重點轉到了南方的楚國。

此時的楚國（擁有今河南省南部和東南部、山東省南部、湖南湖北大部，以及長江中下游全域）幅員遼闊，物產豐富。而且在整個戰國時代，能與秦國兵力相抗衡的，趙國是一個，楚國是另一個。

北方已定，眼見戰火又將重燃，王翦再次動了隱退之心。返回咸陽，嬴政論功行賞。一番謝恩免禮之後，王翦稱自己年邁多病，懇請解甲歸田，告老還鄉。嬴政竭力挽留一番，見王翦去意已決，也就恩准了。

「十五從軍征，八十始得歸。道逢鄉里人，家中有阿誰？」這是後世老兵還鄉時的淒慘境遇。王翦回頻陽老家時要風光得多，當年的農家小子已然封侯拜將。只是時間不會放過任何人，少時的玩伴俱已白髮蒼蒼，王翦也意識到自己真老了。

他本不是讀書人，現在卻想讀書了，半卷《春秋》在手裏，一拿就是幾個時辰。他還喜歡給孫子王離講故事，說說那些刀頭上的歲月、沙場上的亡魂。

「躲得了老子，躲不過兒子。」那年咸陽城中的孩童中流傳著這句話。

王翦告老，伐楚的重任落到了其子王賁肩上。王賁率領秦軍一部南下，接連獲得小勝，攻下楚國十餘座城池。

他小心翼翼，牢記父親的教誨，絲毫不敢冒進。楚國是嬴政太想吞掉的一塊肥肉，他見王賁行動遲緩，便起了換將之心，將其召回咸陽。用誰為將呢？嬴政想起了論功行賞時見到的李信，那少年將軍英姿勃發，一派雄壯之氣，顯是可用之才。於是便召其前來。

「寡人欲掃滅楚國，以你之見，需用多少人馬？」嬴政目光炯炯，盯著李信。

「二十萬足矣！」李信斬釘截鐵道。

嬴政很滿意，又召王翦。王翦謹慎回道：「末將以為，非六十萬人不可！」

嬴政一陣狂笑：「王將軍老矣！何其怯也！還是李將軍壯勇！」

於是以李信為主將，蒙恬為副將，率二十萬大軍南下伐楚。王翦也非常知趣，上表稱病，再次返回頻陽老家。該服老的時候要服老，這是王翦從廉頗身上吸取的教訓。當君主認為你已經老了的時候，只要他不是無人可用，你就不妨安心休息一下，硬爭只會招來反感。只要真是寶刀不老，日後自然還有機會。

王賁不放心老父親，一路之上小心侍候。夜深人靜，王翦將王賁叫到跟前，問道：「賁兒，你和楚軍交過手，認為他們實力如何？」

王賁垂首道：「孩兒雖所戰連捷，但未遇大規模抵抗，仍未摸透楚軍虛實。聽說楚國頭號名將乃是項燕，但孩兒從未與他交過手。」

王翦點了點頭：「這些年楚國雖然衰落，攻敵不足，但守土仍綽綽有餘。楚人性格堅忍，狡詐多變，決不能掉以輕心，否則定成大敗。所幸大王召你回朝，否則為父只好陪你打這一仗了。」王賁連聲稱是，心中卻將信將疑：父親分明是越老越保守，楚國哪有這麼厲害！

此時秦軍主力仍集結於燕趙。與楚國之間，尚隔了一個魏國，兵力運轉很是不便。

而此時的魏國，早已不復當年盛況。遙想戰國初年，吳起曾率魏武

卒將秦軍打得落花流水，蟄伏多年不敢東窺中原一眼。而今，名將已成傳說，魏國僅剩大梁及周邊若干城邑，加起來也不過秦國一郡大小，又何以爭鋒？

在李信、蒙恬南下之時，嬴政也沒讓王賁閒著，命其率軍伐魏，圍困大梁。

大梁城牆極為堅固，王賁圍城多日，難以攻下。於是他從附近的黃河、鴻溝引來河水，水灌大梁城，三月，城牆崩塌，城內軍民死傷無數。

魏國最後一位君主魏王假，被迫投降，為王賁所殺。至此魏國滅亡，其國土被秦國設置為東郡。

能從王翦手中奪過伐楚大旗，這讓李信意氣風發，躊躇滿志。作為秦軍中最年輕的將軍，他相信自己將與副將蒙恬一起，開啟一場載入史冊的大勝。

這也是蒙恬第一次參與重大戰役。他出身將門，其祖先為齊國人，祖父蒙驁入秦，成為一代名將，官至上卿；其父蒙武亦為名將。然而生長於這樣的環境之中，蒙恬卻自幼好文，長期擔任文職，據說毛筆就是由他發明的。

秦楚交界全為開闊平原，無險可守。雖有河流若干，但進軍處為河之上游，枯水期可徒步涉過。這就決定了兩位「少壯派」面臨的將是一場平原野戰。

有了千里追蹤太子丹的經歷後，李信於野戰已有幾分心得。就像當年王翦料敵一樣，李信認為，楚軍主力在秦軍攻勢之下，將會集結於秦楚交界的汝水沿岸。於是他在潁川郡將二十萬人馬分為兩部，蒙恬率一部沿汝水兩岸行進，而他自己則率主力，在汝水以南做大範圍迂迴，希望以鉗形攻勢擊潰楚軍主力。

兩軍分頭進擊，勢如破竹，就像當年的王賁一樣，他們將所遇楚軍全部擊敗。熟讀兵書的蒙恬尚謹慎行事，而李信卻因未遇重大抵抗，起了輕敵之心。他獨自輕兵東進，渡過洪河，攻破楚國軍事重鎮潁上。

潁上，又稱鄢郢，乃楚國故都，被白起攻陷後，楚國被迫遷都壽春（今安徽壽縣一帶）。

　　置身潁上城樓，李信縱聲長笑，看著麾下眾將，朗聲道：「諸君今日所立之處，當年武安君白起曾至此，我等還將奮勇向前，不滅楚國誓不罷休！」

　　豪言壯語四下回蕩，少年心性展露無遺。然而李信未曾料到，他所遇到的楚將項燕乃中國歷史上赫赫有名的運動戰高手。項燕像狐狸一樣狡猾，又像狼一樣堅忍。和絕大多數將領不同，他從不輕易打出自己的旗號，而只以殲滅敵軍有生力量為目標。李信、蒙恬以及此前的王賁，所遇到的一直只是他所派出的小股人馬，意在偵察與誘敵。為了誘敵深入，他棄城無數，即便如潁上這等軍事重鎮，他也棄之如敝屣。

　　待李信懸軍深入，兵力前後分離時，項燕立即集中楚軍主力展開攻擊。輕裝前進的李信驟然遇到楚軍大部隊反撲，立足不穩，倉促間不能成陣。項燕乘機掩殺，秦軍大敗。

　　李信率殘兵一路奔回蒙恬所佔據的城父（今安徽省亳州市譙城區一帶），二人合兵一處，向西急退，欲築壘固守。項燕緊緊咬住秦軍，連追三日三夜，看準秦軍疲憊達到極點，便展開了雷霆般的猛攻。

　　那是一個月圓之夜，楚軍從兩翼插入，陣斬秦軍七都尉，殺傷十餘萬。李信、蒙恬完敗，只得退出楚境。

　　嬴政聞聽伐楚兵敗，暴怒不已。一面大罵李信無能，一面親赴頻陽，向王翦登門道歉。史書中，嬴政的話語沉痛而富於感染力：「寡人以不用將軍計，李信果辱秦軍。今聞荊兵日進而西，將軍雖病，獨忍棄寡人乎！」

　　戰事驗證了王翦的眼光，正在稱病的他似乎迎來了等待已久的機會。然而事實上，這也是極其微妙的關節點，如若處理不好，後果不堪設想。

　　稱病從來都是一個技術活。當年李牧和白起在自己的作戰部署被國君否決後，都曾稱病。但二人面對國君重新徵召的命令，做出的回應迥

然不同。李牧重申原有主張之後，當即出山；而白起則是一而再、再而三地拒絕。

當年范雎向秦昭王進言，在長平之戰後召回白起，白起憤恨不已。同年秋，秦又伐趙，正逢白起生病，便改派王陵率軍。結果，王陵攻邯鄲遇阻，加派重兵支援，仍被擊敗。此時白起病愈，秦昭王下旨命他代替王陵。白起卻堅稱「邯鄲難攻」，並以大病未痊愈為由，拒不奉詔。秦昭王知道白起還在賭氣，又派范雎登門道歉，白起仍稱病不起。

此時秦昭王真有些生氣了，不過考慮到白起功勳絕世，將才無雙，還是忍了。於是派王齕代替王陵。王齕攻邯鄲不下，此時魏國信陵君和楚國春申君率兵數十萬救趙，內外夾擊，秦軍傷亡慘重。消息傳來，白起卻放言：「當初大王不聽我的計策，現在如何？」秦昭王勃然大怒，下詔免去白起官職，降為士兵，流放陰密（今甘肅靈台縣一帶）。這是史上空前的貶謫——不言絕後，是因後來還有一個年羹堯。

此時的白起確實病了，秦昭王卻認為他故意拖延，加之又有范雎在旁煽風點火，於是賜白起自裁。

《史記》記載：武安君引劍將自剄，曰：「我何罪於天而至此哉？」良久，曰：「我固當死。長平之戰，趙卒降者數十萬人，我詐而盡坑之，是足以死。」遂自殺。

白起之死無疑是一場悲劇。但用今天的眼光看，他後悔殺人過多固然不錯，但更應該反思的還是自己過於執拗的性格。比如稱病也要有個限度，見好就收。至少不能一邊稱病一邊說風涼話。

老了的時候，王翦只敬三炷香。第一炷敬白起；第二炷敬李牧；第三炷敬尉繚。每次上香，都是他給自己的一次警示。

所以當秦王嬴政的車輦駕臨頻陽老宅時，王翦表現得極為恭敬和謹慎。他先說自己年老，又有病在身，不敢擔此重任。嬴政再三道歉，執意要拜他為大將，然後伐楚。王翦道：「大王必不得已用臣，非六十萬人不可。」嬴政當即拍板：「為聽將軍計耳。」

此番出征，王翦也有一位副將，那就是蒙恬之父蒙武。正是，老將

自有老將搭。

出征那天秋高氣爽，霸上野草迷離。秦王嬴政親自為王翦送行。他斟滿一杯酒，捧到王翦面前，懇切道：「王老將軍，寡人將這六十萬人馬交予你了，這可是我大秦的傾國之兵，唯願將軍旗開得勝，馬到成功。」

王翦拜倒接酒，一飲而盡。接下來，故事偏離了大將出征的傳統模式。按理說，王翦應該決絕地飛身上馬，暴喝一聲「出征」，率兵殺氣騰騰而走。可是王翦卻就那麼跪著，半天都沒有起來。嬴政有點愣了。

王翦垂首道：「老臣戎馬一生，並無多少家產，懇請大王多賜幾座府邸，其中最好有園林池苑，以便臣頤養天年。」

嬴政暗笑：「老將軍為國殺敵，得勝之日自然有的是賞賜，還用得著愁家中受窮？」

王翦卻道：「老臣深知大王只對有功之人封侯賜爵。所以想趁大王還顧念老臣之時，及時求一些賞賜，好留些產業來給子孫後代。」

嬴政哈哈大笑，當場恩准。

這是秦國歷史上最慢的出征之一。因為從咸陽到函谷關，大軍先後停下了五次。原因就是王翦五次派人，向嬴政請求賞賜良田。

這一幕，讓麾下眾將都很詫異：「王老將軍怎麼變成財迷了？這傳出去得多難聽啊！」

正所謂，「好事不出門，壞事傳千里」，消息早已傳遍了整個咸陽城。連平時和王翦交好的大臣們，也開始心生鄙夷，議論紛紛。只有一人含笑不語，那便是王翦的老朋友——尉繚。

出征前，王翦對尉繚道：「大王為人暴戾多疑，我帶走的又是傾國之兵，他絕對不放心。我多求賞賜，就是讓大王堅信我會為子孫後代著想，盡全力取勝，絕不心懷異志。否則，大王若有疑寶，一旦遭遇反間計，不光我會家破人亡，這六十萬秦軍弟兄也會有滅頂之災。」王翦當然也能料到，如此會讓很多人瞧不起，可是相比於身家性命、社稷蒼生，自己的清名又有多重要？刀頭舔血的日子，清者自清又有何益？況

且，若言「清」，誰又清得過九泉之下的李牧？

事實上，歷史的演進也證明了王翦的睿智。他的「自污避禍」也變成一項重要的生存智慧。在平民百姓看來，沒有缺點的很可能是「偽人」；而對絕大多數君主來說，手下有一個無慾無求的超級人物，自然很高興，但他卻不會很放心──你甚麼都不在乎，他又如何來掌控你？

三十年後，漢朝的開國丞相蕭何也從王翦身上領悟到這一點。當時劉邦在外征討，蕭何坐鎮關中。為讓劉邦放心，蕭何故意低價強買百姓田舍，自潑髒水，以示胸無大志。由此他在漢朝開國後最危險的時段，保全了身家性命。

「老王翦，你終於出場了！」楚軍大帳中，項燕一聲長歎，繼而嘿嘿笑了起來。

身為楚國第一戰將，項燕早就知道，他與王翦必有一戰。也只有擊敗了王翦，楚國才可能有真正的安穩。

秦軍的每一步都傳入項燕的耳朵：王翦所率的六十萬人馬，在潁川郡集結；隨後沿著李信當初的行軍路線，進入楚境；接著到達項燕擊垮李信之地……這一切無不在預料之中，項燕靜靜等候王翦犯錯。然而就在此時，秦軍停了下來。他們築起營盤，修建工事，擺出了要打持久戰的架勢。

這一停就是數十日。項燕沉得住氣，仍集結主力於壽春以北的淮河沿岸，等待秦軍進攻。兩軍只在周邊進行小股廝殺，相互試探。

然而幾個月過去。楚國國王負芻卻坐不住了，數次派使者催促項燕出戰：六十萬秦軍在我境內安營扎寨，你項燕還不將其驅出國門，在這裏畏畏縮縮，何其怯也！

項燕本是熱血漢子，被負芻催得心頭火起，索性改變戰略，西下進攻秦軍。然而秦軍營壘堅固，項燕連番進擊，都無法攻破。不僅如此，秦軍連反擊也沒有，營壘整日靜悄悄。

以虎狼之師著稱的秦軍，這是怎麼了？這讓項燕既憤怒又忐忑。他

也早派人偵察過了，秦軍主力的確在此，未進行大規模迂回……難道情報有誤？

事實上，對面的秦軍也等得不耐煩了。只是王翦有令，禁止將士出戰，還每日親臨前線，加以撫慰，動輒殺牛宰羊，犒賞全軍。

王翦要幹甚麼？須知這六十萬人馬的糧草補給所耗甚巨，這樣拖下去能拖得過本土作戰的項燕嗎？

可是王翦依然要等。這一戰，他所用的正是當年李牧破匈奴時的戰法。其一，秦軍剛剛經歷李信之敗，恐懼心理猶在，士氣未復；其二，面對項燕這種運動戰絕頂高手，必須比對手更有耐心才行。

這一日，王翦派人到軍中巡視，看看士卒們都在幹甚麼。回報稱：將士們百無聊賴，正在比賽投石和跳遠。

王翦手捋髯鬚，笑道：「士卒可用矣。」

項燕連日挑戰，秦軍不出，而楚軍已漸現疲態，輕敵之心日盛。他心知不好，當即傳令，趁夜色引軍東還，待休整之後再戰。

「進而不得，退而被殲」，這是所有為將者最擔心出現的情況。項燕退兵既是無奈之舉，也是自信行動足夠迅速，況且他也認為王翦已老，持重有餘，敏捷不足。

然而就在這一夜，王翦下令全軍追擊，在渦河南岸追上了正欲渡河的楚軍。前有大河，後有追兵，楚軍秩序大亂，為秦軍擊潰。

項燕率殘兵疾退，想奔回壽春，再定守勢，打一場持久戰。然而誰都想不到，一向以穩妥而著稱的王翦，竟然親率七千精騎狂飆突進，一直追到蘄南，斬下了項燕的首級。

項燕一死，楚軍終於全面潰散。王翦命蒙武略定淮北，自率主力攻破壽春，俘獲楚王負芻，楚國滅亡。次年，他又掃平江南各地，降服百越之君，南國已定。

陣斬項燕，乃是王翦平生最燦爛的一戰。不過也正是這一戰，使得王家和項家結下世仇，十七年後，王翦的孫子王離，與項燕的孫子項羽，又一次展開搏命之戰。

滅楚之後，王翦徹底結束了征戰生涯。馬背上，他那白髮蒼蒼的身影，秦軍早已望之如神。

六國之中，只剩下齊國，以及苟延殘喘的燕、代彈丸之地。

滅楚兩年後，嬴政又派王賁北攻遼東及代地。兵鋒所指，一戰即虜燕王喜，燕國滅亡；再戰，又虜代王趙嘉。蕩平北方之後，王賁聚兵燕南，直搗齊都臨淄。

此時，齊國又是怎樣一種場景呢？

縱觀秦滅韓、趙、魏、楚和燕五國，先後共用十五年。這十五年間，秦國雖國力強於任何一國，但依然有勝有負。齊與燕、趙、魏、楚四國比鄰，本應有唇亡齒寒之感。況且齊為東方大國，實力雄厚，假如能在鄰國危急時刻派兵救助，並於秦軍疲憊時予以痛擊，那麼鄰國本不易為秦所滅。

此時的國君乃是齊王建（田建）。他是齊湣王之孫，在位時間比齊湣王更長，而且更懦弱，統治齊國長達四十三年。

齊王建的太后有賢德之美名。這個女人在歷史上被稱作「君王后」，她對秦國極為謹慎，且以誠信待鄰國，使得齊國在那個血火橫飛的年代，保持了一片難得的安穩。

這是亂世裏少有的溫柔。可是一個女人的羽翼，終究無法永遠庇佑一個大國。

君王后臨終前，想將群臣中可重用者的名字寫下來，齊王建趕忙命人取來牘與筆。然而，君王后執筆在手，卻歎道：「老婦已忘矣！」

或許她臨終所歎的，其實是無人可用，齊國的命運也無人可救。君王后死後，齊國受秦國遠交近攻之影響更甚。不僅齊國丞相收受秦國重金，而且一有齊國士人到秦，秦立刻給予錢財，命其回國離間齊國與其他五國的關係，勸說齊王建與秦交好，不修戰備，不助鄰國抗秦。於是五國滅亡前後，齊國未發一兵一卒相助。多年的燕安生涯，讓齊國上下不但毫無警惕之心，而且已沒有還手之力。所以當秦軍殺來，輕易便攻破臨淄。

王賁又命人誘降齊王建，答應封其五百里之君。齊王建出降，王賁分兵略定其地，七十餘城不戰而降，齊國滅亡。

嬴政豈會真封齊王建五百里？只是將他流放於一個名叫「共」的小城。共城多松柏，齊王建餓死於松柏之間。

六王畢，四海一，戰國落幕。這是公元前 221 年，秦始皇站上歷史之巔。

在天下一統征程中，除去最弱小的韓國，其他五國均為王翦父子所滅。對於名將來說，能做到這一步，固然千古無雙；而能活到這一天，更加難能可貴。

戰國四大名將，白起、廉頗、李牧三人同樣戰功煌煌，為國之柱石，然而一朝遭小人讒言，便蒙冤受屈，含恨而亡。只有王翦一人功成名就，壽終正寢。

為甚麼？倖存者王翦，注定引千古幽思。

仗義每從屠狗輩

樊噲

放眼中國歷史，一統天下的秦始皇，是挨罵最多的皇帝之一。為何如此？一方面，是因為他被當作暴君的代言人，「焚書坑儒」給後世文人留下太多心理陰影；另一方面，則是因為他太出名，有一些皇帝比他更殘暴，但大多數人壓根不知道。由此可見，挨罵的門檻有點高。

秦始皇當然絕不溫良恭儉讓，但他的很多罪名值得推敲。其他暫且按下不表，這裏只提他的「工作態度」。「在僕僕風塵於帝國的次數和勤奮方面，可能中國的君主誰也比不上秦始皇。」他當皇帝十二年，有十年斷斷續續在外巡遊，前後總共五次。須知秦時巡遊的辛苦程度，是後世的康熙帝與乾隆帝所根本無法望其項背的。

他迫不及待地要看自己前無古人的遼闊版圖，搜尋長生不老之藥，即便遭遇刺客仍熱情不減。他不會想到自己不僅求不到靈藥，還會死於途中，更不知巡行的浩大儀仗，會引來某些落魄貴族與流氓無賴的垂涎：

── 項羽見了，當即對其叔父項梁道：「彼必可取而代也。」

──劉邦喟然長歎：「嗟乎，大丈夫當如此也！」

癡迷「在路上」的秦始皇，也終究無法培養出一個強力而成熟的接班人。他死後，秦二世胡亥甫一即位，立馬江山失色，四海鼎沸。一人揭竿而起，天下雲集響應，群雄逐鹿中原。那個武功震古爍今、締造不朽建築奇跡的大秦帝國，瞬間竟如一艘破船搖蕩於狂風暴雨之中。

「王侯將相寧有種乎？」一句口號喊出了一個新時代。陳涉、項梁、項羽、劉邦，還有真真假假的六國王族……人人爭相為王者，世間重回修羅場。

這一段的成王敗寇已然演繹過太多。這裏要講的，是一個亂世裏的真心故事，一個真正仗義的人，他叫樊噲。

關於樊噲，後世有一句詩尤為妥帖：「仗義每從屠狗輩，負心多是讀書人。」

何出此言？只因讀書人學孔孟之道，卻總拿藉口遮蔽良知，搪塞良心。而讀書人一旦掌握權力，更會欺騙天下蒼生。倒是那些市井中的小人物，每每讓人看到良心的鋒芒。

如果從屠狗輩中選個代表，樊噲當仁不讓。他是這個行業中千年以來最知名、也最成功的人物。也有很多人習慣把他與《水滸》中的李逵並列，說他是個頭腦簡單、四肢發達的莽夫。

嘿！這真是個天大的誤會。

我普普通通，屠狗的

那年冬天下起了第一場大雪，雪花紛紛揚揚遮天蓋地。

若干年後，他知道在這樣的天氣最適合巧佈奇兵，打一場伏擊戰，抑或千里奔襲，直插敵軍腹心。但在當時，他只有一個想法：喝酒。

「這樣的天氣，當然要喝酒。」這個虯髯大漢，一邊想著，一邊把一條剛洗剝乾淨的肥狗丟進銅鑊，在通紅的炭火上煮了起來。

他叫樊噲，三十來歲，在沛縣算得上一個名人。一方面，他開的這家「小刀狗肉舖」做的狗肉最新鮮、最美味；另一方面，他對客人的態度也最冷淡，還動不動就提前打烊。

生意委實太好，店裏的六張桌子坐滿了來自全城的浪蕩子，還常常有縣衙的人來吃。

秦滅六國後，推行郡縣制，官吏人數銳減。那些讀了幾卷書，或自命武勇之人，過去可輕易在諸侯國謀個差事。即便這個國家不用，還能去別的國家碰碰運氣，此處不留爺，自有留爺處。而到了秦朝，不僅天下差事一般少，而且戶籍制度與嚴刑峻法相結合，上升渠道與人員流動一齊被堵塞。於是每個地方都出現了大量的浪蕩子。他們不務稼穡，遊手好閒，又有一肚子的不合時宜，多以飲酒滋事為樂。

樊噲的狗肉舖沒少賺這些人的錢。然而就當人們認為樊噲眼看要發財的時候，他自己卻陷入了迷茫。

與大多數人相比，樊噲算是個有理想的人。他少時也讀過書，家

裏有些田產，父母本指望他過本分的耕讀生活，他卻堅持要創業。他最喜歡二十年前與荊軻交遊的那位狗屠，人家雖然沒留下名字，但留下了風骨。

他想：還有甚麼比做一位狗屠更低調、更有氣派的呢？當別人問起，可以謙遜地回答：「我普普通通，屠狗的。」比那些腐儒強多了吧？於是樊噲就開了這家狗肉舖，為了顯得和這個職業相稱，他故意蓄起了鬍鬚，是那種漂亮得如葡萄一般的虬髯。他還不遠千里夜盜庖丁之墓，練了一門「解狗刀法」，可以在眨眼之間，就把一整條狗的骨頭全部剔除。在店裏，每當他使出這一招，那些想吃霸王餐者都會乖乖拿出錢來。

可是樊噲從未想過青春消逝得如此猝不及防。三十歲過去了，他變成了一個純粹的狗肉舖老闆。在重農抑商的秦朝，這似乎算不上有多麼光彩。

如果說以往為了開店而努力的過程是一部文藝兼勵志片的話，店開久了之後就變成了一部黑色幽默片。難道一輩子就要這樣過去嗎？

樊噲很糾結。這個時候他迫切地需要一罈酒，以及幾個可以一起喝酒的朋友。

酒，已經從罈子中倒出來。這不是陳年杜康，只是從鄰家酒肆買來的水酒，但在滿屋的肉香中，也散發出醉人的吸引力。酒友，當然不必出去找。真正能一起喝酒的朋友，會在你自己很想喝的時候自動出現。你們無須多說甚麼，就可以喝到酣暢淋漓。窗外寒風呼嘯。店是已經打烊了的，然而這時，卻傳來了敲門聲。樊噲心中一喜，馬上前去開門。來人中等身材，大嘴，高鼻梁，美鬚眉，相貌堂堂，正是沛縣的泗水亭長劉邦。

劉邦已微醺，分明是帶著酒來的。樊噲忙道：「三哥，來，再喝兩碗。」劉邦在家排行老三，又年長十幾歲，所以樊噲一直稱呼他三哥。在樊噲心中，劉邦是個能說會道的人，雖然喜歡吹牛，但樊噲覺得他有見識、有氣量，黑白兩道都吃得開，將來或許能成點事。

劉邦坐下，二人對飲了幾杯。劉邦連誇狗肉做得好吃，隨手抓起一塊肉咬了幾口，放在面前的盤子裏。

「樊兄弟，別開店了，跟我去當捕快吧。」劉邦一邊擦嘴上的油一邊道。

「這個，小弟真心沒想過。」樊噲有點疑惑，「三哥怎麼忽然想讓我當捕快了？」

「現在朝廷苛捐雜稅繁重，動不動就抓人服役。天下盜賊蜂起，沛縣最近也出了不少盜賊，捕快的人手不够用。別人不知道樊兄弟的本事，你老哥可是一清二楚，你是沛縣第一快刀手。你一出手，殺盜賊還不像斬瓜切菜一般。再說，你也不想殺狗賣狗糊弄一輩子吧。」劉邦道。

「三哥覺得當捕快比較有前途？」樊噲素來相信劉邦的眼光，有點動心了。

「至少比殺狗有前途。說不定，你還會成為大秦朝的名捕頭。」劉邦繼續鼓勵。

「好，那我以後就跟三哥混了。」兩人舉起酒碗，一飲而盡。

劉邦又說，來這之前，剛從縣衙喝了一場酒，當時還約了三個朋友一起來這兒，算時間他們應該也快到了。

樊噲沒有問是誰。他相信劉邦帶來的人肯定都有出眾之處。片刻，又有三人陸續推門進來。前兩人皆是書生打扮。一人白淨面皮，舉止儒雅，乃沛縣的功曹蕭何，平時輔佐縣令，諳熟律法。第二人面如黑炭，神似判官，乃獄掾曹參，執掌刑獄。第三人進來稍晚，頭戴斗笠，身高九尺有餘，摘下斗笠，卻是一臉和善之氣，正是給縣衙趕馬車的夏侯嬰。

對於這三人，樊噲以前都認識。蕭何和夏侯嬰曾經來店裏吃過狗肉。曹參沒來過，但樊噲曾因幫人打架犯法，被曹參關過幾天。

四人坐下喝酒吃肉，片刻之間一罐酒就已喝完。樊噲正要起身打酒，被夏侯嬰一把按住，轉身出門去門後的馬車上拎來兩罐酒。

「樊兄弟，你嚐嚐這酒。此乃蜀中寡婦清當年親手封藏的，味道不

俗呐！」蕭何手捋鬍鬚道。

樊噲哈哈一笑：「多謝蕭大人！」心中卻想：這寡婦清是大大有名，這酒應該有些年份了。如果是劉邦說的，八成是胡吹大氣，但蕭何應該不會信口胡言，這下又要長見識了！

酒封一開，濃香四溢。樊噲大喜，去後堂取來罈罈罐罐，把各種作料倒進盤子裏，四人小刀切肉，大碗喝酒，不覺醺醺然。

這一席中，論年齡蕭何最大，劉邦略小幾歲排第二，餘者都小十來歲。但包括蕭何在內，眾人都稱劉邦「三哥」。劉邦的話也最多，天南地北甚麼都侃，說朝廷的暴政、百姓的悲苦；又說起哪家姑娘漂亮，身材火辣，容易上手；甚至說起，他某次押送一批服役之人去咸陽，正好碰上始皇帝出行，那儀仗隊真是威風八面，太令人羨慕了，「大丈夫當如此！」話說回來，咱們哥幾個不都是大丈夫嗎？

這話當真大逆不道，被人聽到是要滅族的，而且席間縣衙的人就有好幾個。然而在場的人誰也沒說甚麼。

蕭何抿嘴笑了笑，樊噲和夏侯嬰連挑大拇指，曹參一言不發，只是一碗接一碗地喝酒。很明顯，如果拚酒量，沒人喝得過曹參。

都說「酒逢知己千杯少」，其實酒更大的作用是作為一種催化劑，它能讓不熟的人迅速變得熟稔，尤其是當彼此分享一個秘密的時候。樊噲發現，糾結的不只是自己，原來大家都是一肚子牢騷。那天喝到深夜，眾皆酩酊。樊噲送劉邦等四人出門，但見一輪明月照在雪地上，光亮如夢境。樊噲腳下一滑，撲通跪倒。蕭何、曹參和夏侯嬰三人連忙來扶，唯有劉邦仰面哈哈大笑。這一幕印在了樊噲的腦子裏，亦真亦幻。多年之後，他依然覺得疑惑：難道冥冥之中真有天意，那天的失足一跪，竟成了此後的君臣之分了嗎？

當然，那是後話。那場大醉之後，幾個人成了朋友。樊噲很快去縣衙報到，成了劉邦手下的一名捕快。加上他和蕭何、曹參等人都熟，這活幹得順風順水，往裏送人和往外「撈人」都很容易。

在樊噲揮刀劈了幾個頭目之後，沛縣所有的小混混都明白，動手不

是樊噲的對手，動刀更會直接沒命，所以很快就老實、服帖下來，還主動上門結交。

當然樊噲一直堅持做一個好人，自己從不做欺壓良善的事兒。底線意識必須要強，這是他給自己定的規矩。

這樣一來，一個人的地位迅速提高了 —— 那就是劉邦，他成了沛縣黑白兩道通吃的真正「大哥」。

話說，劉邦是不是個好人？難說。

再說，好人幹的一定就是好事嗎？

落草為寇好時光

　　命運總在流水似的生活裏，跳躍式顯現。去當捕快前，樊噲還專門請了個掌櫃，所以「小刀狗肉舖」並未關門大吉。不僅如此，那段日子生意反而越來越旺，顧客中多了一半黑道分子。

　　偶爾空閒，樊噲會躺在店門前那棵碗口粗的大槐樹底下，望著湛藍的天空發呆。他有些寂寞，時常想：「何時能有個江洋大盜來沛縣作案呀，我也好找個高手練練。」

　　至此樊噲還不會想到，他等來的不是甚麼大盜，而是比之更嚴峻千萬倍的挑戰。

　　那一日，樊噲正在打瞌睡，夏侯嬰忽然闖入，二話不說，拉起他上了一輛漆黑色的馬車。打馬揚鞭，飛馳而去。

　　樊噲猛然醒悟，這不是夏侯嬰平時所趕的衙門大車，而是一輛最普通的民用馬車，但拉車的馬卻極神駿。夏侯嬰戴的斗笠也比平日大出兩號，遮住了半張臉。那車轉眼出城，向西南狂奔。樊噲知道，肯定是出大事了，否則一向謹慎、和善的夏侯嬰怎會一臉冷峻，隻字不言？

　　這時陰雲四合，雨卻一直不曾落下。任憑耳邊風聲嗖嗖，樊噲只覺得悶熱，臉上的汗珠噼哩啪啦打下來，心裏更直欲憋出煙來。足足走了兩個時辰，馬車馳入一片高山大澤之中。峰迴路轉，遙見遠方亭子下坐著一人，寬袍大袖，頭戴高冠，正是劉邦。

　　到得近前，樊噲從車上跳下來，滿臉疑惑問：「三哥，你不是押送

犯人去驪山服徭役了嗎？怎麼會在這荒山野嶺？」

劉邦哈哈一笑：「犯人早跑了，我在這兒當山大王。樊兄弟，你來我就放心了。」

樊噲和夏侯嬰在一旁坐下喘氣，劉邦則抄手望著四野。閃電劃過，驟雨傾盆。

夏侯嬰一一講述了這些天發生的事。原來劉邦押送著一批囚犯要送往驪山修建皇陵。誰料犯人們都知道此番定是有去無回，便在路上相約逃走，隔三差五就消失幾個。劉邦心裏盤算，這麼看根本到不了驪山，人就得都跑光。於是到了豐縣大澤之中，他就索性坐下來喝酒，還打開了全部囚犯的鎖鏈。

「你們都走，走得越遠越好，從今往後，我劉邦也得隱姓埋名……」話音未落，大多數囚犯都消失在草叢中。剩下十來個人，猶豫未去，覺得劉邦挺仗義，是條漢子，就跟他到附近芒碭山落草為寇。

以往聽別人說起落草，似乎是件很輕鬆的事，上了山就能過自在的日子，衣食無憂。但真到了芒碭山上，劉邦才發現沒這麼簡單。他除了找到幾個能勉強睡覺的山洞之外，沒發現甚麼能用的東西。手下的十來個混混又好吃懶做，指望他們打家劫舍根本不是長久之計，萬一哪天這幫人兇性大發，恐怕自己連小命都保不住。

危急關頭，劉邦想起了樊噲，還有誰比這位兄弟更合適呢？他武藝高強，機敏仗義，而且又是那樣地不安於現狀。於是劉邦派人悄悄進城，找到了夏侯嬰，讓他把樊噲帶來，還拉來了一些食物。

當然夏侯嬰不可能把這些話全說出來，但樊噲一下就明白了。他歎了口氣，心想反正捕快也幹膩了，就留在山上給劉邦當個副手吧。而夏侯嬰則繼續回縣衙潛伏。

樊噲不會想到，自己這個簡單的決定，竟然讓中國文學多了一種新的講述方法。就像紅花配綠葉，才子配佳人一樣，一個政客也需要配上一個打手，比如曹操之於許褚，宋江之於李逵，李世民之於尉遲恭……

有了樊噲這把快刀，山上的混混迅速服帖起來。你得承認，很多時

候壞人就是比好人幹活利索，因為他們受過的歷練明顯更多，也更懂得叢林法則。不過半年時間，芒碭山已人丁興旺。周邊百姓在秦之暴政下生存越來越難，紛紛選擇落草。劉邦手下已聚集了數百嘍囉。

那是樊噲一生中過得最自在的日子。劉邦貪財好色，也劫財劫色。而樊噲對此毫無興趣，當然他一般也不干涉 —— 當強盜嘛，要是總一本正經，那顯得多沒有專業精神呀！

他喜歡流連於山水間。山上空氣好，鳥獸多，還有流泉飛瀑，佳木繁蔭。他背著一葫蘆酒，隨便找地方煮個魚湯，烤隻山雞，喝暈了再睡一覺。「這日子，真是給個皇帝也不換！」他自言自語道。

不過樊噲第一次感受到自己和皇帝的關係，是在那年春天。那次嘍囉們把一個當官的劫上了山。那官自稱是個監御史，比縣令還大，這是劉邦所見過的最高級別的官了。然而劉邦有一樣本事，就是能讓任何人見了自己都擺不出架子來，他在沛縣當亭長時，就把包括縣令在內的大小官員都戲弄了個遍，人人都拿他無可奈何。

劉邦命人在大廳中架起銅鑊，燒了滾燙的一鑊開水。他命人把監御史架了上來，「你老實說，到芒碭山來幹甚麼？這裏荒山野嶺的，如果敢說一句假話，老子立馬煮了你。」

那位監御史磕頭如搗蒜，結結巴巴道：「皇帝陛下聽術士說，東南方向有天子氣，可能有人要造……造反，就派我來巡查。我只是路過此地，絕不是有意驚擾大王。」

劉邦兩眼放光，「東南方真有天子氣？」

「下官也不信，這一路並未發現任何異樣。可能是皇帝陛下病得太重，已經昏頭了。」

劉邦哈哈大笑，猛然又沉下臉來，喝道：「你懂個屁！來人呀，押下去！」

眾人散去，劉邦唯獨拉住樊噲。二人在堂上喝起酒來。樊噲感覺，劉邦今天醉得特別快，喝來了不到十來杯就前仰後合，手舞足蹈起來。樊噲不說話，心裏卻在納悶：「難道三哥才幾天沒動女人，就憋出毛病

來了？」

但聽劉邦嘴裏嘟囔：「兄弟，你聽那個狗官說咸陽『東南有天子氣』了嗎？那說的不就是咱們沛縣和芒碭山嗎？很久之前，就有看相的人說我日後『貴不可言』。我那老丈人也懂相術，要不然為啥把女兒呂雉嫁給我這個窮光蛋？你知道嗎？別人給他女兒介紹縣令的兒子，他都不同意……兄弟，三哥我要當了皇帝，你就是大將軍……」

樊噲也喝了不少酒，但聽了這些話還是覺得可笑。他上上下下又打量著劉邦，怎麼看也和皇帝沾不上邊。

不過樊噲嘴裏還是應著，心道：我一個讀書人，怎麼就變成殺狗的、捕快，現在又成強盜了？日子太匆匆，未來不可知。還有眼前的這位三哥，不管你日後飛黃騰達也罷，窮困潦倒也罷，我只當你是跟我一塊兒玩得瘋瘋癲癲、不安分的三哥罷了！

那年，秦始皇的死訊如霹靂，將裂痕留在了青天之上——有心人歷歷在目。

秦滅六國，天下百姓方才明白，原來王室也可以被滅，貴族轉瞬就成要飯的。而「千古一帝」秦始皇，也沒比普通人多活幾天。傳言中，他不僅死了，而且還臭了，中原很多人聞到了他的臭味——跟臭鹹魚一樣。

其間之細節，尋常人自然不知。後世史書記載，當年七月，秦始皇崩於沙丘，即今河北邢台一帶，此前一代雄主趙武靈王亦殞命於此。彌留之際，嬴政要發出最後一道詔書，命其長子扶蘇回咸陽治喪。

此前扶蘇因觸怒嬴政，被派往北境，跟隨驅逐匈奴的名將蒙恬做監軍。這一遺詔被人猜測為指定扶蘇為繼承人。然而一輩子打雁的嬴政，最後時刻被雁啄瞎了眼。他所選的托孤大臣宦官趙高，竟將詔書私自截留，還與丞相李斯商議，秘不發喪。當時正值暑天，為防人聞到屍臭起疑，便隨車攜帶一石鮑魚，只說是魚腥味。

不僅如此，趙高、李斯還矯詔，立嬴政第十八子——十二歲的胡亥為太子，又偽造一道詔書，命使者送抵北境，將扶蘇與蒙恬賜死。扶

蘇見詔，含淚自殺，蒙恬卻起了疑心，請求面陳。然而面對此等通天黑手，復訴又有何用？秦二世胡亥在咸陽即位後，忠心耿耿的蒙恬、蒙毅兄弟難逃一死。為秦朝立下赫赫戰功的將門蒙氏一族，從此隕落。而蒙恬所率軍隊，改由其副將，也就是王翦的孫子王離率領，繼續鎮守北境。

趙高立胡亥，原本只圖他年幼容易控制，殊不知這天下，本就不是誰都能控制得了的。讖言中的「始皇帝死而地分」，眼見就要變成現實。

有人仰天長嘯，有人拍手稱快，有人惶惶然不可終日。而樊噲只多了一句口頭禪：「早晚都得死！還是喝酒吧！」

喝過了一個嚴冬之後，接踵而來的春天分外溫柔，樊噲遇到了他一生最重要的伴侶。

那日劉邦的老婆呂雉又上山來了。自從做了山大王之後，他隔個把月就派人下山，把呂雉接上山來，住上幾日。

樊噲叫聲「嫂子」，便要往外躲。不知為何，樊噲有點怕呂雉。這女人生得美，也有教養，話不多，還有親和力，加之家境殷實，有寒門女子所缺少的那種大氣。在旁人看來，她身上全是優點，而在其反襯下，劉邦則全是缺點，活脫脫一朵鮮花插到了牛糞上。

當然在樊噲看來，劉邦這堆牛糞也配得上所有鮮花，他與呂雉根本是同一種人，像這天地山河一樣，怎麼形容都不過分，但也都不恰當。樊噲隱隱覺出，在呂雉溫良賢淑的背後，藏了幾多陰狠。所以她好起來比誰都更完美，壞起來也可能比誰都更徹底。

「兄弟留步，你嫂子有話跟你說！」劉邦叫道。樊噲只得留下。結果呂雉一開口，談的竟是婚事，要把自己的妹妹呂嬃許配給他。樊噲見過呂嬃，知道那也是個美女，甚至比呂雉還要美上幾分。劉邦酒後常抱怨，說要是當初娶的是小姨子多好啊。當然抱怨歸抱怨，劉邦知道自己老婆很有兩下子，也沒膽量打小姨子的主意。

「肯定是三哥的主意，是想『肥水不流外人田』吧！」樊噲嘴裏嘟囔。他當然也愛美色，可心裏總覺得彆扭。

劉邦和呂雉壓根沒給樊噲猶豫的機會，說一句：「人家姑娘在後山等你呐，嫁妝都帶來了！」就把他推出了門。

在後山，讓樊噲驚艷的不是盛裝打扮的美人，而是那件不同凡俗的嫁妝。那是一口金背大刀，古拙而又豪麗，滄桑感十足，斤兩又剛好。他提刀上馬，縱橫揮舞，刀鋒過處，無堅不摧，不禁笑逐顏開。

作為一個美女，呂嬃也具有普通美女的一切缺點，比如想法簡單、害羞等等。當她看到樊噲那威武的虬髯、健壯的虎軀，以及大馬金刀的架勢，轉瞬間就羞紅了臉。

而一次次疲憊與冷靜之後，樊噲總有些忐忑。他明白，劉邦送來如此大禮，是真想拉他混一輩子了。

可是，這輩子再幹點甚麼好呢？

老少爺們兒上戰場

正所謂，英雄常起「無名目的大志」。樊噲發現劉邦悄悄變了。自從聽那個監御史講了「天子氣」這一新詞之後，劉邦把找女人的時間勻了大半在讀書上。還常常現學現賣，把他拉去，要教其行軍方略。而且劉邦行事低調了很多，勒令眾嘍囉再看見官員就遠遠繞開。

樊噲笑道：「三哥你一個強盜，還真做起皇帝夢來了！你以為人家大秦帝國的皇帝真怕被你搶了皇位？」

劉邦一瞪眼：「知道當年跟我一塊兒混的那個張耳嗎？連他都成了將軍，我就不能做皇帝？」

樊噲不知張耳是誰，他也不知道，芒碭山下的世界已經起了變化。

那年七月，蘄縣大澤鄉爆發了一場叛亂。名叫陳涉、吳廣的兩個屯長，受命率九百貧寒子弟赴漁陽守邊，不料遭逢暴雨，道路被毀，滯留大澤鄉。史書曰：「五人一屯長」。也就是說，陳、吳二人乃秦國基層軍官。他們知道，依秦律失期當斬，且秦律嚴酷，斷無寬貸。既然橫豎都是個死，二人便密謀造反。九百人，按說只能算一次小規模兵變，孰料越打越大，一絲絲火星，竟燒成了燎天大火。

這把火為何能燒起來？只因為陳涉、吳廣的本事大、運氣好嗎？非也。

這裏有個一直都被忽視的詞 —— 大澤。在秦末，這絕不僅僅是一個地名，同時也是一種地形，乃至一種依托地形地貌而產生的社會群

落。淮河流域河湖眾多，此時尚有大片未開發之地，原始森林與沼澤密佈。秦滅六國後，對北方的三晉故地控制極嚴，但在南方的楚國，勢力未及深入。這既是因為楚國滅亡較晚的緣故，也因秦兵多為北方人，水性不好。於是大澤之中，隱藏了大量罪犯和流民，他們在飢餓中忍耐著、等待著，時刻準備咬上一口，幹上一票。這樣的大澤為數甚多，劉邦釋放囚犯的豐縣大澤便是其中之一，面積更廣的還有雲夢大澤、巨野大澤等。

所以陳涉、吳廣反旗一舉，立刻吸引了附近大澤中的罪犯與流民，在打下五六個縣後，兵力已達數萬。隨後他們又攻取陳邑（今河南淮陽），這裏曾是過去陳國都城，城郭堅厚，士民眾多。陳涉認為已實現了自己人生中的「一個小目標」，於是稱王，國號「張楚」，以吳廣為「假王」，分兵攻掠各地。

原六國宗室、貴族以及眾多遺民，懷念故國，深恨秦之嚴刑峻法，紛紛舉旗響應。張耳乃趙國名士，曾為信陵君之門客，劉邦以前曾跟他混過一陣子。紛亂中，他也投入陳涉軍中，被任命為左校尉，跟隨陳涉親信武臣，率軍攻打原趙國一帶。這消息便傳到了劉邦耳朵裏。

那個嬴政妄圖傳至萬世的大秦帝國，在他死後僅一年便千瘡百孔。正是天地不言，四時易焉。一旦人心思反，豈有鐵打江山？

九月，芒碭山的槐樹葉泛黃，夏侯嬰又來了。劉邦、樊噲連忙擺酒。

幾杯下肚，劉邦大罵陳涉搶了風頭。「如果當初我先起兵，稱王還輪得著他？不過他那句話說得不錯，『王侯將相，寧有種乎？』嗯，嘖嘖，深得我心吶！」

樊噲笑道：「不晚不晚，我看現在也來得及！」

夏侯嬰重重一放酒杯，「老樊言之有理。三哥，我就是為此事而來，我們下山去吧！」劉邦聞言，正經起來，只聽夏侯嬰緩緩說出了來意──

原來那沛縣縣令坐不住了。一方面，縣令這小官他實在幹够了；

另一方面，沛縣離陳涉太近，勢難獨守，倒不如主動造反，以應陳涉，官也能做得大些。那縣令知道自己兩個手下蕭何、曹參素來不安分，便召其共議對策。二人先是默然不語，縣令幾經催促，宣示誠心，曹參才開口道：「大人您是秦官，如若造反，只怕那幫窮人信不過您，不會響應。最好多找人手，以兵力挾持他們一起反。」

縣令心知城中兵力有限，急得抓耳撓腮，也沒想出哪兒還有人手來。

此時蕭何道：「在下倒想到一班人馬。就是大人手下的泗水亭長劉邦，畏罪潛逃，聽說不少人跟他走了。若大人將其召回，他感恩圖報，必效死力。只可惜那劉邦失蹤已久，不知去何處尋他。」

曹參接口道：「要找劉邦不難，聽說樊噲也失蹤了，應該和劉邦有關係。他的狗肉舖不是還開著嗎？找人一問便知。」

「哈哈，就這樣派你來尋三哥了嗎？」聽了夏侯嬰的話，樊噲笑得前仰後合。三人舉杯，碰了一碰，仰頭喝乾。

劉邦點了點頭，忽而又道：「跟著那個狗屁縣令，我看也沒甚麼出息。」

「不用。」夏侯嬰沉聲道，「我們只要賺開城門，就把縣令一刀砍了。大夥跟三哥幹。」

這句話說得聲音雖低，卻斬釘截鐵，一聽便是深思熟慮之言。樊噲偷眼看了看夏侯嬰，但見他面無表情，兩眼射出陰鷙的光。這一刻樊噲才明白，原來和善如夏侯嬰者，也有極其冷酷之時，兩面三刀，殺人如草。

當夜劉邦點齊三百嘍囉，與樊噲、夏侯嬰皆披掛上馬，直奔沛縣而去。

樊噲以前雖然也穿過鎧甲，但從未如此正式，心中滿是新奇，而手中提著那口金背大刀，更覺威武。再看劉邦和夏侯嬰，俱威風凜凜，殺氣騰騰。

嘍囉們沒鎧甲可穿，仍穿便服。劉邦怕路遠生變，命眾人偃旗息

鼓，銜枚疾進。原計劃三個時辰後到達沛縣，屆時三百嘍囉一同點齊火把，刺破黑夜，給鄉人看看氣勢。然而這實在是一幫烏合之眾，拖拖拉拉，罵罵咧咧，趕到沛縣時已然天光大亮。

夏侯嬰一馬當先，但見沛縣四門緊閉，城上兵卒刀出鞘，箭上弦，怎麼看都不像要迎接劉邦。

莫非事情有變？

原來夏侯嬰走後，那縣令一夜不眠，心道：「劉邦是甚麼人？他當一個小亭長，都不把我放在眼裏，常常當眾戲弄我。而今人心思反，能指望他來幫我？」想到這兒他反應過來：蕭何和曹參定然沒安好心。

於是立馬下令緊閉城門，派人捉拿蕭何、曹參。果然二人已乘夜色出城去了。縣令直恨得咬牙切齒，一面派人搬兵，一面嚴守城池。

太陽已經出來，斜照著城外的嘍囉兵。劉邦早已見過蕭、曹二人，對城中形勢也有了充分瞭解。和二人一起出城的還有一位漢子，面如重棗、膀闊腰圓，比樊噲還小兩歲，名叫周勃。蕭何說其兩膀多力，能開強弓，曾以吹鼓手為業。

「我叫樊噲，屠狗的。周兄弟臉這麼紅，是不是常常給人吹簫辦喪事，把臉給憋紅了？」

樊噲本想開個玩笑，跟周勃熟悉一下，拉近點距離，沒想到周勃橫了他一眼，不僅沒搭腔，還高高揚起了下巴。樊噲噌地心頭火起，若非當著大事，真想跟他幹一架。

劉邦依蕭何之計，命周勃彎弓搭箭，將數十封書信射入城中。信中寫道：「天下苦秦久矣。今父老雖為沛令守，諸侯並起，今屠沛。沛今共誅令，擇子弟可立者立之，以應諸侯，則家室完。不然，父子俱屠，無為也。」

這封信出自蕭何之手，開頭一句「天下苦秦久矣」，道出各地起兵根源。後面寥寥數語，勸誘同鄉共誅縣令，話都說到再無活路的地步，但並不惹人反感。樊噲由衷感歎：「這才是好文章！」

百姓向來怕事，好在還有混混。劉邦在沛縣的小弟們，見大哥帶了

人來，便在小刀狗肉舖秘密集會，之後一起砍了縣令的腦袋，打開城門迎接劉邦。

進城時，樊噲緊隨劉邦走在最前面。他不是要搶蕭何、曹參的風頭，而是擔心萬一有人襲擊劉邦，他可以擋一擋。這也是他平生第一次受到那麼多人夾道迎接，而且還是家鄉父老。

樊噲有些飄飄然，不停用手拈著鬍子。當然，即便此時他也明白眾人的心態 —— 人家不只是歡迎，更是想看看是誰造反了。記住他們的樣子吧，也許用不了多久，這些腦袋就會掛在城門上。

這一天，劉邦被推舉為首領，號為沛公。他們祠黃帝，祭蚩尤，並打出了自己獨有的旗幟，清一色的紅旗。

為何是紅旗？劉邦對眾人說，他在押送犯人去驪山的路上，斬殺了一條碗口粗的白蛇。後有老婦伏在蛇屍上哭道：「你乃赤帝之子，我兒乃白帝之子，你為何害他？」那次之後，他方知自己身負天命。

而這一幕很多犯人都看到了。樊噲不信，怎麼之前從沒聽三哥說起過？但隨即他便發現，最初跟隨劉邦落草的十幾個犯人，此時都已不知所蹤。

紅旗之說也被上升到理論高度。於天下而言，劉邦起兵之處在南方。而在五行與五方的關聯中，西方為金，東方為木，南方為火，北方為水，中央為土。火所對應的是紅，所以打紅旗。

在漫長的歲月裏，樊噲都堅信，這種神化和理論化雖然荒謬，卻是有必要的。畢竟絕大多數老百姓都愚昧，不這樣，誰跟你、信你、服你？

樊噲想起來仍然要笑，老了的時候更會笑出眼淚。記憶裏，劉邦曾經講起，小時候喜歡偷看一美婦人洗澡，那大紅色的褻衣是他一生最生動的記憶。

人模狗樣的世道

　　跟隨劉邦造反時，樊噲的兒子樊伉還沒出生。樊噲只打定了一個主意：過把癮就死。這天下，起來「過把癮」的人委實太多——

　　原楚國名將項燕之子項梁，與姪子項羽一同避難吳中（今蘇州吳中區）。秦會稽郡守殷通本打算起兵造反，以應陳涉，不料被項梁叔姪砍了頭。其間項梁雖用了些詭計，但項羽已鋒芒畢露——他在劍斬郡守之後，僅憑一人之力「擊殺數十百人，一府中皆慴伏，莫敢起」。叔姪二人召集故舊，得精兵八千人，高舉反旗。這一年，項羽二十四歲。

　　原齊國王族田儋，與堂弟田榮、田橫皆為當地豪傑。田儋乘亂殺死縣令，自立為齊王，略定齊地。

　　就連孔子八世嫡孫孔鮒，在將家傳圖書藏於故宅牆壁中之後，也不顧暮年體衰投入了陳涉軍中，任博士。

　　陳涉則深深陷入陶醉，也漸漸步入危局。此前輕而易舉便稱王的他，認為打天下「不難」，於是分派人馬，進兵各地。其中僅西攻秦朝的人馬就有三路：「假王」吳廣率諸將，西擊滎陽；又派陳邑人周文率第二路人馬，西攻函谷關；銍縣人宋留，率第三路人馬，平定南陽，西入武關。另外武臣率張耳、陳餘等，進軍原趙國一帶；汝陰人鄧宗進軍九江郡；魏人周市進軍魏地……

　　如此全面出擊，的確聲勢浩大，六國遺民奮起，天下旋即大亂。然而眾多人馬剛離開陳涉視線，便迅速自立為王。比如武臣在趙國一帶，

自立為趙王，就連武臣派出收取韓國一帶的韓廣，也自立為韓王。只有周市秉持忠心，拒絕自立，迎立原宗室魏咎為魏王。各路諸侯名義上遵陳涉號令，實則各懷私心，作勢觀望。

周文從小路越過函谷關，進逼咸陽。秦二世又怒又怕，已來不及調集兵力。這時一個名叫章邯的人站了出來，提出將在驪山修皇陵的役夫、刑徒和奴婢之子，拼湊一支雜牌軍，「用擊楚盜，庶可濟事」。這章邯官居少府，平時只管些內務，並非武將，但此時已別無選擇。秦二世為此大赦天下，章邯率著這支雜牌軍，一戰擊潰周文，再戰逼周文自刎。

吳廣在滎陽遭到秦丞相李斯長子李由的頑強阻擊。周文被章邯擊敗不久，吳廣因內訌被殺。爾後秦二世派司馬欣、董翳二將輔助章邯，將陳涉各軍逐個擊破，孔鮒死於亂軍中。這年臘月，陳涉為其車夫所殺。

殺死陳涉的車夫名叫莊賈 —— 是的你沒看錯，他與當年司馬穰苴斬首祭旗的莊賈同名。

樊噲還來不及見這位傳說中的陳王一面，後者便已煙消雲散。回想陳涉僅憑一屯長身份，振臂一呼，四方響應，不到一個月便已稱王，而後便以王者自居，在深宮養尊處優，享受人生，剛過半年又迅速敗亡，這樓起樓塌，像極了一場黃粱大夢。

陳涉在軍事上的失敗，在於其分兵各地，各自為戰，也被各個擊破。他的教訓在今人看來，則是即便你站在風口上，也佔得了先機，口號再響，點子再妙，假如自身能力不行，管理不到位，那也只能是替別人盤活資產，實現階層跨越終究只是一介窮人的幻覺而已。

劉邦、樊噲等人，將沛縣的老百姓和混混編成了一支兩三千人的隊伍，在周邊趾高氣昂地轉了一圈，見鄰近的豐邑軍吏已逃光，便佔據了豐邑城。

沛縣、豐邑均屬秦泗川（也作泗水、四川）郡。沛縣為郡治所在，劉邦乃沛縣豐鄉人。這年十月，劉邦等人在豐邑被秦軍包圍。這幫從未打過仗的烏合之眾，一時間只知道緊閉城門，驚惶無措。

次日樊噲的一個發現讓原本的緊張消失得無影無蹤。他看見率領秦軍的竟是當初在芒碭山上被捉的那個監御史。「是那個只知磕頭的狗官！二哥，我去宰了他！」他上馬舞刀，殺出城來。曹參、夏侯嬰、周勃等人也緊隨在後。這一仗給了劉邦信心，也在史書上留下一筆：「秦泗川監平將兵圍豐，二日，出與戰，破之。」

史書中，劉邦在識人用人方面，備受推崇。不過樊噲記得，劉邦第一次在關鍵時刻用人，就出了問題。當時他信任一個名叫雍齒的沛縣豪強，命其留守豐邑，然後自率人馬，轉戰周邊郡縣。然而事實證明，這個雍齒並不可信，他很快便被勸降，投靠了魏將周市。豐邑後方失守，讓劉邦腹背受敵，忙回兵攻打豐邑，又打不下來。

此事讓劉邦恨得咬牙切齒，也讓他明白，僅憑這幫窮弟兄四處游竄，壓根不會有出息。於是他開始不斷吸納人才，輾轉投到已然北渡的項梁帳下。此時項梁已有六七萬人。為扯虎皮做大旗，項梁在攻殺前人所立的楚王景駒之後，自己又立了一個放羊人為楚王，據說他是楚懷王之孫，名叫熊心，仍稱「楚懷王」。

群雄逐鹿，形勢複雜，很多人看不懂。不過在樊噲眼裏，一切又很簡單。如何走、往哪打，那是劉邦的事，而他只要跟著劉邦就行。因為抱定了這個想法，每一個夜晚，樊噲都把自己的金背開山大刀擦得雪亮。他不向劉邦求甚麼官職，人人都知道他是劉邦的連襟兼保鏢，攀龍附鳳自然容易。但他就是要爭一口氣，他相信在絕大多數時候，刀比嘴更好用。

於是歲月凝重的大門訇然張開，樊噲縱馬提刀殺入這宿命中的血海狂瀾。史書中記載他一次次率先登上敵城，在清點敵人的首級時，也隱約顯現出他的足跡。

在碭東大戰司馬枿，樊噲殺敵十五人，挫秦軍銳氣；在濮陽攻擊章邯軍隊，他率先登城，斬首二十三級；在成武他跟隨劉邦圍攻東郡守尉，斬首十四級；在開封北大敗趙賁軍隊，率先登城，斬首六十八級；攻宛陵，率先登城，斬首八級；打酈縣，斬首二十四級……

戰爭總與血脈債張、汗流浹背、九死一生等詞語聯繫在一起，讓人費力傷神。衝鋒陷陣之外，樊噲很少動腦子，最大的樂趣依舊是一罐酒，「媽的，早晚都得死！」

樊噲也常想，以前劉邦跟自己說屠狗沒前途，於是他就從殺狗變成了殺人。殺人是不是有前途？他不知道，看到的只是，利刃當前，有時人還不如狗。

樊噲清楚記得李由臨死之前的那張臉。這位丞相之子拚死守衛雍丘，也沒能擋住項梁與劉邦的聯手進擊，城被攻破。樊噲一馬當先，殺到李由面前時，他的馬上已經懸了十六顆人頭。

李由一身郡守朝服，手提長劍，臉色煞白如紙，眼睛裏看不到一絲恐懼。他望著樊噲，嗓音沙啞地說：「我乃三川郡守李由，你要殺我？」

樊噲點了點頭。李由這種超乎尋常的淡定，也讓樊噲平靜下來，下馬提刀，來到近前。「甚好。來，這顆頭顱，拿去！」李由寶劍墜地，用手指了指自己修長的脖頸，「即便皇帝負我們李家，我們李家也要對得起先皇！」

樊噲一愣。他知道李斯乃一代名臣，為秦建章立制，多開創之功。即便是李由，若非他堅守滎陽擋住吳廣，秦朝只怕也挺不到今天。

「你說那狗皇帝對不起你？」樊噲問。

李由忽然委頓，箕踞在地。「我父立有不世之功，我兄弟姊妹娶的是大秦公主，嫁的是大秦公子。當年我回咸陽探家，百官皆來拜訪，門庭車騎過千，何其富貴！其時我父便擔憂『物極而衰』，誰料這朝堂上下，變得如此之快！」

樊噲看到，李由的眼裏滴下淚來。

「二世皇帝不辨是非，尤恨那閹豎趙高，誣我與盜賊來往，羅織罪名，將我父下獄待罪。我父雖忠心耿耿，辯才絕人，但『欲加之罪，何患無辭』。我心已死，速來殺我！」

樊噲只覺既同情又鄙夷，心道：這幫貴族果然沒有好心腸，如果秦朝果然亂成這樣，豈有不亡之理？於是轉身大步而去，丟下一句話：

「我不殺你。若求死，你自己有劍！」

此戰，李由死於亂軍中。不久後李斯在咸陽被腰斬棄市。史書記載，「具斯五刑，論腰斬咸陽市。斯出獄，與其中子俱執，顧謂其中子曰：『吾欲與若復牽黃犬俱出上蔡東門逐狡兔，豈可得乎！』遂父子相哭，而夷三族。」

臨死之際，他才想起當年與兒子一起放狗逐兔，乃人間何等樂事！

李由之死，讓樊噲在一段日子內都很沮喪。假如做了王侯將相也不過如此，那豈非還不如當年的屠狗生涯快活？

那段日子，所有反秦軍隊也都不好過。因為項梁輕敵，在定陶被章邯夜襲，戰敗身死。這一來，反秦軍隊失去了主心骨。而這也意味著，秦軍又將瘋狂反撲，逐個擊破。

為何此前一直被追打的章邯，能一戰擊殺項梁？是他的軍事水平突飛猛進嗎？非也。史書中有一句容易被忽略，「二世悉起兵益章邯擊楚軍」。也就是說，此刻秦朝才動用全部兵力。

這裏也澄清一個事實。以往人們常常會問：為何此前橫掃天下、併吞六國的大秦虎狼之師，此時竟連陳涉等人的烏合之眾都抵擋不住？答案是：陳涉等人遇到的根本就不是秦軍精銳。

此前各路反秦隊伍能急速發展，最重要的原因之一，就是秦二世為趙高所蒙蔽，認為在關東作亂的只是一些盜賊。前往平叛的主要是各郡縣的地方警備部隊，其中雖有小部分秦軍，但大多是經過收編的六國部隊，戰力不足，又極易倒戈。所以當周文入關時，咸陽才毫不設防。隨後章邯率領的也是一支臨時拼湊的雜牌軍，打陳涉還行，但面對出身將門的項梁、項羽及一眾精兵強將，就難免拙於應對，節節敗退。

趙高一開始擔心軍隊平叛有功，會因軍功產生一批新貴，衝擊自己的地位。但隨著秦二世年長，形勢已遮掩不住，趙高便將罪名統統推給李斯。李由敗亡後，秦二世大驚，這才真正調動秦軍精銳之師。

秦之精銳到底有多少？又都在哪裏？這些隱藏於史書之中，並未明確列出。

當年王翦伐楚，調兵六十萬，已是「傾國之兵」，可知秦軍精銳不超過六十萬。秦始皇曾令王翦南征百越之君，稱帝後，又先後派屠睢、趙佗、任囂等率「樓船之士」南攻百越。《史記》中稱，「發諸嘗逋亡人、贅婿、賈人略取陸梁地，為桂林、象郡、南海，以適遣戍」，而未提及正規軍。但另有記載說，秦軍南征所用的不僅是流民、贅婿和商人等，而是發兵五十萬，分五路進軍嶺南、閩中。屠睢戰死，秦軍損失慘重，但最終平定南方，置閩中、南海、桂林、象郡等郡縣。其間即便有誇張成分，但也不可能全無精銳，那樣將不利於保南方安寧。而這部分精銳一去不返，直到秦朝覆滅，都未回師中原，更不用說勤王了。

蒙恬率精兵三十萬北征匈奴，而後屯兵北方邊境，守衛長城。這三十萬精銳留存下來，在蒙恬死後，歸王翦之孫王離率領。所以秦二世倉皇之下，動用的應該就是這支北境大軍。其中部分留下拱衛京師，部分由王離率領，歸於章邯麾下。

所以此時章邯所率軍隊之戰鬥力，已絕非昔日可比。項梁輕敵，必死無疑。

巨鹿，隱秘的毒餌

樊噲這一生中記憶最深刻的戰役，都拜一個人所賜——項羽。

章邯率秦軍精銳擊殺項梁之後，認為楚地殘兵已不足為患，於是揮軍北上，一舉佔領邯鄲城。當時武臣早已在叛亂中被殺，張耳、陳餘又立原趙國宗室趙歇為趙王。邯鄲城破，張耳保趙歇逃入巨鹿，這是趙地另一個軍事重鎮。陳餘則受命向常山搬兵，以充援軍。章邯佔領邯鄲後，做了一件遺臭萬年之事：為防趙人再利用這座重鎮造反，他將邯鄲夷為平地，一代名都毀於一旦。

章邯命王離圍攻巨鹿。巨鹿城中兵少糧盡，危在旦夕。好在當時巨鹿的地形與今天不同，《呂氏春秋》將其列為「九藪」之一，地勢險要，有大山與湖泊相倚仗，尚可勉力支撐。

陳餘雖收得數萬兵馬，但見圍城的秦軍戰鬥力驚人，只嚇得手足癱軟，不敢救援。張耳原本與陳餘為生死之交，但這時見死不救，與之反目。陳餘在眾人逼迫下，派出五千人馬，但頃刻間被秦軍盡數殲滅。此時燕、齊、代等各路反秦諸侯都派援兵前來，但都只在巨鹿附近安營紮寨，無人敢與秦軍爭鋒。

當此關頭，一隊人馬從天而降，正是項羽。此前求援書信已送至楚懷王處。當時項梁戰死，士氣低沉。楚懷王與諸將相約，「先入定關中者王之」，誰先滅秦誰就當秦王。諸將無人響應，只有劉邦和項羽願往。

楚懷王是有私心的。他雖為項氏叔侄所立，但已不想再當傀儡，趁

著項梁戰死，正好將兵權收回。當時有人直斥項羽殘暴，兼說了劉邦幾句好話，於是楚懷王順水推舟，命劉邦進軍關中，卻派項羽領兵救趙。而且項羽擔任的僅是「次將」，二把手。軍中一把手為上將軍、「卿子冠軍」宋義。謀士范增為末將，三把手。

熟悉歷史的人會有疑問：《資治通鑒》稱，「懷王召宋義與計事而大說之，因置以為上將軍」，但為何後來沒看出宋義有何高明之處？對此，清代王船山先生的見解可謂精當：「非悅其滅秦之計，悅其奪項之計也。」其實楚懷王最欣賞宋義的是他們的一點共識——奪項羽的權。

不過項羽豈肯受人擺佈。在安陽附近，宋義勒令停軍不前，屯駐達四十六日之久。項羽勸宋義進軍，反被教訓了一頓，「夫被堅執銳，義不如公；坐運籌策，公不如義」，還下令軍中：「猛如虎，很如羊，貪如狼，強不可使者，皆斬之。」這一軍令向來耐人尋味，後來還演變為「羊狠狼貪」的成語。

在人們看來，羊素來溫順，為甚麼會「很（狠）」呢？其實，對此古人早有解釋：「羊者，牴狠難移之物。」是說，羊平時性情溫和，但使性子時脾氣執拗，人牽它走，它硬是不肯走。所以此處宋義是警告項羽，如果不服將令，定斬不饒。

項羽性情高傲，幾時受過這等屈辱？現在看來，宋義就是一個喜歡「過嘴癮」的人，之前他曾預言項梁必敗，而後又羞辱項羽。兩次嘴癮均載入青史，而他也因之丟了腦袋。

當時正值秋冬，糧草將盡，天降大雨，宋義卻擺酒為自己的兒子送行。於是項羽先煽動眾怒，再親手斬了宋義，追殺其子，一舉懾服諸將，撫慰士卒。隨後便上演了著名的「以少勝多」的巨鹿之戰。

在太史公筆下，巨鹿之戰光芒萬丈，氣勢如山，直壓得人喘不過氣來——

「項羽乃悉引兵渡河，皆沉船，破釜甑，燒廬舍，持三日糧，以示士卒必死，無一還心。於是至則圍王離，與秦軍遇，九戰，絕其甬道，大破之，殺蘇角，虜王離。涉間不降楚，自燒殺。當是時，楚兵冠諸

侯。諸侯軍救巨鹿下者十餘壁，莫敢縱兵。及楚擊秦，諸將皆從壁上觀。楚戰士無不一以當十，楚兵呼聲動天，諸侯軍無不人人惴恐。於是已破秦軍，項羽召見諸侯將，入轅門，無不膝行而前，莫敢仰視。項羽由是始為諸侯上將軍，諸侯皆屬焉。」

然而巨鹿之戰究竟是怎樣「以少勝多」的？眾所周知，司馬遷偏愛「悲情英雄」項羽，對項羽的記載也多有自相矛盾、值得推敲之處。

王離圍攻巨鹿時，章邯命人築起甬道，為其運輸糧草。何為甬道？大約是在地面鋪上磚石或硬木，兩側築起圍牆的一種運輸通道，有人猜測其中有恰好合乎車轍的軌道，類似於今天的火車。簡言之，甬道在此就是一種特殊的運糧通道，也是王離軍隊之命脈所在。事實上正史多處提到，在項羽主力渡河之前，就先派手下猛將英布、蒲將軍率兩萬楚軍先渡，破壞了秦軍甬道，使王離軍隊斷了糧。

這裏有一個疑點：巨鹿作為當時的主戰場，在此戰當中，章邯與王離應該是有分工的。王離負責圍城，章邯駐軍在距離巨鹿不遠之處的棘原，成犄角之勢，另由他負責外圍以及後勤保障。章邯所率軍隊在二十萬以上，其中至少一半是秦軍精銳——北境大軍，章邯本人也不可能不知道甬道事關王離的生死存亡，他有責任也有能力守護好。那為何英布、蒲將軍只率兩萬楚軍攻擊，就切斷了這條生命線？即便是因為防線過長或一時疏忽，但為何看不到章邯此後恢復運糧的努力？史書未留下任何章邯所部反擊的記載。

第二個疑點：項羽所率楚軍應該只有五六萬人，無論人數還是戰鬥力本應都不如章邯的軍隊。而當項羽渡河後，章邯去哪兒了？史書對此並未提及。這意味著，章邯可能仍駐留在原地，也可能是一觸即走，根本不值得動筆。

於是楚軍「至則圍王離」。《孫子兵法》曰「十則圍之，五則攻之」，據此推測王離軍隊至多不過一萬人。他在糧盡援絕的情況下，面對巨鹿張耳與項羽的裏應外合，苦戰九場，最終其戰友蘇角被殺、涉間自焚，而王離本人也被楚軍俘虜。那麼章邯在這場戰爭中到底扮演了甚麼

角色？

　　這些疑問，史書並未給出答案，也成為困擾史學界兩千餘年的一個難題。當然對於此戰另有說法。比如項羽所率的楚軍一到，諸侯軍與楚軍一同將王離分割包圍。如此一來，楚軍側翼得到保護，項羽得以分兵與秦軍連戰九場，這才斷了王離糧道。但無論如何解釋，這一戰章邯所做的都太少了。

　　關於王離，《史記》中另有一段記述。巨鹿之戰前，有人斷言，王離乃秦朝名將，率秦軍精銳之師，攻立足未穩之趙，定能取勝。然而另一人並不贊同：「不然。夫為將三世者必敗。必敗者何也？必其所殺伐多矣，其後受其不祥。今王離已三世將矣。」意思是，三代為將，造的殺孽已够多，從王翦、王賁到王離，已經三代了，所以王離必敗。

　　那麼王離被俘後，到底是生是死？每當別人說起這個話題時，樊噲都覺得是在問自己。他嘿嘿一笑：「這個嘛，鬼才知道！」

　　巨鹿之戰中，他奉劉邦之命，率一哨人馬來到巨鹿。劉邦再三叮囑，此行只是捧個人場，不許出戰，注意保存實力，只要露上一面，混個勝利者的身份就行。

　　因為繞了遠路，他趕到時，看到的正是項羽、張耳裏應外合大破秦軍的一幕。一般來說，既然勝利在望，就已沒有出戰的必要。然而現實裏，牆倒眾人推，越到此刻，搶奪勝利果實的人越多，諸侯一擁而上，亂作一團。樊噲無奈，也去胡亂殺了一陣，覺得無趣，便早早停手，駐足觀望。

　　這一望不要緊，樊噲被項羽深深地震驚了：烏騅馬上，那支矛上下翻飛，喑嗚叱咤，如一聲聲悶雷。那又哪裏是人，分明是一團地獄之火，旋到哪裏就燒出一片血紅……

　　此前一心想尋一個對手的樊噲，此刻卻只有一個念頭，那就是今生今世，都不想和項羽單打獨鬥。他也不相信任何人堪與其單打獨鬥，那將是一場災難！

　　這種感覺讓他無比沮喪。戰鬥結束後，他牽著馬在戰場上晃蕩，腦

子裏一片混沌。一隊隊的秦軍戰俘，在他身邊走過。

忽然一個聲音傳來：「這位將軍，末將有個不情之請。如果要砍我的頭，能否就用那口金背開山刀？」

樊噲一扭頭，但見一員秦將被五花大綁，由幾個楚軍押著，眼睛卻直勾勾望著自己戰馬得勝鈎上所掛的那口大刀。再看那秦將，二三十歲，滿臉血污，嘴角掛一絲笑容。

他點點頭，「嗯。不過你要告訴我為甚麼。」

「這是我家的刀——」

樊噲張大了嘴巴，又聽那將道：「末將王離。先祖王翦乃大秦名將，我自幼受祖父教誨，也希望能由他這口刀送我上路！」

王離又道：「你莫不信，那刀背內側刻了一個銅錢大的『李』字，乃先祖為紀念李牧所刻。先祖持此刀縱橫天下，殺敵無算。」

樊噲心知王離所言不假，一時手足無措：「正是……不過，這刀是一個女人贈我的，眼下卻不能還你……」

王離仰天笑了幾聲，那笑聲又似在哭：「我頭且不保，要刀何用？莫忘送我一程，足矣！」

此前王離被俘早被他人錄入功勞簿，眼下這幾名楚軍只是押送而已。惡戰之後，疲憊不堪，只想喝幾口酒，倒頭睡上一覺，但見樊噲生得兇惡，又不敢催。此時恰好來了一名楚軍軍官，要接手將王離送往戰俘營，還帶來一皮囊酒。這幾名楚軍拿了酒，歡天喜地走了。

樊噲早覺秦軍此戰敗得蹊蹺，接下來聽王離一番話，更是目瞪口呆。

「巨鹿城早該破了！只是那章邯老賊，原本與我約定，我攻巨鹿是假，引敵增援是真，他再率主力殲滅各路援軍。即便楚軍前來將我圍困，他也會在外再圍上一層，一網打盡。孰料老賊言而無信，隔岸觀火，陷我於絕境……我也想明白了！一來，這北境軍素來由我指揮，只敬我畏我，那章邯指揮不靈，欲奪此軍，便要害我。二來，我乃累世將門，那章邯出身小吏，自慚形穢，便視我為眼中釘。只恨我忘了祖父

之教誨，說我『只知爭鋒，不知人心險詐』，才有今日之敗⋯⋯章邯老賊，鬼迷心竅，手握精兵又有何用。我王離一死，秦軍奪氣，老賊必敗，大秦必亡！」原來巨鹿之戰本是一場「圍點打援」的好戲，王離充當的僅是一個華麗麗的誘餌，不料章邯棄陣而走，終成死局。

樊噲讀書之時，對王翦素來敬服，居然陰差陽錯用了人家的兵器，更覺欠了天大的人情，心中感喟，長歎一聲：「王將軍，你死之後，樊噲自會葬你、祭你！」

此刻有人在耳邊低聲說了一句：「樊噲，我放了王離，算你欠我一個人情，如何？」

樊噲扭頭一看，見身後一人身材高大，相貌堂堂，穿了楚軍軍官服色，眉眼間別有一種輕佻。此刻暮色蒼茫，四下少人。

「放了王離，豈非縱虎歸山？項羽能饒得了你？」

「心死之將，不復可用，何患之有！項羽素來自矜，最愛面子，王離逃走，他自會藏著掖著，豈能自曝其短？他若追查，自然有人會死，你倒不必擔心我。但若我不放他，項羽還記得王翦滅楚之仇，殺其祖項燕之恨，王離必死。說不定，還會，千刀萬剮，食其肉 ——」

此人開口滔滔不絕，聲音陰柔，樊噲聽來既嫌惡，又心驚肉跳，忙道：「放了他，日後用到我樊噲，你開口便是。」

那人呵呵一笑，從靴子裏抽出匕首，割開王離繩索。王離一臉茫然，朝樊噲拱一拱手，掩面而去。

自此，王離消失在史書之中。

一年多後，樊噲才再次見到那個有點娘娘腔的楚軍軍官，他叫陳平。

搶糧搶錢搶美人

有些人，離得越近相處越久，反而越看不清楚。就像樊噲看劉邦，思來想去只有五個字：「無可無不可。」

這句話當然不是樊噲想出來的，孔夫子早已說過，只是到這裏也變了意思。在樊噲眼裏，劉邦似乎沒甚麼掛礙，沒甚麼規則，也沒甚麼底線。

不管甚麼人投奔，劉邦都不拒絕，從不計較對方的出身、年齡、名聲，乃至人品。他瞅上一眼，聊上幾句，只要看著順眼，聊得開心，嬉笑怒罵之間，就把甚麼都說定了。看他封人官職，就像在口袋裏隨手掏出一塊肉脯，賞給小孩一樣，沒有半點正經。當然他決不小氣，打勝仗搶了點甚麼，他都命人分發下去。不好分，就任由大家搶，搶到甚麼算甚麼。他也知道「聽人勸吃飽飯」，從善如流，即便打不了勝仗，也逃得了性命。

此前楚懷王派劉邦西進攻秦，很多人覺得這簡直是兒戲——就憑他一個混混，領一幫散兵遊勇，帶一堆破銅爛鐵，就能威脅大秦朝？尤其巨鹿之戰後，項羽名震寰宇，又將諸侯軍攬入麾下，一時風頭無兩，實力無雙，人們更覺得只有項羽才能滅秦。當然，因為項羽殺了宋義，已將楚懷王徹底得罪，誰也不願再替其多說好話。

當樊噲將項羽在巨鹿的表現告訴劉邦時，只聽他倒抽了一口冷氣，喃喃道：「哦，他媽的……真他媽的……」

不過，劉邦並未停住腳步，這一路行來，雖然城池沒攻下幾座，但手下漸漸聚集起了一幫人：

　　攻昌邑（今山東巨野縣一帶）未下，遇到了彭越。這彭越在巨野大澤中為盜，殺人越貨，趁天下大亂，收諸侯殘兵，有千餘嘍囉，因劉邦有西進伐秦的名號，便前來投靠。彭越並無隨軍西行的意思，只想混個名號。他做強盜得心應手，最擅遊擊戰，也憑這一手，此後立下赫赫戰功，拜將封王。

　　過高陽，收了「高陽酒徒」酈食其。他本是個既窮且狂的老儒生，見劉邦召見自己時，竟還讓兩個美女給做著足療按摩，大為光火，張嘴便是一通教訓。劉邦連忙謝罪，聽其縱論天下，大喜過望。後來這酈生憑其三寸不爛之舌，縱橫諸侯間。其弟酈商也率數千人，來投劉邦，後為戰將。

　　攻開封未下，南攻潁川，屠城。潁川郡本為韓國故地，劉邦在此又與張良重逢。

　　張良，字子房，本韓國貴族，家中五世為韓相。他也是劉邦這群草寇之中，極少數的不僅有名，還有字的人。韓滅後，張良弟死不葬，傾盡家財求刺客，一心為韓國報仇。曾造五十斤飛錘刺殺秦始皇，未中，遂亡命天涯。而後得有道之士黃石公授其兵書，張良一改熱血豪俠之氣，胸中藏十萬甲兵，眼量超絕，成一代真國士。之前劉邦起兵不久，便遇到張良，對其言聽計從，張良便有心歸附。隨後他說服項梁，立韓國宗室韓成為韓王，自任韓司徒。但在秦兵鋒芒之下，韓國僅有一個名義而已。劉邦此番率兵至韓，有張良輔佐，輕而易舉略定韓地。張良也以替韓王送劉邦之名，隨其一同進軍。自此他成為劉邦帳下第一軍師，屢出奇謀，幫助劉邦下南陽，取宛城，至丹水……此時劉邦仍實力有限，打不了攻堅戰，只迂回遊擊，數次擊破秦軍，所過秋毫無犯，一路收取民心。這些大都聽了張良之勸。

　　一個名叫灌嬰的賣布小販，因常年往來販布，而練就了精湛騎術，他加入劉邦軍隊奮勇衝鋒，屢建戰功，後成為騎兵軍團統領。

還有一個名叫王陵的大漢，乃沛縣豪族，劉邦以前總叫他大哥。他起初不願低頭歸附劉邦，但最終還是加入進來，老母為堅其心，不惜自刎身亡。當然，王陵入夥是後話了。

　　……樊噲也漸漸成為劉邦手下的第一號猛將。同時他變成了一個有身份的人，劉邦賜其封號賢成君。當年一起造反的弟兄們也個個成了人物。蕭何負責後勤，統管財物，人人均知如果劉邦稱王，蕭何便是丞相；夏侯嬰被封滕公，憑藉多年趕大車的經驗，做了戰車軍團的統領；曹參封號建成君，為步軍統領；周勃也官封虎賁令。

　　行軍路上，手提金背大刀的樊噲，想起諸多演變感慨萬千：「這哪裏是一個草台班子？這分明是一個奇跡！」

　　這年八月，當劉邦打到武關時，手下已有數萬人馬。

　　此時的河北戰場，也如同王離當初所料一樣，巨鹿之戰後秦軍軍心盡失。章邯被項羽連番擊敗，逼得走投無路，只好率二十餘萬秦軍投降。項羽答應立章邯為雍王——雍即雍州（今陝西一帶）。顯然項羽完全沒拿此前楚懷王所約定的「誰滅秦誰當秦王」當回事，也沒把劉邦看在眼裏，早早就把關中地區許給了章邯。二十餘萬降兵中，不乏秦軍之精銳，似乎能大大增強項羽的實力。然而項羽的軍糧本就不夠吃，再加上降兵是秦人，日夜呼號著要回家，讓項羽煩惱了數十日。

　　最終項羽決定，除了收編其中一部分騎兵精銳——樓煩鐵騎之外，將其餘秦軍降兵全部坑殺。這支精銳騎兵最早由趙武靈王一手創建，廣招樓煩、林胡等地勇武之士，配備北地良馬，苦心淬煉，精於騎射，無不以一當十。當年李牧以運動戰擊破秦將桓齮，也正是憑藉了這支鐵騎。趙亡之後，樓煩鐵騎被王翦編入秦軍，曾參與北逐匈奴之戰，而今又被項羽收入麾下。

　　項羽的這一番糾結和屠殺，給了劉邦足夠的時間，也徹底壞了自己的名聲。

　　咸陽發生巨變。先是秦二世胡亥，責怪趙高縱容盜匪。趙高為求自保，先下手為強，逼胡亥自殺，改立公子子嬰，但已不再是皇帝，而

是降格為秦王。關於子嬰的身份，史書向來無定論，有人說他是扶蘇之子，有人說是嬴政之弟，還有人說是胡亥之兄，各有依據，但均是隻言片語。趙高本想再立個傀儡，暗中和劉邦相約，平分關中。誰知子嬰扮豬吃老虎，登基第五天就除掉趙高，夷其三族。從史料看，子嬰本有成為一代仁君的能力，只可惜歷史留給他的時間已經不夠。

以劉邦此刻的兵力，強攻武關，依舊不行。何況武關後面還有嶢關，同樣駐有重兵，一味硬拚，很可能前功盡棄。於是張良利用秦軍將領出身低微、貪財好利的弱點，先送重金麻痹對方，而後縱兵偷襲，連下兩關，直逼咸陽。

樊噲對張良素來敬佩，但對他的一句話耿耿於懷。說起那位把守嶢關的秦將時，張良道：「臣聞其將屠者子，賈豎易動以利……」分明是瞧不起屠夫，我樊噲也是屠夫，當然我是屠狗的，你拿錢收買我試試！

十月，劉邦軍隊殺到霸上。此時「秦三世」子嬰也知秦朝氣數已盡。做了四十六天的秦王之後，他素車白馬、以絲繩系頸，封皇帝玉璽，降於軹道之旁。

「這不是奇跡是甚麼！」樊噲心想，他知道這是歷史上第一次造反軍攻陷都城，而且還是前所未有的大秦朝的都城。

他依舊緊隨在劉邦身後，看見金盔金甲的劉邦下巴抬得前所未有的高，五絡長髯在深秋的風裏飄揚如同旗幟。此際，與他們進軍沛縣之時相比，早已不可同日而語。而這才僅僅隔了兩年！

在一路向西的征途中，劉邦最鼓動人心的口號絕非仁義道德，也不是理想信念，而是最精練的一句話：「搶錢，搶糧，搶娘們兒！」

每一次千軍萬馬同呼這一句後，都會氣勢如虹，如狼似虎。而每次慘烈的大戰之後，缺胳膊斷腿的士兵們就一起互相安慰：「等哪天打下咸陽了，那些達官貴人的錢，咱想拿多少拿多少，美女想睡幾個睡幾個！」

現在咸陽居然真給攻破了。望著鱗次櫛比的高門大戶，諸將眼睛裏放出狼一樣的光彩，不少人激動地流下了口水。特別是坐上皇帝寶座

時，劉邦仰天長笑：「這三宮六院七十二妃，這堆積如山的財寶，都是我的了！」他撫摸著龍椅上的花紋，像一口氣喝了三斤陳酒。

劉邦讓諸將在宮裏多拿點東西，以充軍費，也順便補貼一下家用，畢竟都是窮人出身嘛！這句話具有空前的執行力，話音未落，眾將就搶了出去。

只有樊噲和張良沒有動。對於金錢，樊噲並不貪戀，他明白打仗風險太高，就算搶再多的錢，也未必有命花。對美女他本就沒啥感覺，再說在劉邦這位連襟面前，他更得自顧形象。再看諸將已瘋了似的四下亂竄，有的還廝打起來。秦宮之中，妃嬪宮女哭聲震天。

樊噲隱隱覺得不對勁。「三哥，你是想打天下呢，還是想發財？快讓大夥兒別搶了吧，現在可不是在芒碭山那時候了。咱在沛縣祭過黃帝，是義軍啊……」樊噲大聲道。

「你懂甚麼！快去拿，晚了就沒你的了！」劉邦瞪了瞪眼，若不是看張良在旁邊，他還想再補上幾句，「我號稱義軍，你還真信了呀……」

張良是明白人，把一切看在眼裏，但「敢為天下先」從來都不是他的風格。他知道這正是劉邦一輩子最陶醉的時候，不願貿然說話，見樊噲開了口，他便跟著道：「主公，樊將軍所言有理。一則，剛入咸陽，縱兵大掠，一旦軍心不穩，便再也無法收服；二則，殃及百姓，對我們聲名會有毀滅性打擊；三則，懷王雖說『先入關中者為王』，但現在是他說了算嗎？您要真搶了咸陽，佔了皇宮，項羽能善罷甘休嗎？某以為，還是聽樊將軍之言，約束三軍，封存庫府，在城外安營紮寨為好。」

聽張良說完，劉邦緩緩坐直了身子，思索一番，擂鼓聚將。眾人各自搶了一些財寶和美女。只蕭何一人除了皇帝玉璽和一些帳目之外，甚麼都沒拿。

劉邦傳令，讓眾將把搶到的財寶全部歸公，美女各自留下，馬上起身，回城外霸上安營。咸陽城中只留一隊兵馬，由蕭何率領查抄丞相和

御史大夫府，把秦朝有關國家戶籍、地形、法令等圖書檔案全部帶走。

蕭何此番舉動，讓劉邦喜出望外，史書中也大讚特讚。這批檔案極為寶貴，讓劉邦對天下的關塞險要、戶口多寡、強弱形勢、風俗民情等瞭如指掌，對日後爭天下起了關鍵作用。而也正因為缺了這些檔案，項羽即便佔了咸陽，分封了天下，卻依舊不瞭解天下。

而樊噲勸諫劉邦的事也被載入史冊，而且寫得冠冕堂皇，「樊噲諫曰：『沛公欲有天下耶，將為富家翁耶？凡此奢麗之物，皆秦所以亡也，沛公何用焉！願急還霸上，無留宮中！』」

這也是「富家翁」一詞的來源。王船山讚之曰：「英達之君而見不及噲者多矣。」

這裏順便一提，四百五十多年後，三國時魏國的曹爽曾將「富家翁」當成自己決策失誤之後的保底追求，可惜他失望了，也成了一個笑話。

霸上清角吹寒，夜色已漸濃。樊噲在營壘間漫步，野風吹來神清氣爽。相比於城市，他還是喜歡待在外面，荒草和泥土的味道無邊無際，讓他感覺這才是真正的人間。

這一日，樊噲親眼見到了人世間最奢華的咸陽皇宮，也意識到自己除了砍人之外，說話居然也能起作用。對於如何爭天下，他實在沒甚麼想法，只有基本的是非觀。他清楚自己並不比別人聰明，只是更有膽量、更誠實而已。今後如果再碰到劉邦有錯，他還是要說。

樊噲堅信，「我是真心向著三哥的，他還能記恨我嗎？」

一條豬腿改變歷史

都言人生如戲，不是說要每天都作張作致地演，而是這輩子自己實在做不了主。總有那麼幾個時刻，讓你一個筋斗縱上雲端，看一眼塵埃裏的自己——原來我被安排在這裏。

老了的時候，樊噲常常想，他這一生最難忘兩個地方：一個是芒碭山，另一個則是鴻門。

那次劉邦聽了樊噲和張良的勸，將秦朝在咸陽的皇宮、庫府全部封存，而後率軍回到城外的霸上安營。他還將關中諸縣有名望者召集起來宣布：「秦朝法令嚴酷，關中父老所受迫害太久了。依照我之前與諸侯的盟約，我應為秦王。而今與父老約法三章，殺人者死，傷人及盜抵罪，其餘秦法悉數廢除，官吏任職一如既往。」

劉邦的講話不可謂不高明，既變嚴刑為簡寬，又不觸動既得利益。最後還加上一句：「我是來給關中父老除害的，自然不會侵擾百姓！這個請大家一定放心！」

憑這些，劉邦迅速收取了民心。史書記載：「秦人大喜，爭持牛羊酒食獻饗軍士。沛公又讓不受，曰：『倉粟多，非乏，不欲費人。』人又益喜，唯恐沛公不為秦王。」關中的民心，對於劉邦日後的基業有著至關重要的作用。在之後與項羽對峙的漫長歲月中，劉邦被關中百姓奉為真正的「秦王」，與之共進退，即便餓殍滿地、「人相食」，也傾力供給糧餉、兵源。只是這一點，在歷史上常常被人忽略。

劉邦還軍霸上，直接損害的是手下人的利益。當年許諾的「搶糧、搶錢、搶娘們兒」，到此竹籃打水一場空，自然會失落。只不過，他們已經顧不上埋怨，因為項羽殺過來了。都怪項羽，若不是他，少不了在咸陽快活一場！為捍衛勝利果實，諸將守住了函谷關的大門。

兵臨城下，項羽扣關不得入，便派猛將英布等人，急攻函谷關。這函谷關乃關中門戶，是當時天下最著名的關隘，易守難攻。當年秦軍在此擋了六國數百年。但劉邦與項羽的軍隊戰鬥力實在相差太遠，很快便被攻破。

此時正值臘月，寒風勁吹。項羽在戲水之西紮營，擁兵四十萬，號稱百萬，駐節鴻門（今陝西臨潼新豐鎮一帶）。劉邦駐霸上，有兵十萬，號稱二十萬。雙方兵力已然懸殊，經函谷關一戰，樊噲更清楚地感受到，楚軍比巨鹿時更加強悍，打是萬萬贏不了的。他看見劉邦在大帳中急得團團轉，張良則在一旁沉默，似乎也無良策。

一到危難關頭，自然有人站隊。劉邦帳下左司馬曹無傷為討好項羽，悄悄派人送信：「劉邦要當秦王，讓秦三世子嬰為相，將所有財寶據為己有。」

項羽被拒關外時，已生怒火，看了曹無傷之信，更是火上澆油。心道：劉邦你還反了不成？若不是我拖住並消滅了秦軍主力，就憑你這個鄉巴佬還能攻入咸陽？你要做秦王，眼裏還有我嗎？讓子嬰為相，我的亡國破家之恨怎麼雪？還有秦宮堆積如山的財寶，那是我要充作軍費用的呀！」

項羽傳下將令：三軍眾兒郎，明日為我滅劉邦！

此時，一場著名的「無間道」拉開序幕。項羽的叔叔項伯，當年受過張良救命之恩。他聽說張良在劉邦軍中，便連夜前去報信，讓張良先行逃命，以免戰鬥一起，白白給劉邦陪葬。

張良聞訊立馬上報，劉邦大驚失色，連忙擺酒請項伯坐下，親自敬酒，開口閉口稱項伯「大哥」，強調自己「打死也不敢反」。不僅如此，劉邦還願跟項伯做兒女親家，請其在項羽面前美言幾句。項伯點

了點頭，臨走前留下一句話：「明天，你必須親自來鴻門，跟項王（項羽）當面賠罪！」樊噲第一時間得知了消息。項伯走後，劉邦把樊噲、蕭何、曹參、夏侯嬰等一干弟兄召集起來，連同張良一起秘議。大敵當前，已不能完全相信那幫散兵游勇，他們隨時都可能作鳥獸散。而今最重要的是兩件事：第一，做好明天在鴻門的詳盡計劃；第二，萬一劉邦回不來怎麼辦？

次日清晨，天氣晴朗，四野一片青霜。劉邦率張良、樊噲、夏侯嬰等百餘騎趕赴鴻門，隨身帶了一雙玉璧、一雙玉斗，作為見面禮。一路之上，樊噲見劉邦眉頭緊鎖，憂心忡忡，自己也覺得心頭沉重。不過轉念一想，此去縱是捨命也要保護三哥，大不了同歸於盡，不枉兄弟一場。如此想來，便覺一身輕鬆。

到得鴻門中軍大帳外，樊噲被楚軍衛士攔下，只放劉邦與張良入帳。

大帳四周盡是項羽衛隊，一色的黑盔黑甲，一色的鑌鐵長矛，寒星點點，攝人心魄，軍容之嚴整讓樊噲震驚。他知道，劉邦手下的任何一支軍隊，都比不上這支衛隊，想來這是項羽從江東帶來的子弟兵吧。

樊噲也是一身黑，他站在大帳門口，倒好似衛隊統領。四下寂然空闊，冷風砭人肌骨，偶爾幾聲軍隊操演號角匝地而來，更添幾分蒼涼。

對於這個場面，樊噲如夢如幻。若早些年認識項羽，依他的秉性更可能跟項羽一同起兵。他最佩服那種頂天立地的漢子，一起出生入死，十步殺一人，千里不留行。當然認識劉邦後，樊噲的思想也開始轉變，他覺得劉邦身上有一種神奇的魅力，不像大哥，倒像一種信仰。究竟誰代表正義，那是後世史官關心的話題，樊噲只隱隱覺得，跟劉邦一起有奔頭。

沒錯，是奔頭。自打見識了壯麗的咸陽皇宮之後，樊噲不再把「早晚都得死」掛在嘴邊了。未來甚麼樣，他很想看看。

眼見劉邦與張良進帳已一個多時辰，卻沒有一絲消息。樊噲腦子裏閃過無數念頭，他知道張良智計百出，但那項羽何等殘暴，眼睛眨都

不眨便坑殺二十萬人，還有甚麼事他做不出？況且，項羽力敵萬夫，要殺劉邦就像殺只雞一樣……當然，假如真的動了手，這帳外的項羽衛隊，也早該把他自己團團圍住，亂刃分屍了吧！難不成，三哥已經化險為夷了？

樊噲踱起步來。這時已近正午，暖陽高懸，他仍覺得背脊發冷。忽然瞥見旁邊一名楚軍衛士神情落寞。此人身高八尺，白淨面皮，有幾分文弱，與其餘衛士迥異的還有，他穿了一襲侍者紅衣，手持一支長戟。

紅衣人見樊噲看他，輕聲道：「閣下是樊噲？怎麼，連你也沒資格進去？」

樊噲一驚，再從頭到腳仔細打量一番，依然不認識此人。

卻聽紅衣人又道：「今日這場鴻門宴，依我看非同小可，或可定天下大勢。放眼四海之內，能與項王爭天下者，唯有沛公。只可惜項王自視甚高，門第之見深入骨髓，一向小視沛公……」說罷，歎一口氣，「當然，項王也瞧不起我。若留我在帳中，定要項王誅殺沛公，不留後患。」

樊噲聞言大怒，按了按劍柄，卻見紅衣人看都不看自己，兀自絮絮叨叨：「若我在沛公麾下，換作你樊將軍的位置，倒也能救沛公性命！」頓了一頓，轉過頭，幽深如夜的眼睛望過來，「你說，信也不信？」

樊噲滿腹狐疑，忽然想起此前在巨鹿遇到的那個娘娘腔的楚軍軍官，心想：「怎麼項羽手下有這麼多人滿腹牢騷？」口中卻含糊道，「我信又如何，不信又如何？」

紅衣人淒然一笑，眼神憂鬱如湖水。

大帳簾子一挑，張良匆匆奔出來，急道：「樊將軍，本來主公已平息項羽怒火，只是那范增用心狠毒，派大將項莊當堂舞劍，伺機對主公行刺。幸好項伯正拔劍同舞，以身翼蔽。主公命在頃刻之間，還請你速速進去！」

樊噲大驚，拎起金背開山大刀就往裏闖，沒走出幾步，又想起這又不是臨陣交鋒，豈可莽撞。便把大刀放下，只帶劍持盾，闖進大帳。門

口兩名衛士連忙阻攔，樊噲持盾將二人撞翻，徑直走到劉邦身後站穩，凝視項羽，目眥盡裂，怒髮衝冠。

項羽一愣，輕聲喝退項伯、項莊二人，按劍坐直身子，卻也不看樊噲，只冷冷道：「來人是誰？竟敢闖我大帳。」

「啟稟項王，此乃沛公貼身侍衛樊噲。」張良回道。

項羽這才看了一眼樊噲，但見他豹眼虯髯，怒目而視。項羽心中微微一喜：「我項羽出道以來，手刃敵人數千，還從未見過誰敢瞪視我！」便起了一絲愛才之心，「嗯，是位壯士，賜酒肉。」

早有軍士捧來酒和一條生豬腿。樊噲一飲而盡，拔劍切肉，片刻吃得精光，用手背抹了抹嘴角血絲。

項羽笑道：「能飲酒否？」劉邦心下一緩，大半天過去，他終於從項羽臉上找到了笑容。不過接著心中一緊，不知樊噲會說出甚麼話來？這可是事先未曾預料到的。

卻聽樊噲厲聲道：「臣死且不辭，何況飲酒乎！當日，懷王與諸將相約『先破秦入咸陽者為王』，大王也知道，沛公先入定咸陽，卻紮營霸上，封秦宮室庫府，為的是甚麼？還不是專等大王前來？誰知終於等到了，大王卻誤聽小人中傷之言，要加兵於沛公。臣擔心如此一來，天下人都心疑大王，諸侯之盟土崩瓦解，此乃步秦亡之後塵也！臣以為大王不會這樣！」

這番話動之以情，曉之以理，寥寥幾句更將其中利害點得明明白白。

項羽聞言，默然不語。劉邦卻大喜過望。他看了一眼張良，只見他也有幾分驚奇。

看項羽面色稍一緩和，劉邦忙稱要上廁所，出了大帳。樊噲也跟著出來，「三哥，此乃是非之地，你快走。」劉邦猶豫道：「我也正有此意。只是，還沒跟項羽辭行……」

「三哥，所謂『大行不顧細謹，大禮不辭小讓。』如今人為刀俎，我為魚肉，有甚麼好辭的？再磨蹭就走不了了。」

劉邦心知有理，悄悄騎了一匹馬，樊噲、夏侯嬰等四人步行護衛，悄然從小路返回霸上。各自的坐騎和那百餘騎兵、見面禮都丟在了項羽軍中，交由張良處理。

　　這一路走得心驚肉跳。樊噲回去後的第一件事，便是砍了曹無傷的腦袋。

　　事後，劉邦曾多次說起：「兄弟，你在鴻門真是太、太、太讓我震驚了！要不是你，三哥我怕是真回不來了。」

　　樊噲總是笑笑，腦子裏閃過那紅衣人的影子。他知道，有些話只能爛在肚子裏。

　　當然樊噲的肚子還記住了另一件事。鴻門宴，那是他最後一次吃豬肉，終其一生，那條生豬腿都在他胃裏翻江倒海。夏侯嬰無數次笑他，笑完之後又說：「老樊，這豬腿吃得值了！你說，如果三哥被項羽殺了，這歷史該怎麼寫？」樊噲也點頭，想起那紅衣人事先早已說得明白：「放心，項王今日不殺劉邦！」

　　而憑藉鴻門宴上的表現，樊噲歷來備受史官盛讚。班固稱他：「戁戁將軍，威蓋不當。操盾千鈞，拔主項堂。」

　　那麼項羽為何沒殺劉邦呢？

　　千年以來，無數人問過這個問題。如果認真分析一下，就會發現，其實這正是項羽當時的本意。

　　其一，項羽絕沒有婦人之仁，更非有勇無謀之輩。從他殺宋義、破章邯、坑降卒等一系列動作來看，他不僅工於心計，更善於用兵。項羽只是打心底裏沒看起劉邦，認為他根本不可能對自己構成多大威脅。當然他對劉邦也並非沒有防範之心，這在後來分封諸王時便能看出來。

　　第二，項羽心中另有頭號強敵，那便是楚懷王。項羽滿腦子等級觀念，更願相信他的對頭是個貴族、王族。楚懷王，這個當年的放羊娃並不簡單，他曾趁項梁之死奪項氏兵權。項羽殺宋義之後，雖與楚懷王失和，但仍有君臣之名。當時項羽四十萬人馬多為諸侯軍，嫡系部隊不過十萬。而諸侯仍遵楚懷王號令，項羽只能算是臨時統帥。假如楚懷王昭

告天下稱項羽謀反，諸侯即便不敢來攻擊，也極可能四下散去。項羽再想稱霸就難上加難了。

相比而言，劉邦只是楚懷王手下一枚棋子。劉邦攻佔咸陽，奉的是楚懷王之命，此時殺劉邦，只會給楚懷王發難的口實。倘若劉邦一死，諸侯人人自危，也可能各自回家。所以殺劉邦只是次優選擇，還是要先滅了楚懷王再說。至於劉邦離席「尿遁」，很可能是項羽睜一眼閉一眼的結果。他要的就是讓劉邦心虛，理虧，留下口實。

第三，項伯發揮了重要作用。此前項羽說「擊滅劉邦」，除了一時憤怒以及曹無傷的撩撥之外，主要還是范增的意思。范增看到原來貪財好色的劉邦，入咸陽後竟然規規矩矩，「志不在小」。因范增與項梁同輩，項羽讓他三分，尊為「亞父」。然而在項羽心中，范增的地位恐怕依然比不上項伯。從鴻門宴的座次中可以看出，項伯與項羽坐在一起，位居上首，范增只在次席。

項伯去劉邦軍中尋張良，應該是出於義氣。對於項伯這樣的「老油條」來說，劉邦的口頭收買究竟能起多少作用，著實不得而知，但是隨後項伯便有了私心。這私心可能夾雜著對項羽、范增的不滿，也有騎牆觀望之意。在歷史隨後的發展中，項伯愈來愈成為項羽軍中的一顆地雷。

經張良與項伯調解，項羽置劉邦於不顧，率軍直入咸陽，開始了他最拿手的「血腥三部曲」：殺、燒、搶。

項羽先殺秦王子嬰，替祖父項燕和叔叔項梁報了仇；再劫掠一空，最後率兵屠城，一把火燒了三百里阿房宮，烈焰三個月不滅；財寶和美女都是項羽心愛之物，他隨軍帶著浩浩蕩蕩運出了函谷關。

秦朝已滅，秦宮已毀，項羽建都彭城（今江蘇徐州），自立為西楚霸王，著手分封諸侯。分封前，他先派人去向楚懷王報告，楚懷王就說兩個字「如約」，也就是按照之前的約定。項羽大怒，將楚懷王廢置一邊。彭城本為楚懷王之都城，項羽將其趕走，徙至江南郴地（今湖南郴州），遙尊其為「義帝」。

項羽一共封了十八路諸侯。劉邦被封為漢王，也確實被封在了秦朝故地，但那是最偏遠的巴蜀，以南鄭為都城，當時是放逐罪犯的地方。

劉邦很生氣，回到大營後大叫發兵，要跟項羽拚命。樊噲一把抱住劉邦，他清楚記得，蕭何一句話就讓劉邦冷靜下來。史書說得很直白：「蕭何諫曰：『雖王漢中之惡，不猶愈於死乎？』」

的確，做漢王總比死要好。劉邦緩過神來，於是封蕭何為丞相，賜給張良黃金百鎰，明珠二斗。因為當時項羽封給劉邦的地方只有巴蜀，難以自立，而漢中才是巴蜀之門戶。劉邦又派張良持重金打點項伯，請他出面替劉邦去求漢中之地。張良連同自己的黃金和明珠一同送給了項伯，替劉邦討來了漢中。

就這樣，劉邦雖然罵了一路，但還是乖乖去當了漢王。項羽只允許他帶三萬兵前往。正是路險難行，兵微將寡。

不僅如此，項羽還封章邯、司馬欣、董翳這三個秦朝降將為王，以牽制劉邦，堵住了他們回東方的路。

劉邦成了一個萬分憋屈的王。鬱悶的時候，就拉樊噲喝酒，此時的樊噲被封為列侯，號武侯。他已經改口不再叫「三哥」，而是叫「大王」了。偶爾，他們仍會聊起以前在芒碭山上落草的日子。

在家鄉當個快活的強盜，和在異鄉做個窩囊的王，到底哪個更好呢？

面子底下，一座刀山

　　稱呼真是個複雜的東西，有時你覺得只是面子，可它偏偏又成了裏子。其間隱藏著森嚴的壁壘，每一步都隔著一座刀山。

　　這是樊噲多年後才明白的道理。

　　自從把「三哥」的稱呼換成「大王」之後，樊噲的話越來越少。他漸漸發現，跟劉邦似乎越來越無話可說，尤其是在沒喝酒以及喝了酒的時候。

　　有些人為討好劉邦，便以迂為直先來找樊噲，對此，他幾乎全都冷處理掉了。

　　樊噲不會知道，他的做法竟然也成為一個樣板。曹操曾稱讚自己的衛隊隊長許褚，「此吾樊噲也」——那絕不僅僅因為許褚打仗玩命，力敵萬夫，更重要的是「褚性謹慎奉法，質重少言」。為了避嫌，許褚極其注意和諸將保持距離，手握重權的宗室大將曹仁幾番想和他接近，都被他斷然拒絕，曹仁惱怒。曹操聽聞此事，卻對許褚「愈愛待之，遷中堅將軍」。

　　劉邦在巴蜀待得憋屈，而此時項羽也百爪撓心。因為他所分封的天下，剛剛經歷幾個月，便呈土崩瓦解之勢。

　　先亂的是齊國。項羽對原來的齊王田市不滿，因其當年未發兵救項梁，而且沒有派兵隨自己入關，所以未予封賞，將田市徙往膠東，改立其將田都為齊王。事實上，齊國的實權派一直是田榮，他也是當年率先

舉起刀槍反秦之人，對項羽的分封自然也不滿。這年五月，田榮發兵攻擊田都，田都逃往楚地。六月，田榮又在即墨殺了田市，自立為齊王。此前項羽還立了一個濟北王田安，而對當地另一支力量彭越視若無睹。彭越在巨野大澤中起兵，率手下萬餘人轉戰梁地（今河南開封一帶），給了秦軍不小打擊。彭越很生氣，心想：你項羽憑甚麼不封我？正當他既憤懣又彷徨之際，田榮贈其一枚將軍印，命其攻擊田安。七月，彭越擊殺田安。田榮就這樣統一了三齊故地。

繼而是燕國。此前的燕王韓廣被項羽徙往遼東，封為遼東王，而隨軍入關的燕將臧荼被封為燕王。韓廣當然不同意，八月，臧荼擊殺韓廣，同時佔據了遼東。

隨後還有趙國。項羽將原趙王歇徙至代地，為代王；封張耳為常山王；只將南皮附近三個縣給陳餘，封其為侯。在巨鹿之戰時，張耳與陳餘已然反目，此時陳餘更是憤憤不平，暗中向田榮借來兵馬。十月，陳餘與齊軍合力，大敗張耳。張耳跑去投奔了老朋友劉邦。陳餘復趙歇為趙王，自己掌握了大權。

如此一來，函谷關外的整個北方地區，全部動搖。那麼事情為何會演變到這一步？

首先項羽分封諸侯時，本來就沒安好心。他所封疆域與戰國七雄相比，多有分割。秦被分成雍、塞、翟；楚分為西楚、九江、臨江、衡山；齊分為齊、膠東、濟北；魏分為西魏、殷；燕分為燕、遼東；趙除了分為趙、代之外還有南皮三縣。唯一未分割的是韓，韓王成還被項羽羈留在彭城，不久便被殺死。

項羽的理由是根據伐秦的功勞分封，其實則是想讓諸侯爭鬥，內耗，而他坐擁西楚精兵強將，便可天下無敵，永為霸主。他這一招看似高明，但忽視了一點，就是他分得了地盤，卻無法讓實力均衡。誰能讓一隻狼和一頭豬各守地盤？田榮等人心懷不忿，自然伺機而動。

其次項羽自己將楚懷王趕出彭城，徙往江南，做了一個惡的示範。名義上，當時天下的中心仍為楚懷王，諸侯一看，你項羽都不守規矩我

們憑甚麼守？於是各逞武力搶地盤。特別是田榮和陳餘，搶來了地盤之後，依舊怨恨項羽。

當然最根本的一點，還是項羽滿腦子封建思想，一心想在推翻秦朝之後，回歸到周朝的分封制，殊不知這老路早已走不通。周朝建立之初，各地尚處於蠻荒階段，精力只能放在開荒生產上，自然可以相安無事。而此時整個中原都已開墾完畢，秦用數百年時間普及了兼併與統一的好處，諸侯又豈能再安分？

從大趨勢看，歷史也只能沿著秦朝的方向往前走，開倒車的項羽注定要被碾倒在車輪之下。

劉邦依舊像一塊巨大的磁石，即便在偏僻的巴蜀，也能吸引良將謀臣前來。

最令樊噲意外的一個人是韓信，數月之前在鴻門，樊噲曾與其有一面之緣。當時，韓信紅衣持戟，愁緒滿懷，滔滔不絕，樊噲以為他只是一介狂生罷了。孰料他竟是一代奇才，劉邦拜之為大將。韓信比樊噲還小十一歲，二人也曾談過幾次，樊噲震驚這個年輕人身上那種談笑間橫掃千軍的氣度。

又過數月，劉邦以項羽害死義帝為由，兵發三秦，拉開了楚漢戰爭的序幕。

後來又一個謀臣加入進來，正是當年私自放走王離的那個楚軍軍官陳平。陳平分明喝了幾杯酒，搖搖擺擺來見樊噲，卻並不急著讓他還人情，只是看似隨意地問了幾句話，便又搖搖擺擺去見劉邦。劉邦封陳平為都尉，參乘，典護軍，待之如親信。

當時，周勃、灌嬰等諸將都瞧不起陳平，認為他名聲太差，還說他「盜嫂受金」——在家和嫂子私通，在軍隊裏收受賄賂。

樊噲很快也聽到風聲，這陳平自幼不務稼穡，鬢前常簪一枝花，乃一方著名美男子兼破落戶。不過他嫂子對其向來鄙夷，說：「亦食糠核耳。有叔如此，不如無有。」為此還被他哥休了。所以怎麼可能私通？

陳平的才幹很早便顯現出來。史書記載，某年社祭，陳平主持為村

民分肉，分得很妥帖，眾人讚不絕口：「善，陳孺子之為宰！」他一聽來勁了：「嗟乎，使平得宰天下，亦如是肉矣！」

陳平還憑著自己的相貌、心計和膽量，娶了一位貌美多金、連嫁五次丈夫皆死的寡婦，堪稱艷譚。只不過，他此前仕途並不順利，先投魏王咎，又在項羽帳下謀事，均不得重用。還差點受連累被項羽砍頭，只好連夜仗劍而逃。在前來投奔劉邦的路上，他又上了賊船。「船人見其美丈夫獨行，疑其亡將，要中當有金玉寶器，目之，欲殺平。平恐，乃解衣裸而佐刺船。船人知其無有，乃止。」你看，為了保命，陳平連裸體撐船這一招都用上了。

在諸將眼裏，陳平只是個綉花枕頭。但樊噲不這麼看，他心想：咱們誰不知道誰？真是乾乾淨淨的老實人，能一起造反嗎？漢王當年不也只是個流氓？有些人就喜歡對新人擺老資格，特別是稍微混出點眉目來，就有意無意地指手畫腳。樊噲最討厭這種行徑，也時刻自省，免墮惡道。

當然樊噲不知道，陳平確實收受了賄賂。但劉邦一問，陳平毫不遮掩，立馬就擺到了枱面上，他道：「聞漢王之能用人，故歸大王。臣裸身來，不受金無以為資。誠臣計劃有可採者，大王用之；使無可用者，金具在，請封輸官，得請骸骨。」意思是，我是聽說大王你善於用人才來投奔的，臣兩手空空而來，不受點賄怎麼過日子？您要覺得我的計策還能用，就用；覺得不成，金子都在這裏呢，全部充公，我走就是了。

劉邦對這個回答很滿意，看得出陳平是個聰明人，而且絕非小聰明；陳平人也不是特別壞，從後來發生的事看，他知恩圖報。有的人做事糾結於是否合乎道德，而陳平根本就視道德為無物，所以不拘小節。他目光長遠，洞燭幽微，智計百出，總能在複雜的形勢中做出最有利於己方的選擇……這些都契合劉邦的胃口。

那麼諸將有意見怎麼辦？劉邦不動聲色，繼續給陳平升職，加封為護軍中尉。這是負責監察的官，直接監管諸將，於是「諸將乃不敢復言」。

楚漢這場仗，斷斷續續打了三年又五個月。樊噲依舊身先士卒，登城斬將。危難之時，他也緊隨劉邦左右，捨命護衛。

相比於曹參、周勃等人，樊噲加官晉爵的速度，明顯要慢了許多。有人替他抱不平，但他並不介意。他心裏明白：自己打這場仗，又何嘗是為了功名利祿？

只是在漫長的廝殺中，有些事他越來越明白，有些事卻越來越糊塗。

比如在戰爭第二年四月，樊噲終於和項羽直接交鋒了。這是他此前最擔心，卻又期待已久之事。

當時劉邦趁項羽北擊齊國之機，率漢軍攻取了其都城彭城。此時漢軍盛極一時，人馬數十萬。劉邦將項羽的珠寶和美女全部收為己有，每日與諸將痛飲歡會。樊噲則統領兩萬精兵，鎮守北面要塞瑕丘（今山東兗州東北）。此地乃彭城第一道屏障，樊噲絲毫不敢大意，日夜提防。

而正當劉邦得意忘形之際，項羽開始行動了。他率三萬鐵騎疾馳南下，做了一個 S 形的大迂迴，第一戰便直擊瑕丘。

樊噲從未想過，項羽來得如此之快，又如此之猛。比起當年在巨鹿，項羽的軍隊戰力分明又增強數倍，完全不用夜襲，如雷如電，如秋風席捲落葉，如鑌鐵長矛刺透一層窗戶紙……

樊噲事先所做的一切防衛準備在半個時辰內土崩瓦解。他甚至來不及與項羽戰上一個回合，便被亂軍衝得敗退到數十里外。稍微回過神來，他也明白最重要的不是找項羽拚命，而是應該去保護劉邦。

待他見到劉邦時，漢軍整個北方防線已被項羽擊穿。劉邦在彭城城下列開陣勢，幾十萬大軍多為步兵，甲光照耀天際。

眼見項羽三萬精騎飛來，轉眼間兩軍便已交兵，再轉眼漢軍便被撕開口子。項羽橫衝直撞，如入無人之境。幾十萬漢軍被殺得大敗，這一戰折兵十餘萬。劉邦率領敗軍南逃，要利用呂梁山佈防，收拾殘兵，再行開戰。尚未站穩腳跟，項羽又殺到。漢軍被壓迫至靈璧以東、睢水之上的狹長地帶，再次被殲十餘萬。岸上水中，到處都是漢軍的屍首，

「睢水為之不流」。

這一戰自此成為樊噲的噩夢。他暗暗發誓：「如果有人能擊敗項羽，我樊噲甘願給他磕頭！」

這一戰也讓樊噲看到了劉邦的另一張面孔，那是他從未見過、也永遠不願再見的一面——

彭城大敗，樊噲保著劉邦向西殺出一條血路。正當人困馬乏，埋鍋造飯之際，一哨楚軍斜刺裏殺來，當先一員大將，甚是威武。樊噲識得此將，正是西楚勇將季布的舅舅丁固，人稱「丁公」。若在往日，樊噲完全有信心擊敗他，但此時渾身是傷，兩膀痠麻，身邊只剩幾個殘兵，只有受人宰割的份兒了。

樊噲抱定必死之志，心想若能拚命擋上一陣讓劉邦逃命，那是最好不過。實在不行，二人一同死在此地，也只好認命。大丈夫埋骨沙場，得其所哉！

樊噲正想著，忽見劉邦披頭散髮，一瘸一拐地走向丁公，撲通一聲跪倒馬前，哽咽道：「丁公，我們當年同在懷王帳下效命，也是故人——您看我劉邦身受重傷，這條命怕也撐不了多久。丁公忍心殺我這垂死之人？」那丁公早已舉起刀來，鄙夷地望著劉邦，又掃了樊噲一眼，引兵掉頭而走。

樊噲在一旁直看得呆了。而劉邦也這樣逃得一條生路。然而項羽敗亡後，丁公求見劉邦，以為他會顧念當初「不殺之恩」有所封賞。誰知，劉邦卻立刻將丁公殺了。

史書記載：季布母弟丁公，為楚將。丁公為項羽逐窘高祖彭城西，短兵接，高祖急，顧丁公曰：「兩賢豈相厄哉（英雄何必為難英雄）！」於是丁公引兵而還，漢王遂解去。及項王滅，丁公謁見高祖。高祖以丁公徇軍中，曰：「丁公為項王臣不忠，使項王失天下者，乃丁公也。」遂斬丁公，曰：「使後世為人臣者無效丁公！」

以丁公「不忠」為理由，殺得冠冕堂皇，毫不留情。後人看來，似乎也有道理，但只有樊噲知道，當時的劉邦遠遠比史書中所寫的更狼

狙、更窩囊、更恥辱。這一刀，無非是要殺人滅口而已！

　　否則，若言「不忠」，誰又比得上項伯呢？他可是被封了侯，賜了姓，成了「射陽侯劉伯」，青史留名呀！

　　那個曾經百無禁忌的三哥，竟然為了面子殺人，殺一個恩人⋯⋯

有江山，無兄弟

那年早春時節，劉邦在汜水之陽即皇帝位，裂土封王。對這一幕，日本史學家鶴間和幸曾寫道：「當時連都城都沒有，所以即位儀式是在戰場上舉行的，實在不愧是劉邦式的皇帝即位。」那年樊噲已四十一歲。看到劉邦身著龍袍，登上臨時搭建起的金鑾殿上，樊噲心中樂開了花。

封王自然沒有他甚麼事。和諸將比起來，他官位不高，食邑也不廣，但仍然覺得從頭到腳都爽透了。誰能想像，咱一幫哥們兒還真扶起了一個皇帝來！

典禮之後，樊噲拉著夏侯嬰、曹參一同喝了一場大酒。雖然和蕭何也很熟，但人家畢竟是丞相了，文武之間還是應該有所避嫌，不要交往過密為妙。

酒過三巡，夏侯嬰長歎一口氣，道：「我趕了大半輩子車，終於能歇歇……這全身骨節都顛簸得快散架了！」

樊噲平時已經話說很少了，曹參卻比他更少，只是依舊酒來必乾。喝到酣處，三個人脫掉上衣，皆是刀疤箭痕，一道道，一條條，歷歷在目。好像每個人身上都背了半部歷史。最後夏侯嬰酒力不支，伏於案上。樊噲只覺天旋地轉，猶自勉力支撐。這時，只聽曹參道：「老兄弟啊，我怎麼覺得這仗還得打呢，咱們誰都清閒不了……」

仗還得打嗎？和誰打呢？那時樊噲已經沒法想明白，往後一仰便睡

著了。

　　此後發生的事，讓樊噲意識到曹參果然見識不凡。劉邦所分封的諸王，除了自家人情緒穩定之外，其餘的居然陸續都「謀反」了。樊噲根本都沒歇幾天，便跟隨劉邦去平叛了。那些仗樊噲打得異常痛苦，全是老熟人，很多都曾並肩戰鬥過。然而痛苦歸痛苦，他依舊唯劉邦馬首是瞻，讓滅誰就滅誰。

　　俘獲臧荼，削平燕地；活捉韓信，略定楚地；追斬韓王信，收復代地……他的戰功越積越高，被賜爵舞陽侯，食邑大增。

　　在這期間，劉邦聽從張良之諫，遷都長安。蕭何為劉邦建了一座富麗堂皇的宮殿，名喚「未央宮」。

　　未央宮中，劉邦接受群臣朝拜，並在前殿擺下盛大酒宴。席間劉邦親自舉起玉杯，為太上皇劉太公敬酒，笑道：「當年您總是說我不務正業，攢不下甚麼家業，不如我二哥。而今您放眼看看，我和二哥的家業誰多？這四海之內哪一樣不是我的家業！」

　　這話惹得群臣笑成一片。樊噲也笑笑，但隱約覺得不是那麼回事——兄弟們用命打下天下，怎麼就都成他自己的家業了？

　　樊噲感覺，站在皇宮大殿上的劉邦，離兄弟們越來越遠。那樣的確很氣派，但已然面目模糊，時而恍如陌生人。

　　他已經搞不懂劉邦在想甚麼，人生更失去方向感。他真想歇一歇了。對於妻兒，他感覺由衷的愧疚。他和呂嬃所生的兒子阿伉也已經十多歲，但因連年征戰，他根本沒怎麼顧及過兒子。

　　又一年的秋天，淮南王英布造反。這英布，原本是項羽手下的一員悍將，後被劉邦謀士勸降，威福相加，予以收服。淮南乃是英布的根基所在，他一反，淮南乃至江東都為之大震。

　　此時劉邦正逢重病，厭惡見人，還詔令宮中守衛，不准任何大臣覲見。情勢危急，群臣卻束手無策，周勃、灌嬰等諸將急得團團轉，卻也不敢進門。

　　十幾天過去了，樊噲憂心如焚，他擔心淮南戰事，更擔心劉邦的安

危：他是不是已被奸臣害死，秘不發喪？這種事歷史上不是沒有，春秋五霸之首的齊桓公、沙丘之亂中的趙武靈王……哪個不是一代雄主？不都是死去多日之後，消息才傳出來嗎？

最終，樊噲帶領群臣上演了這輩子第二次硬闖，排闥直入，推開大門徑直進入宮中。守門衛士無人敢擋，他們知道，這位樊將軍是擋不住、也擋不起的。

深宮之中，劉邦正枕著一個頎長白晰的宦官，二目微閉，形容枯槁。陡見滿朝文武來到，領頭的卻是樊噲，劉邦一驚，忽地坐了起來。樊噲怒目一掃，那位剛才還在躺著的宦官看此情景，連滾帶爬地溜出大殿去了。

關於這一幕，史書記載：「群臣絳、灌等莫敢入。十餘日，噲乃排闥直入，大臣隨之。上獨枕一宦者臥。」

事實上這一次的兇險也不亞於上次的鴻門宴。須知，帶頭闖宮有太大的謀反嫌疑，最差也是個「大不敬」的罪名。而且這次讓眾人撞破了劉邦的小秘密，使其顏面掃地，倘若場面再尷尬些，又該如何收場？

樊噲已經顧不了這許多，他看到往日元氣滿滿的三哥居然變成這副樣子，不禁淚如雨下。

群臣拜倒牀前。樊噲道：「陛下當年和臣等自沛縣起兵，掃平天下，何其壯也！如今天下已定，又何其疲也！陛下病重，大臣震恐，不與臣等商量，卻要和一個宦官終老嗎？陛下忘了秦朝的趙高嗎？」

這番話真是發自肺腑，赤膽忠心，又毫不留情，絕對是冒死進諫了。連一向不服人的周勃都暗暗佩服，為樊噲捏了一把汗。劉邦聞言一陣恍惚，隨即仰天大笑，站起身來。他忽然想起，自己也好久沒這麼笑過了，自從做了皇帝之後，以往的兄弟們個個疏遠；老婆呂雉當了皇后也更加陰鷙……劉邦著實是疲憊、寂寞而又心煩。他知道樊噲忠心耿耿，這份情意讓他心裏暖烘烘的。

樊噲幸未獲罪。

劉邦御駕親征，果然平定英布。回朝路上，經過沛縣，擺下宴席，

請家鄉父老前來喝酒。

這沛縣窮鄉僻壤，又屢經戰亂，又哪裏能尋到甚麼禮樂？於是，早有樂官找來一百二十名孩童，教他們唱歌，以為佐酒之樂。劉邦直喝得滿面飛霞，擊築唱曰：

「大風起兮雲飛揚，威加海內兮歸故鄉，安得猛士兮守四方……」孩子們歌而和之。劉邦乘興起舞，慷慨傷懷，流下數行濁淚。隨後，劉邦免除了沛縣「世世代代」的賦稅徭役。十餘日後，劉邦欲走，又被留住，痛飲三天。臨走時，沛縣父老跪倒一片，求劉邦也免除臨近的豐縣（入漢之後，豐邑升格為豐縣）的賦稅徭役。劉邦道：「豐縣是我生長的地方，我豈能忘記？恨只恨，當年我正處危難之際，他們卻跟隨雍齒造反！」父老苦苦哀求，劉邦才鬆了口，使豐縣享受和沛縣一樣的待遇。

這番沛縣之行，在歷史上留下濃重一筆。後人驚歎的大多是：劉邦這樣一個流氓皇帝，卻能寫出如此傑出的詩篇！其實寫詩有時靠的只是胸襟，歷史上多少君主惡名昭彰，卻偏偏寫得一首好詩，既讓人咬牙切齒，又不服不行。

在樊噲看來，卻是既親切又陌生。當年那些對劉邦嗤之以鼻的人，而今都涎著臉偎上來，跪在地上，嘴比蜜甜。也許鄉音不改，鄉情還在，但在他們眼裏卻早已不是故人，而是權力。

在劉邦酒酣吟詩、起舞泣下之時，樊噲發現他真的老了。而那些能征善戰、可守四方的猛士，都去了哪裏呢？

答案誰都知道，但誰也不敢說——還不是被你劉邦抓了、殺了！

從沛縣回到長安，劉邦舊病發作，再次臥牀不起。而此時，燕王盧綰在封地起兵造反。

「連盧綰也反了！」樊噲只覺得一陣悲涼。這盧綰不比別人，他家與劉邦家世代交好，而且他與劉邦二人還是同年同月同日生，一同讀書，劉邦早年犯了事，盧綰也跟著他一同躲藏。沛縣起兵後，盧綰常隨劉邦左右，入漢中封為將軍、常侍中，楚漢戰爭中，為太尉。劉邦稱帝后，先封盧綰為長安侯，封地在咸陽，後來又封為燕王。無論衣服賞賜

還是親近程度，群臣皆不敢與盧綰相比，即便樊噲也比不了……

這到底是為甚麼？樊噲心裏和明鏡一樣。

劉邦已經起不了牀，他派樊噲以相國的身份，統兵十萬前去平叛。這是樊噲一生做過的最高職務，領過的最多的兵。

然而樊噲前腳剛走，後腳就有人對劉邦進讒言：「皇上，那樊噲跟呂后串通一氣，想等皇上百年之後，就舉兵謀反，誅殺戚夫人和皇子如意。皇上不能不早加防範啊！」

這一句戳到了劉邦的痛處，旋即大怒。對於呂后干政，他早已嚴重不滿，現在又聽說呂后跟她妹夫樊噲串通一氣，立馬覺得事態嚴重。

有人會說：劉邦還不瞭解樊噲嗎？怎麼還起這種疑心？他當然瞭解，知道樊噲重情義，現在也並無謀反跡象。但是他一想到自己最愛的戚夫人和小兒如意就心疼，自己死後也決不讓人欺負這對孤兒寡母。而且，到時候呂后肯定會動手，群臣之中敢幫忙的恐怕只有樊噲 —— 他有這個能力，更有這個膽量！

這就是最狠最毒的讒言。對皇帝來說，一旦牽扯到謀反以及自己的子嗣繼位問題，他是一定會舉起屠刀的。即便是再忠的臣子、再好的兄弟。

劉邦在病牀上決定臨陣換將，傳詔命陳平與周勃一同前往。陳平取樊噲之人頭，周勃代其典兵。

陳平當然不傻。他知道樊噲絕非一個粗人，即便見了詔書，也極有可能不會乖乖就範。而且樊噲手握重兵，那到時候掉腦袋的是人家還是他陳平自己呢？這個可得掂量清楚。

為此，陳平讓周勃暗藏在一輛大車中，未到陣前，就先築起一座高台，然後派人去請樊噲前來接旨。樊噲早已探明來的只是陳平，對這一介文官並未提防，於是獨自一人上台接旨。跪下之後，陳平才宣讀了斬立決的詔書。樊噲大驚，卻見周勃率軍從身後走了出來，自己的兵符已被接管，已然束手無策。

那一刻，樊噲只覺受了天大的委屈。他不信這詔書是劉邦發出的，

為何自己鞍前馬後，一輩子披肝瀝膽，卻換來如此結局？他還擔心自己的妻兒老小，他們會怎樣？劉邦是不是已經被人控制了？

故事到這裏原本應該結束了。但陳平著實太過聰明，他對周勃道：「樊噲是皇帝的心腹愛將，勞苦功高，又是皇親國戚，皇帝在氣頭上才讓我們殺他，萬一回頭後悔了，我們怎麼辦，能把頭給安回去嗎？再說皇帝病得這麼厲害，這朝中呂后權勢熏天，你我又不是不知道。而樊噲是呂后的妹夫，她姐妹二人必定報仇，到那時難免會歸罪於咱倆……依你看呢，老周？」

周勃雖然平日裏跟樊噲互相看不對眼，但他真心覺得樊噲冤枉，也同意將其釘入囚車，送回長安，或殺或免交由劉邦定奪。這是陳平、周勃二人第一次的重要合作，而此後這樣的合作還有很多，直至扭轉乾坤。

回京路上，囚車中的樊噲並未受苦，陳平對他照顧有加，也把自己所知的來龍去脈一一說了。樊噲一開始還萬分悲憤，後來神情也只是淡淡的了。

這一路的風霜讓他想起了很多事。比如夏侯嬰親口說，當年彭城之敗後，劉邦被楚軍追得急，為了讓車跑快一點，幾次三番把自己的一對兒女推下車去。若非夏侯嬰一次次把他們撿回車上，他們早為追兵所殺。為此，那一路上劉邦有十餘次拔劍要殺夏侯嬰。再比如，當年項羽捉住劉邦的父親劉太公，為要挾其就範，架起大鍋，作勢欲烹太公。劉邦卻道：「我與你曾在楚懷王面前約為兄弟，我爹即是你爹。你若真想烹了你爹，不妨分我一杯羹！」倒是那項羽不屑為之……

那些年，他總以為劉邦雄才大略，不拘小節。原來不過是骨子裏冷血──他不信任任何人，也不在乎任何人。

半路上，傳來劉邦駕崩的消息。樊噲大哭一場，為劉邦，也為自己，為這幾十年樽前馬下、火海刀山的生涯……

回到長安，樊噲便被呂后釋放，並恢復爵位和封邑。只是他以往的雄心和氣魄，再也沒能恢復起來，就連以往引以為傲的虯髯也很快便稀

疏了，一如長安城外秋風裏的瑟瑟枯草。

兩年後，漢丞相、酇侯蕭何病逝。再三年，漢丞相、平陽侯曹參病逝。又一年，漢舞陽侯樊噲也駕鶴西行。

那年深秋，芒碭山上。夏侯嬰從車上取下了那柄金背大刀，顫巍巍走上山崖。滿山的紅葉映照於刀光之下。他靜靜地立著，歎一口氣，大刀化作一道弧線，墜入懸崖下的澗水之中，濺起最後一道水花⋯⋯

下雪的時候，夏侯嬰常著布衣，獨自趕馬車到樊噲的墳前坐一會兒，如當年坐在小刀狗肉舖裏一樣。

天下，十面埋伏

韓　信

北風如刀，天地如俎，渭水清清濁濁，如一腔英雄之血，日夜東北而流。

渭水南岸，一片堂皇的宮室鋪陳而出。在凡人眼中，這裏比天高、比海深，抑或就是靈霄殿、水晶宮在地上的模樣。而若上蒼隨性一瞥，大概會覺得也就是一堆玩具罷了。

宮室如是，權勢如是，功名如是，天下亦復如是。此地乃是長樂宮。原為秦始皇的一座避暑行宮——興樂宮，後被漢高祖劉邦沿用，更名為長樂宮。

「都怪他猜忌心太重，把自己累得要死，若是我啊，早該長長久久地燕樂於此了！」淮陰侯韓信一邊自言自語，一邊瞥了一眼身旁的漢丞相蕭何。

蕭何恍若未聞未見，只低了頭往前踱著。宮院深深深幾許。

韓信微微一笑，抬頭望了望周圍的宮殿、樓台，心道：果然是秦宮壯麗，而蕭何又捨得花錢，在原來基礎上擴建許多，這才是皇家氣派。相比而言，自己以前住過的齊王宮、楚王宮，都不值一哂。而現在的淮陰侯府，更是只能算個雞窩而已。

嘿！是雞窩，脫毛鳳凰不如雞——

時近四更，空氣中忽然迴蕩著一種奇異的聲響，飄悠悠、陰慘慘，瓮聲瓮氣的。

蕭何眉頭緊鎖：這聲音似在書中見過，莫非這就是傳說中的牝雞司晨？

韓信心下淒然。他分辨不出，自己聽到的是哭聲還是簫聲……

填飽肚子，是頭等大事

岂日無衣？與子同袍。王於興師，修我戈矛。與子同仇。豈日無衣？與子同澤。王於興師，修我矛戟。與子偕作。……

春日清晨，淮河之畔。一首《無衣》在晨靄中迴蕩。

此詩出自《詩經‧秦風》，本是一首軍士慷慨激昂的請戰之歌，此刻吟詩的卻是一位青衫少年。他看來十八九歲，身高八尺，頎長文弱，手持一根魚竿，一邊垂釣一邊吟詩。他的衣衫破爛，魚竿還是翠生生的，一看就是剛斫來的竹子。

在歷經「焚書坑儒」之後的秦朝，民間的讀書人本就不易見。少年的舉動分明有些奇怪，更奇怪的是他的腰間 —— 赫然有一把長劍。

這把劍並不名貴，甚至殘破得有些寒磣。但在當時帶劍者比讀書人更少，尤其是像他這般面黃肌瘦的。他實在太瘦了，滿臉菜色，只有那雙眼睛還閃著光。那少年見路人瞧他腰間劍，眼神中便閃過幾絲得意。

他叫韓信，現居淮陰城中，雖然看起來年少，其實卻已二十三歲。這劍乃是母親生前傳給他的。母親說，他家本是韓國王室後裔，韓亡前夕遷來淮陰，這劍就是身份象徵。韓信對此深信不疑，周圍鄰居卻嗤之以鼻，說，誰不知道你家八輩子都是黔首！窮成這樣還好意思裝貴族！

臨終前，母親嚴令韓信不得種地、經商、砍柴……這都不是王族能做的事。至於韓信能做甚麼，母親並沒有說，大概也是想不出來吧。

窮成這樣，又無根基，做官當然沒有他的份兒。於是韓信便成了混混，一個孤獨的混混。但因為腰間那柄劍，他被混混們長久地排斥著。

對韓信而言，吃飯一直是頭等大事。當時淮陰下鄉南昌亭有一位亭長——與劉邦曾任的泗水亭長是一個級別，他恍惚中覺得韓信雖不靠譜，但說不定日後能成點事，就接濟了他幾餐，還客套道：「韓兄你一個人做飯太麻煩，以後就去我家吃好了！」

韓信很高興，認為這南昌亭長有眼光，便每天去他家蹭一頓飯，一連數月如此。亭長妻子忍無可忍，便一大早起來做飯，然後二人在被窩裏吃光。到了飯點韓信又來，卻只與其聊天，再也不提吃飯這碼事。

這可是韓信每日僅有的一餐呀！直餓得他頭暈眼花，兀自忍著，看看日已西斜，方才離去。一連三日，均是如此。他也徹底明白了亭長夫妻的用意，遂永不登門。

一陣喧鬧聲傳來，那是一群浣洗絲綿的婦人。秦末，淮陰交通便利，商貿較發達。絲綿乃此地一大特產，這群婦人為人傭工浣洗，人稱「漂母」。眾人瞥了一眼韓信，窸窸窣窣地一陣笑，旋即向前趕路。只有一人駐足片刻，緩聲道：「垂釣須有靜氣，你在這裏聒噪不已，豈能釣得到魚？」

韓信定睛看時，見這婦人二十五六歲，衣衫雖舊，卻也整齊潔淨，略施粉黛，容貌端然，頭上插一根銅錯金銀髮簪，聽口氣倒有幾分責備。

「古有『子牙釣渭』，如今我韓信釣淮，又有何不可？」

「呵呵，姜太公那是吃飽了飯去釣明主的，年輕人，我看你有兩三天沒吃飯了吧？」這一個「飯」字，讓韓信的釣竿抖了幾抖，只覺更餓了。他勉強笑了一笑，無力辯解，只好扭頭看著水面。腹中響若蛙鳴，連帶著耳鳴不已。

須臾，一雙白晰的手端著一個食盒遞到他面前，裏面赫然是白花花的米飯和翠生生的腌菜。韓信大吃一驚，咕咚咽一口唾沫，像落入深深的井裏，空洞洞一陣響。本想推辭幾句，眼睛卻再也離不開那食盒。

食盒已在手中，他狼吞虎咽地把飯菜吃完。那只手又遞來一皮囊水，他接過來，嗆了幾口，羞愧得不敢看她的眼睛。

婦人默默取回食盒、水囊，轉身便走。行了幾步，回首道：「我明日還會經過這裏，你若餓了，在此垂釣即可。」

韓信想說一個「謝」字，卻始終開不了口，淮水無言，兩行熱淚簌簌滾落。

次日他又在這裏吃了婦人帶來的飯。婦人不語，望著他，神色一如姐姐看不成材的弟弟，半是責備，半是憐惜。

轉眼竟至數十日，韓信與婦人也漸熟稔。只是她從不多話，也不說自己姓名，韓信只好以「漂母」呼之。

她顯然是讀過書的，舉手投足中隱隱有一種貴氣，為韓信迄今所僅見。韓信吃飯時，她常常走到十餘步外，望著水波沉思，含著幾分哀怨，有時也會低唱：

> 帝子降兮北渚，目眇眇兮愁予。
> 裊裊兮秋風，洞庭波兮木葉下。
> 登白薠兮騁望，與佳期兮夕張。
> 鳥何萃兮蘋中，罾何為兮木上？
> ……

她是誰？為何流落於此？韓信每每在心中轉念，卻不敢問，生怕但有一絲不敬，便冒犯了她。

這一日飯後，韓信鼓起勇氣，笑道：「我韓信乃韓國王孫，深感漂母之恩，來日必當厚報！」

誰知，漂母忽然發起怒來：「你堂堂一個男子漢大丈夫，連自己都養活不了！我是可憐你才給你口吃的，還能指望你這位『王孫大人』來報答我嗎？」

言罷，一把抓起食盒，轉身決然而去。韓信呆立當場，滿面通紅。

看著漂母遠去的身影，他心中也漸漸生起了一團火，魚竿也不要，大踏步向相反方向走去。

這一路越走越氣，只覺得氣鼓如牛，似乎積攢了二十餘年的尊嚴，被漂母的幾句話掃蕩得片瓦不存。

韓信遠遠望見淮陰城牆。天空陡然吹來一片烏雲，驟雨將他澆得如同落湯雞一般，心中的火焰瞬間都熄了。他只覺得自己滿腔委屈，似乎成了天底下最傷心的那個人。

穿過肉肆時，迎面走來十餘個混混，當先一人身高七尺，膀大腰圓，正是甄二。這甄二在淮陰橫行市間，除去秦兵之外，人人怕他三分。一干賭徒、無賴被他收拾得服服帖帖，甘心做其爪牙，而他並不欺負尋常百姓，所以個個喊他二哥 —— 他不許人喊他大哥，因為他在家排行老二，老大極本分，種田為生。

甄二偏偏瞧不起韓信，屢次欺辱於他。這次撞見，甄二使個眼色，眾人將韓信團團圍住，他高聲叫道：「韓信，這次看你往哪兒跑！你小子雖然長得高大，還整日帶劍，其實卻是一個娘娘腔、一個懦夫！」

他嗤啦一聲，扯開衣襟，露出稀疏的幾根胸毛：「不要命的話，就拔出你的劍來，刺我這裏；要命的話，就從我這胯下鑽過去！」

韓信冷眼看了看周圍的混混，又瞥了一眼盛氣凌人的甄二，心道：「今日，連她都瞧不起我、欺辱我 —— 甄二，還多你一個嗎？」於是他屈下身子，從甄二胯下鑽了過去。

甄二縱聲高叫：「兄弟姊妹，兄弟姊妹，你們看吶！韓信受我胯下之辱啦！」

整個淮陰街市中的人全都笑了⋯⋯韓信像狗抖毛一樣，甩一甩濕透了的頭髮，大步出城去了。

滿城的嗤笑聲中，韓信離開了淮陰。其時項梁已率八千精兵，北渡淮水，拓展地盤，兵力迅速增至六七萬人，又擁立楚懷王，自號曰「武信君」。史書記載：「（韓）信杖劍從之，居麾下，無所知名。」

顯然在項梁軍中，韓信並未混出頭來。

相比於項羽，項梁算是比較識人的。他願意重用年已七旬的范增，也接納了困窘不堪的劉邦，為何卻對韓信視而不見？在歷史的留白處，或許有不為人知的故事。

卻說韓信滿腔熱忱，頂著盛夏的烈日，趕到了薛城（今山東棗莊市薛城區）。他自稱韓國王孫，要見項梁。中軍帳外，衛兵橫了一眼，便再不看他，更不用說通報了。

韓信強壓著怒火，在轅門外站了一個時辰，便支撐不住，搖搖欲倒。一連數日，他是靠著野菜充飢，才一步步走到這裏的。

那衛兵依舊瞧也不瞧，只道：「這幾日，甚麼公子王孫，我見得多了去了，甚麼趙國、魏國、韓國的，一撥又一撥，也不知道真的假的、葷的素的。我們武信君軍務繁忙，等有空閒時方可見你！」

韓信聞言，只覺眼前一黑，向後便倒，卻被一雙大手扶住。他定一定神，見對面是個敦實的漢子，五短身材，鬍鬚濃密，白淨面皮，笑容中透著幾分憨厚。卻聽那衛兵恭恭敬敬道：「啟稟鍾離大人，此人要見武信君，還說是甚麼韓國王孫。」

那鍾離大人呵呵笑著，衝韓信指了指不遠處的一頂帳篷，「小兄弟，你且去廚下吃些乾糧，養好精神，再來謁見武信君也不遲。」

韓信心中一暖，後來知道，此人複姓鍾離，單名一個「眛」字，乃項梁麾下的一員幹將，能征慣戰，頗得眾心。當然令他心中更暖的還是軍中的伙食，雖然遲遲未得項梁接見，但他終於不用再為吃飯而發愁了。

他本是個浪蕩子，此時尚且懵懵懂懂，心中雖有一片無明目的大志，但能感受真切的還只是肚子而已。

最知音，那夜的月色

這一日傍晚，韓信在營寨外溜達。日落後，田間起了一縷涼風，他微微眯起眼睛，聞得見樹葉上殘存的溽熱氣息。

「足下可是韓信先生？」一個聲音在背後傳來。韓信自幼淒寒，平生從未被人如此稱呼，連忙回身。只見來人衣著半儒半道，大袖飄飄，體態頎長健碩，別是一種風骨崢嶸，只覺得心中甚是欣喜。

「某，張良是也。」來人說著，微微拱了拱手。韓信大驚，那欣喜瞬間變成了狂喜。張良，字子房，他的名字可謂如雷貫耳。因為母親的緣故，他平時格外留意韓國的消息，在韓國遺民的心目中，張良就是神一般的存在。他不僅敢於刺殺秦始皇，還能在全國搜捕中逃出生天，而且近來更是借項梁之力，擁立韓成為韓王，自任韓國司徒。

「原來是子房先生，韓信有禮！」他深施一禮，內心奔湧如潮。

張良微微一笑，淡然道：「是武信君讓我來見韓先生的。這幾日武信君聽到一些關於你的傳言，托我來問幾句話。」韓信聞言心中一緊，心知那應該不是甚麼好話，便沉默下來。

「武信君想知道，韓先生自稱王孫，可有譜牒以及憑據？」張良單刀直入。

韓信不語。他確無證據，也無譜系，而這柄劍只怕也當不得真──他曾經餓極了去當舖問過，一柄連當舖老闆都看不上的破劍，又能證明得了甚麼？再說張良一家五世相韓，又有甚麼花樣瞞得了他？

張良又問：「武信君出身名門宿將，仗義豪俠，他不知韓先生如何忍得了胯下之辱？當初為何不拔劍斷那豎子之頭？」

韓信心中一動：嘿，原來這張良是專為羞辱我來的！陡然生起幾分傲氣，仰面笑道：「陳王有言『燕雀安知鴻鵠之志哉』。我韓信自有凌雲之志，一介匹夫豈能辱得了我？我又豈能與之以命相搏？張大人如果問完了的話，那就請回吧！」

張良聽了，不怒反喜，一拱手，「韓先生息怒，武信君讓問的都已問完了，但張良還有話說。」頓了一頓，又道，「而今天下大亂，群雄逐鹿，不知足下作何打算？」

這一問，恰如一聲棒喝。韓信只覺一片茫然──是呀，他又作何打算呢？人生不滿百，而他已虛度二十餘載光陰，今後又到何處去……

二人便在田間行走，斷斷續續，直說到繁星滿天。這是韓信有生以來最暢快的一次談話。張良好似一把奇異的鑰匙，解開了他體內的重重桎梏，讓他聽到自己每一寸骨節震動處，隱隱竟有刀兵之聲。

張良去後，久無消息。

韓信第一次近距離見到項梁，是在數月之後的定陶。那時項梁已是一個死人。

章邯率領秦軍精銳，襲擊楚軍，項梁戰死。韓信等幾個兵卒，抬著項梁的屍體乘夜色逃出。這位威風八面的武信君，當胸被刺一矛，胸口中三箭，後背被斫兩劍，韓信望著他的屍首，想著當年其父項燕被王翦率輕騎追殺時，不知是何等場面。當然項梁比項燕幸運一點，他還有個全屍，而項燕則被王翦砍去了腦袋。

「將軍難免陣前亡呀！」韓信低低地喟歎一聲，心中波瀾起伏。在彭城，韓信第一次見到了項羽。他率領的七千楚軍清一色白盔白甲，直如鋪霜湧雪一般，整個彭城俱在他的甲光閃耀之中。項羽身高八尺，雄壯絕人，眉目如石雕，遒勁俊秀，祭奠項梁時，他血淚如傾，見者無不感泣。

妥善安置完畢，項羽又召來韓信等人，詳細詢問了定陶戰況以及項

梁戰死時的情景。韓信心知，他已經錯過了項梁，不能再錯過項羽，便詳細闡述了自己對此戰的看法。

一番縝密的分析直聽得項羽連連點頭，當即任命韓信為郎中，執長戟，並破格允許其參預軍務。

項羽軍中的郎中，確切是何官職，至今已不知曉。史書記載：「郎掌守門戶，出充車騎，有議郎、中郎、侍郎、郎中，皆無員，多至千人。議郎、中郎秩比六百石，侍郎比四百石，郎中比三百石。」由此推測，大約是個俸祿三百石左右的執戟守門人。

至此，韓信終於不再是普通士卒。試想以當年的士卒戰死比例，假如不是項羽拔之於行伍，韓信怕是活不了太久。而且也正因為能參預軍務，他得以對行軍打仗有了較為系統的認知。很長一段時間內，韓信都感念著項羽的知遇之恩。他用心學習、揣摩，並不時向項羽獻策。然而隨著對項羽越來越瞭解，他的一腔熱血漸漸涼了下來。

史書寫下：「（韓信）數以策干項羽，羽不用。」

項羽堅信他自己的戰法，尤其是在巨鹿之戰後，他確信自己無敵於天下。

坑殺二十萬秦軍降卒時，韓信曾向項羽進言，剛剛開口，項羽一揮手止住了他：「韓信，我且問你，項某待士卒如何？」

韓信垂首道：「項王待部屬恭敬慈愛，憐惜士卒，有人患病戰死，項王常含淚撫慰，是以人人用命，萬眾歸心。」

項羽點了點頭，「我們糧草不足，這些降卒養不起、放不得，其中最為精銳的樓煩鐵騎，我已收為己用，將其餘人等坑殺，我也是不得已而為之！」

韓信向前兩步，拜倒在地：「坑殺二十萬降卒，項王莫忘記昔日的武安君白起！韓信不才，願替項王收拾這些兵馬，使之成為我楚軍之臂膀……」

「白起僅一戰將，何足道哉！」項羽哈哈一笑，「韓信呀韓信，你出身寒微，而今寸功未立，要單獨統領一支兵馬，怕也不成，更何況是

二十萬人？勿多言，且退下！」

韓信無奈，只得出來。而殺戮已然開始。至此他也確定了兩件事：第一，項羽終究看不上他，他根本無法與英布、蒲將軍、龍且、鍾離眜等大將比肩。第二，項羽注定無法成就霸業，更遑論統一天下了。

他覺得失望透頂。數月後，項羽西入函谷關，聽范增之言，設下鴻門宴。而韓信依舊只是一個郎中，紅衣執戟，立於帳外。在那裏，滿腔憤懣的他遇到了樊噲。

在向樊噲傾吐完胸中鬱結之後，韓信忽然明白，一段嶄新的人生已經在向他招手。

韓信做了逃兵。當時項羽殺子嬰，屠咸陽，燒阿房，而後載著數不盡的財寶和美女，回到了彭城。韓信悄然南下，一路跋山涉水，在半路追上了劉邦的軍隊。

此時的劉邦已有了漢王的頭銜，而且心情正鬱悶，比當年的項梁更為難見。所以韓信同樣沒能見到劉邦。有司根據他曾在楚軍擔任郎中這一履歷，讓他當了一個接待賓客的小官 —— 連敖。

韓信依舊「未得知名」。不僅如此，因有人犯法，他還面臨被連坐處死。二十餘人被押至法場，一字排開，跪倒在地。赤了膊的劊子手十三次揮刀，砍掉了十三個腦袋，十三腔滾燙的鮮血噴灑在地，在酷熱的陽光下發出刺鼻的味道。

韓信是第十四個。當劊子手舉起刀來的時候，他突然掙扎著站起身來，衝著不遠處的監斬官大叫一聲：「漢王不欲取天下乎？為何斬壯士！」

那監斬官不是別人，正是夏侯嬰。他仔細看了看韓信，覺得這小子模樣不俗，而且前面殺了十三個人，他居然沒嚇暈過去，還敢大喊大叫，一句話喊出了劉邦的心聲……

夏侯嬰揮揮手，讓劊子手先殺其他人。自己親自來給韓信鬆綁，聊了一會兒，又驚又喜，心道：這傢伙見識不凡，比我和樊噲、曹參似乎都高出不少……得趕緊推薦給劉邦！

聽了夏侯嬰的舉薦，劉邦興致不高，依舊沒見韓信，只是升了他的官，為「治粟都尉」，一個管理糧倉的官。韓信依舊沒幹出甚麼令人驚奇的成績來。

這裏需要說幾句，有的人相信「是金子總會發光的」，只要是人才，到甚麼地方都能有所施展。這貌似有理，其實卻只是搪塞。

比如除了韓信之外，三國時期與諸葛亮並稱「臥龍鳳雛」的龐統，也是一個例子。龐統，字士元。史書記載，劉備佔據荊州時，龐統代理耒陽縣令，因未治理好，被免官。當時吳將魯肅給劉備寫信道：「龐士元非百里才也，使處治中、別駕之任，始當展其驥足耳。」就是說，劉備讓龐統太屈才了，應該大用才行。諸葛亮同樣向劉備舉薦，這時劉備才與龐統詳談，一談之下，相見恨晚，「大器之，以為治中從事。親待亞於諸葛亮，遂與亮並為軍師中郎將」。

就此而言，一是不該大材小用；二是得有合適的人引薦，魯肅和諸葛亮都夠分量。

而回到韓信這裏，夏侯嬰的分量似乎輕了點兒。

劉邦正煩著。即便到了南鄭，有模有樣地當了漢王之後，他依舊很煩。

因為手下兵將都是中原人，巴蜀離鄉萬里，很多兵將不願久居於此，紛紛逃亡。來到南鄭不久，他知道的有名有姓的將領，就逃走了數十人。

劉邦無奈，派人追過幾次，卻連追的人也跑了，只好作罷。他躲在自己簡陋的王宮裏，每日一邊喝酒，一邊罵娘，一邊讓美女按摩——

天要下雨，娘要嫁人，由他去吧。只要我沛縣那幫子弟兵還在，我就可以繼續享受巴蜀的美女和美酒，還有熱騰騰的水可以泡腳。而且，呂雉她恰好不在這兒……

這一日，忽然有人緊急來報：「丞相蕭何逃走了！」劉邦又急又怒，眼前一陣發黑，如失左右手。

一兩天後，蕭何前來拜見劉邦。劉邦既怒且喜，對蕭何罵道：「你

為甚麼逃跑？」

「臣不敢逃跑。臣是去追逃跑的人了！」

「嗯？你去追誰啊？」

「韓信！」

「胡說八道！諸將跑了數十人，你都不去追，居然去追一個沒有用的韓信！純屬胡說八道！」

聽到劉邦的怒罵，蕭何緩緩抬起頭來，笑了。事實上夏侯嬰從來都不傻。在他把韓信推薦給劉邦的同時，也引薦給了蕭何。他相信蕭何說話比自己分量重多了。而蕭何也與韓信長談過幾次，認定他是當世奇才。他本打算等劉邦心情好一些，再找個合適的機會隆重推薦韓信，誰知這天早上消息傳來 —— 韓信昨夜已經逃走了。蕭何大吃一驚，顧不上請示劉邦，便單人獨騎前去追趕。這一次逃亡，韓信是徹底絕望了。

他以為蕭何早已向劉邦舉薦自己，但依舊沒有任何改變。假如連漢丞相說話都沒用，那他還能有甚麼機會？

他騎了一匹馬，帶了足够的乾糧，然而卻不知道該去何方。離開淮陰後，雖然只過了短短的兩年，但他卻已結識了張良、蕭何等一代人傑；見到了項羽這等頂天立地的英雄；經歷了巨鹿這等古來少有的血戰；看到了大秦數百年經營一朝覆滅，秦二世自殺；他自己也險些丟掉了腦袋……

短短的兩年，他似乎已走過了一切，而他的人生又好像根本還沒有開始。

又能去哪裏呢？這天地茫茫，似乎隨處都可以安身，但又似根本無路可走。

走了一整天之後，他被一條大河攔住去路。此時月在中天，將河水照得通明，水波流轉，讓他想起在淮水垂釣等待漂母送飯來時的細碎時光，以及母親講述韓國故事時流淚的眼睛……

這樣想著，竟似忘了身在何處，今夕何夕，只開口唱道：

若有人兮山之阿，被薜荔兮帶女蘿。

既含睇兮又宜笑，子慕予兮善窈窕。

乘赤豹兮從文狸，辛夷車兮結桂旗。

被石蘭兮帶杜衡，折芳馨兮遺所思。

……

一陣馬蹄踏碎了月色，也打斷了歌聲。韓信手握劍柄，厲喝一聲：「來者何人？」

「是我——蕭何是也！」到得近前，蕭何翻身下馬。隨手在馬鞍處解下一隻皮囊，拔掉木塞，遞了過來。「如此月色，如此好詩，怎可無好酒？韓信兄，此乃蜀中寡婦清當年親手封藏的佳釀，你且嚐嚐！」

韓信默默接過來，灌了一口。他本就不怎麼喝酒，這一口竟嗆得眼淚長流，一如此際汩汩瀉地的月光。

月色下的蕭何笑著，笑聲溫暖，面容模糊。

三軍驚兮拜大將

校場之外，築起一座拜將台，高三丈有餘。雖說事起倉促，但有丞相蕭何親自督辦，這台築得分外講究，絕無半點敷衍。

漢王要拜大將的消息早已傳得盡人皆知，軍心大振。有人說是張良的師父黃石公，這些日子張良一直不在軍中，說是向韓王覆命，但很可能是去尋其師父了，如今也只有他老人家能擔得起這個大任。有人說是樊噲，樊噲笑笑：「你們別胡說八道，是誰也不是我！」沒有人說是周勃，但周勃偏偏覺得很可能是自己，「放眼漢軍諸將，何人比得了我呢？」

……眼見一人全身甲冑走上拜將台，三軍遙遙望著，此人很年輕，顯然不是黃石公；也不是樊噲和周勃，比他們都要頎長高挑……那麼，他是？

韓信！竟然是韓信！那個素來窩囊、甘受胯下之辱、只會開溜、差點被砍掉腦袋、沒有用的韓信！

一時三軍皆驚。諸將也目瞪口呆。樊噲雖然事先聽到了風聲，但此刻也有幾分恍惚。

韓信面色平靜如湖水，內心鼓蕩似旌旗。

已經齋戒三日，沐浴熏香的劉邦，把大將的印綬授予韓信，當場宣布，封韓信為大將軍，統率三軍，並賜尚方寶劍，違令者可先斬後奏。

禮畢，劉邦笑了笑，轉身下台去了。

蕭何暗自揣度：漢王定然認為我在胡鬧，他還是不相信韓信的本事 —— 我這身家性命可與韓信綁在一起了呀，不過我相信自己的眼光……

築台拜將之前的那些細節，蕭何終生都沒有對韓信說起。好在史書中記下了這精彩的一幕。

當日蕭何面對劉邦，給予韓信最高的評價：「諸將易得耳。至如信者，國士無雙。」

蕭何進而言之，「大王您如果想永遠當個漢中王，那麼韓信的確無甚大用；但假如您要爭天下，那麼除韓信之外，再無第二個更合適的人。就看您是怎麼想的了。」

劉邦略一沉吟：「我當然想東進爭天下，誰願意一直窩在這個鬼地方！」

蕭何垂首道：「大王假如能重用韓信，韓信就留下；否則，韓信終究會逃走！」

劉邦點了點頭：「看在你的面子上，我任用他做將軍。」

蕭何馬上回道：「即使當將軍，韓信也肯定不會留下。」

劉邦笑道：「任用他為大將軍。」

蕭何不動聲色，口中卻道：「那太好了！」

劉邦分明已經不耐煩，「你快去把韓信叫來，我這就封他的官！」

蕭何尷尬一笑：「大王向來輕慢無禮，而今拜大將直如呼小兒一般，這也是韓信要逃亡的原因。他終究以士人自許呀！大王如果真想拜其為大將，必須挑選良辰吉日，齋戒，築拜將台，禮節絲毫不差，如此才行。」

劉邦上上下下仔細打量著蕭何，咬一咬牙，答應下來。

拜將之後，一連七日，劉邦都未召見韓信。而韓信也終日悶在自己的府中，足不出戶。

這顯然不合常理。依劉邦平日的性子，他本應在王宮大擺宴席，邀請韓信與諸將一起喝個大醉才對。韓信新官上任，按說也該檢視三軍，

整頓軍紀，進行一次慷慨激昂的訓話。

太過反常的平靜中，諸將再次議論紛紛：「大王一時昏頭，現在定然反悔了，韓信那小子豈能當大將軍？這壓根就是一場鬧劇！」

「莫非大王派人悄悄把韓信宰了，然後過幾天就說他已逃跑，然後另選將才？」

「依我看，韓信那小子定然愁得要死。風光過後，接下來卻不知該怎麼收場了！咱就看看，他能怎麼唱這齣戲？」

……那麼，韓信在幹甚麼？其實這七天裏，韓信過著一種非常規律而清簡的生活。

此時的大將軍府，只是臨時收拾出來的，比諸將的宅子大不了多少。劉邦入蜀也才不足兩個月，根本來不及大興土木。而且自沛縣起兵之後，一直以來都是劉邦自己統兵，從沒想過要任命一位大將軍。但即便如此，眼前的這些已經讓韓信欣喜，此刻的衣食住行都是他平生從未享用過的。

值得一提的是，蕭何還悄悄派人送來了一份大禮，那是一整套的江山地形圖，是由原本藏於秦宮的資料重新抄錄繪製而成，極盡周詳，這讓並未走過多少地方的韓信大開眼界，也深深感懷。

他望著周圍的一切，感覺既新鮮又莊嚴，既雀躍又感動。他靜靜地躺下，在心中默默梳理二十多年來的經歷，將所有艱辛、惶恐、喜怒、夢想各自安放。他要調動起每一絲智慧、每一根神經和每一分熱情，因為他明白，自己即將面臨的是一場怎樣的千古危局。

他靜靜地在黑夜中睡下，又在黑夜中醒來，望著一寸寸的黑夜將盡，窗櫺外滲出濃郁的天青色。

他知道一幅長卷在他年輕的生命中緩緩展開，長卷上只有兩個字——天下。

第八日，韓信求見劉邦。禮畢，劉邦賜其上坐。

「丞相多次進言，說大將軍如何不同凡響。」劉邦似笑非笑地看了韓信一眼，「不知大將軍要對寡人說點甚麼呢？」

韓信垂首問道：「大王欲東進爭天下，對手可是項王？」

劉邦點了點頭，「正是。」

「若論兩軍爭鋒、死戰破敵、愛惜士卒以及兵馬戰力，大王可否比得上項王？」

「寡人不如項羽！」劉邦回答得倒也老實。

「臣也認為，大王不如項王！」說完，見劉邦面有慍色，韓信也不介意，繼續說道，「不過臣曾在項王麾下，對他頗有瞭解。項王喑嗚叱咤，千人皆廢，然而不能任用賢臣良將，此乃匹夫之勇。項王對將士恭敬慈愛，噓寒問暖，然而將士有功，他卻吝於賜爵，寡於封賞，此乃婦人之仁。項王不顧懷王之約，以自己的好惡來分封諸侯，憑一己之慾宰割天下，又將懷王逐出彭城，遷於江南，如此公心已喪。項王攻無不克，但所過之處，燒殺劫掠，動輒屠城，如此民心已失……所以項王名為霸主，卻不得天下人之心。如果大王能反其道而行之，任用天下良臣猛將，以天下城邑封功臣，如此便可強弱易位，豈有不勝之理？」

這番話鞭闢入裏，劉邦聽了精神一振。他從來都認為自己不是項羽的對手，但聽韓信這麼一說，似乎還很有道理，自己竟有取勝的希望，不知不覺間坐直了身子。

韓信又道：「臣以為巴蜀雖然安穩，但大王不能久居於此，必須儘快掃平三秦，搶佔先機！」

劉邦吃了一驚：「項羽將三秦之地封給了章邯、司馬欣和董翳，就是要用他們擋住我的東進之路。這三人本是秦將，能征慣戰，又諳熟地形、人情。如今我手中只有三萬老弱殘兵，何堪一戰！」

韓信抬起頭，目不轉睛地看著劉邦。「大王可知，項王為何不建都關中，而是執意回彭城？」

「哈哈，這個我早有耳聞。項羽說『富貴不歸故鄉，如衣綉夜行，誰知之者！』有人據此罵他『沐猴而冠』，鼠目寸光，他還活生生烹了那人……」

「大王當真認為項王要衣錦還鄉？」

「嘿嘿，難道另有原因不成？」

「依臣看，項王沒說實話。臣以為他是根本不敢建都關中。項王天不怕地不怕，卻只怕兩點。其一，項王坑殺秦軍二十萬降卒，那都是關中父老的親生骨肉，三秦百姓無不咬牙切齒，恨不得食其肉寢其皮。放眼四下皆是敵人，項王如何敢建都於此？其二，項王起家靠的是江東子弟，麾下諸將都是關東人士，假如建都關中，諸將思鄉心切，定然爭相逃亡，數十萬大軍會一點點跑掉，折光本錢……這一點，大王應該也有同感吧！」

劉邦沉吟不語，他心知韓信所言不虛。逃兵問題，也是他眼下最頭疼之事。

「大王，逃兵思鄉的確令人心憂。但假如我們秣馬厲兵，以『打回老家去』為口號，反而可以把諸將思歸之情，轉化為求戰之慾，如此萬眾一心，正好掃蕩破敵！再說，章邯等三人雖是秦將，但兵士皆被坑殺，唯獨此三人生還，百姓又豈能不恨他們？而大王在關中『約法三章』，秋毫無犯，乃是民心所向。如此我們兵發三秦，不僅是非戰不可，而且戰之必勝！」

劉邦重重點了點頭，「大將軍以為，我們何時才能發兵三秦？又何年何月，才能佔據關中？」

韓信微微一笑，心說，漢王說「大將軍」這三個字時終於沒有了半點譏誚。口中卻恭敬地回道：「即刻準備，三個月內便可掃平三秦！」

劉邦渾身一顫，一顆鬱悶已久的心，猛然間炸裂開來。三個月，如此近在咫尺的時間，讓他實在不敢相信，但心中已經湧起了一陣狂喜。他確信自己用對了韓信，「蕭何為何不早點將韓信推薦給我？為何我就沒早一兩年認識他呢？」

劉邦對韓信的信任已確立，心結已解開。但韓信並沒有急於用兵。他還在等機會。他知道劉邦的本錢實在太少，一著不慎，就會賠個乾乾淨淨。

這裏仍要提及另一個人，那便是張良。當日劉邦入蜀，張良回彭城

向韓王成覆命。臨行之際，張良再三叮囑劉邦，入蜀之後，就要放火燒斷剛走過的木棧道。

此棧道名為「褒斜道」，史書記載，褒斜道大有來頭，乃是當年秦惠文王派大將司馬錯滅蜀國時所走的通道，後成為蜀地通往關中的最重要的一條路。劉邦聽從了這一建議。於是張良見到項羽，稱「劉邦絕無再回關東之心」，項羽也就信了。

這一日，韓信忽然收到張良寫來的一封信。這是自那夜深談後，韓信第一次得到張良的主動聯繫。鴻門宴時他曾與張良匆匆打過一個照面，但因自慚形穢，也未多言。而今他已是漢大將軍，張良亦是劉邦最倚重之人。這位亦師亦友的子房先生，不知有何見教？韓信迫不及待地展開來信。

這信寫得透徹、情真而又淡然，正是張良之風。

信中稱：韓信拜將之事他已獲悉，非常歡喜，漢王終獲「不世之材」。項羽也已得知，雖有些氣憤，但終歸不屑一顧。他還為當年未向項梁力薦韓信而致歉，因為他深知項梁重用范增，范增見識雖高，氣量卻小，如韓信這般毫無根底又欠歷練之人，一旦出頭惹范增嫉妒，隨時都會招來殺身之禍。

張良認為，韓信定會兵伐三秦。如今田榮已自立為齊王，又聯合彭越，四處擴展地盤。他自會設法勸田榮攻打西楚，然後再讓項羽出兵伐齊。只要東邊戰火一起，韓信便可借機佔據關中。屆時即便項羽發覺西方有變，也分身乏術，無法救援……

韓信看完信，不覺眼淚漣漣，一股熱流緩緩充溢全身。

子房先生真乃人中龍鳳！還有蕭何這等眼力卓然、苦心孤詣之才，外加樊噲這種赤膽忠心之士，漢王大業何愁不成！

就這樣暗度陳倉

在東方，齊楚戰火已熊熊燃起。對齊國，項羽的憤怒醞釀已久。田榮不僅破壞了項羽分封劃定的勢力範圍，佔據三齊之地，還和趙國的陳餘暗自勾連，圖謀不軌。更不能容忍的是，田榮居然指使彭越南下侵楚。項羽派蕭公角率軍迎擊，卻在定陶附近被彭越殺得大敗。

韓信見時機已到，連夜觀見劉邦，決心開戰。劉邦又找來蕭何密議，當即定下戰略部署：蕭何留守漢中，鎮撫百姓，收取租稅，供應糧草；曹參、樊噲等為先鋒官，逢山開路，遇水搭橋；大將軍韓信則率周勃、夏侯嬰、灌嬰等為中軍；劉邦與韓信同行。

漢軍面對的第一個敵人正是雍王章邯。他雖為項羽所敗，但畢竟也是名將。而且尤為重要的一點是 —— 蜀道太難，對任何一方來說都易守難攻。只要扼守咽喉要道，攻方不僅難於進擊，千里運糧的成本也太高，根本打不起時間戰和消耗戰。

韓信知道利害，所以計議一定，即刻發兵。此時東進的木棧道已被燒毀，韓信傳令先鋒軍日夜兼程，潛軍北上。樊噲所率人馬在白水以北，遭遇一縣城守軍抵抗，當即將其掃平。然後銜枚疾進，出大散關，渡渭水，直抵陳倉城下。守軍從未想過眼前竟會出現敵人，倉皇出城迎戰，樊噲一馬當先，一戰破敵，拿下陳倉重鎮。

韓信在行軍途中得到戰報，長出了一口氣。劉邦則哈哈大笑：「好啊，好！好個樊噲！回頭好好跟他喝一場！」

這就是歷史上著名的「暗度陳倉」。有人會說：不是「明修棧道，暗度陳倉」嗎？怎麼沒修棧道？是的，在《史記》、《漢書》、《資治通鑑》等正史上，均無漢軍「明修棧道」的記載。也就是說，在韓信的人生歷程中可能從未有過這一經歷。

目前能查到的資料是，「明修棧道，暗度陳倉」出自元雜劇，是戲裏唱出來的。比如元代無名氏《暗度陳倉》第二折：「著樊噲明修棧道，俺可暗度陳倉古道。」元代尚仲賢《氣英布》第一折：「孤家用韓信之計，明修棧道，暗度陳倉，攻完三秦，劫取五國。」另外明代羅貫中《三國演義》中寫道：「臣已算定今番諸葛亮必效韓信暗度陳倉之計。」也讓這種說法變得家喻戶曉，足以亂真。

其實按常理推測也會明白，重修褒斜道工程巨大，可能需要數年。假如韓信在此修路，章邯一看便知漢軍有了開戰打算，一想便知是聲東擊西之計，自然會加強陳倉的防守。而韓信敢於出兵，靠的就是一個「出其不意」。

樊噲拿下陳倉之後，並不停留，繼續進擊。章邯聞報，如同晴天霹靂，連忙率軍來救，然而立足未穩，就在雍城之南被樊噲擊敗。雍城乃是一處要塞，城高池深，韓信此前就給樊噲下了死命令，決不能讓章邯逃回城去，否則漢軍將會頓兵於堅城之下，有全軍被殲的危險。樊噲拚死向前，戰不旋踵，率領手下寥寥數千兵馬，殺得章邯一路逃竄，退守好時、廢丘。章邯打算在此佈下防線，等待塞王司馬欣和翟王董翳前來增援，待會齊三秦兵馬，再與漢軍進行會戰。

很快司馬欣和董翳援軍便到，會同章邯，正欲步步推進，包圍樊噲、曹參，卻迎頭撞上了韓信所率領的漢軍主力，雙方當即展開大戰。酣戰之中，樊噲、曹參忽從斜刺裏殺來，兩軍夾擊，三秦人馬大敗，漢軍拿下好時，進而佔領咸陽。

再次開進咸陽城，劉邦心裏別是一種滋味。距上次為項羽所迫離開，才僅僅過了十個月，而此時的咸陽已面目全非。這裏曾是秦朝的國都，天下最壯麗的城市，卻在項羽的一把大火中毀掉。這裏曾有數不盡

的財寶和美女，卻被項羽統統帶到彭城去了⋯⋯

「這本來都該是我的呀，可惱呀！可恨！」不過劉邦心知，如今已同項羽開戰，又是全新的局面。韓信雖然說得好聽，但能不能打得過項羽，他心裏一點兒譜都沒有。想到這裏，劉邦於是給咸陽改了個名字，叫「新城」——一切從頭開始。

韓信分派兵馬，繼續與三秦軍隊交戰。只是當奇襲階段一過，漢軍的劣勢便顯現出來，他們原本兵員不多，在漢中招募的新兵又無戰鬥經驗，難於攻堅。韓信徹夜不眠，將作戰方略一一分授諸將。其中不乏驚險之戰，比如曹參就曾深陷重圍，幸虧韓信派周勃從咸陽馳援，才逃出生天。

指揮平定三秦絕大部分地區，韓信僅僅用了不足一個月的時間，這樣的速度是劉邦和諸將想都不敢想的。昔日那個窩囊透頂的韓信，而今初試鋒芒，開始閃耀將星之光。

放眼整個三秦地區，只剩廢丘城中的章邯尚在死守。

韓信襲取關中的消息傳到彭城，項羽大發雷霆，當即便要率兵入關，與劉邦決一死戰，卻被范增攔住。

因為項羽此刻處境尷尬。一者，東面正與齊國纏鬥，精於遊擊戰的彭越讓楚軍頗為狼狽；二者，此時義帝，即原來的楚懷王熊心被徙往江南之事，引起了軍心浮動。《史記·項羽本紀》稱：「趣義帝行，其群臣稍稍背叛之。」如此內憂外患，怎可與劉邦全面開戰？

於是項羽只加派人馬守住了陽夏城。劉邦本已派兵出武關，想把其父劉太公和妻子呂雉接入關中，但項羽祭出這一著，就將漢軍擋住了。

此時項羽已殺死韓王成，另立原吳縣縣令鄭昌為韓王，命其抵禦漢軍。張良又痛又恨，他多年來恢復韓國的夢想至此完全破滅，項羽的名字深深刻入了他的復仇名單。

不過張良豈是盲動之人？他依舊寫信給項羽：「漢王此次進軍關中，還是因為他想當秦王，就像當年在懷王面前約定的那樣。依臣所見，他是絕對不敢出關東進的。」同時張良還把田榮跟陳餘交往的一些

信件給了項羽,「齊國欲與趙國聯合,犯我西楚。」

項羽冷笑一聲,下定決心先滅掉齊國再說。接下來發生了蹊蹺的一幕:項羽殺死了義帝。這是弒君,乃項羽平生最大的罪狀之一。在《史記》和《漢書》中對此雖都有記載,但蹊蹺的是不僅項羽派去殺義帝的人不同,連時間地點也多有衝突。比如《史記·項羽本紀》中,「陰令衡山、臨江王擊殺之江中」;《史記·高祖本紀》中,「陰令衡山王、臨江王擊之,殺義帝江南」;《史記·黥布列傳》中,「八月,布使將擊義帝,追殺之郴縣」;《漢書·高帝紀》中,「二年冬十月,項羽使九江王布殺義帝於郴」⋯⋯《資治通鑒》將之綜合取捨,稱:「十月,項王密使九江、衡山、臨江王擊義帝,殺之江中。」

如此一件大事,怎會如此眾說紛紜?試想以項羽強大的控制力,要殺義帝至少一千種方法,派個無名小卒亦可完成。而他卻同時下「密令」給兩三個王,除九江王英布外,衡山王吳芮、臨江王共敖還很難說是他的親信,如此大張旗鼓,是否太愚蠢了?

項羽有沒有可能殺義帝?當然有。從局勢看,攘外必先安內,假如義帝趁項羽出征,發動變亂,繼而召集天下諸侯共討項羽,形勢便很兇險;從性格看,項羽殺人如草,此前已殺了子嬰、韓成兩個王,即便殺義帝會授人以柄,他又怕甚麼?

也許項羽確實殺了義帝,但細節少人知曉,時人與後人聽到的或許都只是傳說。也許義帝並非項羽所殺,那麼又是誰呢?

當然後來對扯虎皮做大旗的傀儡皇帝用完就殺,似乎成了一個「傳統」,比如朱元璋的部下就殺了韓林兒。

擋不住的樓煩鐵騎

　　趁項羽出征齊國時，張良飄然入關，回到了漢軍之中。韓信也聞訊趕來。

　　距離上次鴻門帳外的驚鴻一瞥，二人分開只有不到一年時間，但在張良眼裏，韓信儼然換了一個人。此際他身材挺拔如蕭蕭白楊，舉止儒雅如二月清風，面色平靜，雙目澄明，透出一種冷冽剔透的純淨，如孩童，亦如刀劍。

　　張良知道，這就是自信的效應。韓信真乃天生將才也！一舉襲取三秦，讓項羽恨得咬牙切齒。君子如玉，也需切磋琢磨，方可成器。這樣想著，張良笑了，朝韓信拱一拱手。韓信的眼睛閃著濕潤的光，向張良深深一揖，「子房先生，一向可好……」

　　「韓大將軍，見到你真開心！」張良攜了韓信的手，「走，大王有要事與我們商議！」

　　宮殿之中，蕭何早已經在了。蕭何、張良和韓信，同一屋簷下的這三人，也是此後數年間劉邦手下最核心的決策層。

　　劉邦哈哈一笑：「關中已在寡人掌中，是時候給項羽點顏色看了！」

　　「大王，微臣以為應該先遷都。」蕭何緩聲道，「現在的都城南鄭，地處偏遠，不利於鎮撫關中，更難以徵集租稅，以供東進大軍的糧餉。」

　　「你們也看到了，咸陽雖已改名『新城』，但其實還是一座荒城，

怎麼能做寡人的都城？」劉邦沉吟不決。

「咸陽不成，還有櫟陽。此乃秦之故都，在商鞅變法之前，一直定都於此，而今尚有宮室可用。」

「好，你看著辦就行。」劉邦點了點頭，接著轉向張良，「子房先生，寡人想即日出關東進，你看如何？」

張良看得透徹，劉邦早已按捺不住，這些年來他一直被項羽壓得抬不起頭來，而今拿下三秦，就像窮人乍富，一時間有點手足無措。該不該東進？張良認為不宜操之過急，但也並非全無機會。他並未直接回答劉邦的問話，只道：「韓大將軍以為呢？」

「大王，我軍如若東進，倉促間可集十萬人馬。」韓信朗聲道，「但大多為新募之兵，聲勢雖大，可威而不可戰。以此劫河南、河北諸王尚可，但遇項王精銳，或有一觸即潰之危……」

劉邦嘿嘿笑道：「大將軍啊，我用兵或許不如你，但帶兵嘛，可比你強點。我已決意東進，去抄項羽的彭城老巢！」

其時漢軍總共十二萬人馬。劉邦自率十萬大軍，由張良輔佐，兵臨函谷關。韓信則留兩萬人馬，經略關中。

韓信雖未隨行，卻每日密切關注東進之軍的戰報——

劉邦大軍直出函谷關，對河南王申陽形成戰略包圍。那申陽本為張耳的寵臣，沒有幾兩骨頭，見大兵壓境，迅速投降。在此劉邦又起用了另外一個韓信，此人由張良發掘而出，乃韓襄王後裔，身高八尺五寸，桀驁不馴，彪悍好戰。劉邦命其率兵攻擊韓王鄭昌，鄭昌雖為項氏親信，卻並不善戰，臨陣倒戈，劉邦便封此韓信為韓王。此後為便於區分，史書稱此韓信為「韓王信」。

隨後劉邦又親率曹參、灌嬰等，自臨晉關進略河北，逼降西魏王魏豹和殷王司馬卬。這二王也是牆頭草性質，搖擺不定，尤其是司馬卬此前就曾反楚，項羽派陳平率軍將其打敗，重新歸降，項羽封陳平為都尉，賜金二十鎰。此刻司馬卬又降劉邦，項羽聞訊遷怒於陳平，遣使來殺他，嚇得陳平掛印封金，去投奔了劉邦。

至此，河南、河北皆平。劉邦進了洛陽城，他自認為已經佔據了戰略優勢，隨後他使出一記「殺招」──率領全軍上下，披麻戴孝，為義帝發喪。

劉邦充分展現了自己的表演天賦，袒露臂膀，伏地大哭三日，遍告諸侯：「天下共立義帝，北面事之。今項羽放殺義帝江南，大逆無道！寡人悉發關中兵，收三河士，南浮江、漢以下，願從諸侯王擊楚之殺義帝者！」一舉佔據道德倫理的制高點，義正辭嚴，號令天下，要討伐「弒君者」項羽。

此時趙國已在陳餘掌控之下。當漢使來到趙國時，素有名士之稱的陳餘，還在記恨劉邦收留其死對頭張耳的舊賬，恨恨道：「漢殺張耳，我便發兵。」這看似難題，卻絲毫難不倒劉邦，他隨手殺了一個長得很像張耳的人，派使者持頭去見陳餘，陳餘便發趙軍前來助戰。

前文已經提過，在「項羽殺義帝」這件事上有諸多蹊蹺。如果根據一般推理原則，「誰受益最多，誰便是嫌疑人」，那麼劉邦顯然是最大受益人。而且還需要注意一點，劉邦為何之前沒為義帝發喪？是他意識不到、沒聽說，還是義帝根本沒死？假如義帝被殺時間延後至今，那麼劉邦不僅有了殺人的最大動機，也有了最合適的人手──陳平。

在劉邦軍中，陳平是個頗不起眼卻至關重要的人物。他足智多謀、洞悉人情、心狠手辣，且對楚軍內幕瞭如指掌。陳平一直充當著劉邦軍中智囊兼特工的角色，而其手下的班底，在楚漢戰爭的見不得光處立下了不世之功。

當然這僅是推測而已。在歷史的空白之地，能做的也許只有推測。

這時項羽已經將齊軍擊潰。此前彭越一見項羽親自領兵前來，心知不是對手，便且戰且退，拒做炮灰。田榮率齊軍主力南下迎擊項羽，雙方各約十萬人，展開大戰。項羽一戰便將田榮擊潰，田榮逃亡過程中，為平原鄉民所殺。項羽則一路追擊，所過之處燒殺掠奪，將齊軍降卒全部活埋。

按照項羽的邏輯，屠殺就是最好的報復，然而如此殘暴之舉也使得

無人敢降。聽聞劉邦東進的消息，項羽本打算掃滅齊國，再滅劉邦，卻陷入了齊國全民抗戰的泥淖中，田榮之弟田橫也趁機收拾散卒，聯合彭越組織抵抗。

劉邦所統領的諸侯聯軍已達五十六萬，趁楚軍後方空虛，一舉佔領彭城。

留守的眾人聽聞前方捷報迭傳，興奮不已。然而韓信的一顆心卻漸漸懸了起來，他匆匆寫了一封信，命人日夜兼程，去送給劉邦。

這日蕭何來訪。自從韓信拜將之後，二人交流越來越少。韓信明白，蕭何素來謹小慎微，這是為了內外有別，免生嫌隙。不過他還是覺得，二人一文一武，留守關中，本該通力合作才對。

「我看大將軍面帶幾分愁容，莫非是擔心大王那邊的戰事？」蕭何並不拐彎抹角。

「真是甚麼都瞞不過丞相啊！大王久經沙場，還有子房先生在——或許是我多慮了。」韓信素來感激蕭何。

「子房先生運籌帷幄，決勝千里，只是此次入關，他比之前清減了許多，聽說一直在病著——況且兩軍陣前交鋒，間不容髮，總是不及大將軍你的。」蕭何緩聲道。

「豈敢！」韓信道，「依末將看來，我軍此前勢如破竹，皆因項王羈留齊國。而今彭城失守，項王無路可退，回軍勢在必行。我軍雖曰五十六萬，但大都是諸侯之軍，豈肯效死力？項王用兵如電，大王固守彭城尚可，倘若列陣迎擊，殊非良策。」

蕭何聽到韓信至今仍稱項羽為「項王」，不覺眉頭一皺，口中卻道：「這道理，大王與子房先生料來都會懂的。」

韓信點了點頭，「項王直擊彭城尚可。末將擔心的是這樣……」他說著，用手在面前的地圖上一畫。

蕭何有些似懂非懂。只聽韓信又道：「我已派人稟告大王，命樊將軍率精兵鎮守瑕丘。但願項王不會走這條路，也希望樊將軍能擋住這雷霆一擊。」

戰報很快傳來，蕭何驚得一個踉蹌，險些栽倒在地。一切皆如韓信所料。項羽見彭城失守，便自率三萬精騎從齊國殺回來。他並未直接進攻彭城，而是做了一個Ｓ形大迂迴，從北向南，攻破瑕丘、蕭縣，又在彭城如風捲殘雲一把擊潰劉邦的主力。

好在蕭何已有準備，「發關中老弱未傅者」，湊齊了數萬老弱娃娃兵，由韓信率領星夜出關馳援。韓信心知這支拼湊起來的隊伍根本走不了太快，便自率三千人馬先行，晝夜行軍，馬不停蹄。趕到時，正逢劉邦被楚軍圍困，眼見已到了絕路。

還是樊噲眼尖，大呼：「大王快看，韓信來了！」

到得跟前，劉邦一把扶起拜倒在地的韓信，急道：「大將軍，勿多禮，快保著寡人逃命要緊！」韓信苦笑，眼見楚軍如潮水一般湧來，自己這三千人馬實在太少了！危急時刻，他愈加平靜，「大王，楚軍行動如風，我們逃是逃不掉的。」

「那怎麼辦？莫非寡人真要……死在此地？」劉邦兩眼血紅，聲音顫抖。

韓信略一沉吟：「大王，我們殺回去。您看，起風了！」他伸手一指，只見西北方向陡然狂風大作，飛沙走石，「樊將軍，我們集中兵力，殺向西北！」

樊噲將信將疑，但還是上馬舞刀，率軍死命衝殺過去。楚軍完全沒料到，漢軍此刻竟然發動了反攻，狂風之中又不辨虛實，竟被殺退了。韓信和樊噲保著劉邦，逃出生天。

而後劉邦命韓信前往滎陽收散卒，構築防線，自率夏侯嬰等人去沛縣接劉太公、呂雉等家人。然而混亂間，只接到了呂雉及其子女，劉太公被楚軍所擄走。當時呂雉之兄周呂侯在附近的下邑領兵，劉邦便帶著妻兒前去，穩了穩心神，再去滎陽與韓信會合。

關中的援軍抵達滎陽，敗逃的散卒稍稍聚攏，張良、陳平等逃出生天者也從四面八方趕來，漢軍軍勢復振。

此刻楚軍一部已追至滎陽以東，欲乘勝攻破滎陽，一舉將劉邦殲

滅，卻被韓信及時發動反擊，一陣殺敗。

　　韓信詳細分析了彭城之敗的原因：其一，劉邦佔領彭城之後，就認為項羽不足慮。這是個致命的錯誤，因為項羽的實力在於軍隊，而非城池，只要軍隊仍在，他便仍是最可怕的敵人；其二，因為輕視項羽，致使戰備鬆弛，即便劉邦接到了韓信的示警，派給樊噲的兵力仍嫌薄弱，根本擋不住項羽；其三，項羽所率人馬雖只有三萬，卻均為重裝騎兵，主要由當年王離所率北境大軍中的樓煩鐵騎組成，可謂精銳中的精銳。在項羽的閃電戰之下，漢軍的步兵主力一戰便被衝散，補給線斷絕，軍心大亂，於是連敗被殲。

　　一席話，直聽得劉邦低頭不語，片刻後卻又叫道：「好哇，這一戰敗得好！敗得透徹！敗得明白！敗得痛快！」接著便任命灌嬰為中大夫令，秦人李必、駱甲為左右校尉，著手組建漢軍自己的騎兵軍團。

　　這前前後後，韓信不僅救了劉邦的性命，還在崩潰邊緣擊敗楚軍，守住了滎陽防線。在襲取三秦之後，他再次左右了戰局，讓楚漢戰爭得以進入第二階段 —— 相持。

奇襲，黑暗的河流

　　彭城之戰，劉邦一敗塗地。不僅數十萬大軍潰散，連原本歸降的塞王司馬欣、翟王董翳，也相繼叛漢投楚。殷王司馬卬死於亂軍中，魏王豹則藉故回國，繼而截斷黃河渡口，投靠了項羽。另外趙國的陳餘也覺察出自己被騙，與劉邦決裂。一時間，形勢急轉直下。

　　軍中彌漫著一股消沉之氣，然而韓信卻信心不減，每日在營中巡視，想方設法給將士們鼓勁。

　　是故作姿態嗎？非也。對於此次大敗，韓信早有預料，真正讓他震驚的是劉邦的表現。一般人經此慘敗，都會抑鬱數日，或遷怒他人，然而劉邦很快便緩了過來，元氣滿滿。

　　那些塞絕睢水的漢軍伏屍、鮮血浮戈的悲慘畫面，像露水一樣在劉邦身上從容抖落，沒有留下一絲痕跡。不管是不是真像他自己所說，乃「赤帝之子」、真龍後裔，但他至少是一條油鹽不進的泥鰍，這種壓不垮、打不死的潑剌野氣，是韓信生平所從未見過的。

　　韓信一直堅信，沒人能夠一戰打垮項羽，只有失敗後若無其事、無數次東山再起的人，才有幾分機會。而劉邦似乎正是這種人。

　　劉邦一到滎陽，未及下馬，便召韓信前去議事。在那裏韓信見到了張良，他是真的病了，形銷骨立，不時夾雜著一陣陣撕心裂肺的咳嗽。而此刻劉邦已全無敗相，三人一席長談，定下了大體戰略。

　　韓信留守滎陽，同時修築一條甬道直通黃河岸邊，將西北方的敖倉

之粟源源不斷輸入滎陽。關中從水路運來的糧草也走這一補給線。滎陽戰略意義至關重要，其與成皋（虎牢關）形成一道屏障。只要能在此阻住項羽，就能確保關中安全，不讓戰火傷及根本。張良也早已對劉邦講得透徹，僅依靠函谷關根本擋不住項羽，這是早已證明過的，必須保證足夠的戰略縱深才行。

劉邦則率樊噲、周勃等先回關中，再討章邯。這一次，樊噲引來渭河之水，灌塌了廢丘的城牆，滿城皆降。章邯不願再降，伏劍自刎。這位於秦末亂世從內務官員中平地崛起的名將，終於走到了生命的盡頭。不知他是否會想：假如當年巨鹿之戰，他不暗算王離，天下又會怎樣？

而歷經九死一生之後，劉邦也真切地感受到項羽的狂暴可怖，自己必須做好一切安排，包括戰死沙場。於是他先立劉盈為太子，以固人心。而且經過蕭何此前的緊急募兵，關中已無壯年男子，大片土地無人耕種，發生了嚴重災荒，「米斛萬錢，人相食」。於是最初經營的蜀中地區發揮關鍵作用，「令民就食蜀、漢」。安頓好大後方，劉邦命蕭何鎮守關中，侍奉太子，自己又馬不停蹄趕回滎陽。

滎陽依舊吃緊，楚軍百般挑戰攻城，都被韓信擊退。劉邦很欣慰，正要誇讚幾句，韓信卻開口提了一個問題：「大王，魏王豹此番叛漢附楚，對我們有些麻煩。」說著，他向地圖上一指，「魏國位於我滎陽成皋防線後方，與楚軍形成夾擊之勢。一旦其把住黃河口，就會掐斷我們關中至滎陽的糧道……」

劉邦的眉頭瞬間擰成了一個疙瘩，「嗯，寡人知道了。」

怎麼辦？劉邦深知魏國山河表裏，地勢險要，其安邑、平陽，均為軍事重鎮，易守難攻。而且魏王豹一旦與趙國陳餘聯手，更是堅不可破，要想攻魏，談何容易！所以之前兵力強盛之時，他也只能用聲勢逼降魏王豹，而此時兵微將寡，魏王豹更是洞悉漢軍虛實，嚇只怕是嚇不住了。

此刻，老儒生酈食其站了出來，「大王，老夫願憑三寸不爛之舌，說降魏王豹！」劉邦一喜，他知道酈食其的本事，便道：「你去勸勸

他，若能使其歸降，寡人封你為魏地的萬戶侯！」酈食其極為振奮，振袖前往。

酈食其確實非同凡響，銅牙鐵齒，唇槍舌劍。他六十多歲出道，一把老骨頭，桀驁不馴，初見劉邦就將其教訓了一頓。爾後「常為說客，馳使諸侯」，立下汗馬功勞。然而魏王豹拒絕歸降，話也說得很經典。史書記載，魏王豹說：「人生一世間，如白駒過隙。今漢王嫚侮人，罵詈諸侯群臣如罵奴耳，非有上下禮節，吾不忍復見也。」很顯然，王族出身的他，已經徹底受夠了劉邦的流氓做派。

酈食其無奈，只得回報劉邦。韓信在一旁朗聲道：「大王，臣願出征，將魏王豹擒來。」

「你？呵呵。」酈食其橫了韓信一眼，甩頭大步出門去了。劉邦沉思不語。如今他當然不再懷疑韓信的用兵能力，只是滎陽目前總共只有七八萬漢軍，光阻擊楚軍已然左支右絀，又如何騰出兵力來攻魏？至於持久戰，更是萬萬打不起的。

「大王，魏國非滅不可。臣只需三萬新兵，兩個月內必破魏國，擒魏王豹。」韓信斬釘截鐵。

劉邦懷疑自己聽錯了，他仔細看了看韓信，「選何人為將？」

「步將曹參，騎將灌嬰。」

劉邦輕輕點了點頭，讓韓信獨自帶兵，他多少有些顧慮。韓信雖有才華，但他跟隨自己時日尚淺，好在曹參、灌嬰都是自己的親信，如此倒不用擔心有何變故。轉念又一想：這韓信鋒芒太盛，還需磨損他一下，落些把柄在我手裏，駕馭起來才更妥當、更放心，命他伐魏或許就是個機會。

於是劉邦鄭重道：「寡人讓你署理左丞相，率精兵三萬，限一個月內拿下魏國，如若不然，寡人自當問罪，如何？」

韓信微微一笑，答應下來。即日點齊人馬，北上伐魏。劉邦左思右想，還是不放心，又叫來酈食其，打聽魏國的軍情。史書生動記載了這一幕：

漢王問：「魏大將誰也？」（酈食其）對曰：「柏直。」王曰：「是口尚乳臭，不能當韓信。騎將誰也？」曰：「馮敬。」曰：「是秦將馮無擇子也，雖賢，不能當灌嬰。步卒將誰也？」曰：「項它。」曰：「不能當曹參。吾無患矣。」

劉邦這才放下心來。其實韓信此前早已問過酈食其，他原本擔心魏國會用宿將周叔為大將，而當酈食其稱是柏直時，他輕輕說了三個字：「豎子耳！」

這是韓信第一次獨自統兵，步兵兩萬五千，騎兵五千。

論年齡，曹參比他年長十幾歲，灌嬰也大七八歲。雖然韓信早已是大將軍，但漢軍諸將素來禮法不周，劉邦平時也不計較。曹參還好，曾為小吏；灌嬰則是布販出身，一向口無遮攔。

行軍途中，灌嬰小聲嘟囔：「老曹，韓信那小子說一個月內滅掉魏國，你信嗎？」

曹參默然不語，只顧趕路。「不管你信不信，我反正不信。」灌嬰又道，「咱這三萬人馬本就是疲憊之師，聽說魏軍有十幾萬大軍，還有黃河天險。別的不說，人家嚴守黃河渡口，咱們怎麼辦？難不成讓我的騎兵飛過去？」

曹參聽了許久，只道：「我看，韓信能行。」這一日，大軍抵達臨晉渡口，韓信傳令灌嬰，廣佈營寨，多樹旌旗，讓黃河對岸的魏軍一眼望來，少說也有七八萬人。同時將收集來的船隻沿河排開，擺出即將渡河的陣勢。這樣一來，魏軍如臨大敵，個個拈弓搭箭，嚴陣以待。休整兩日，韓信派人渡河送去戰書，稱次日決戰。

魏國的守將一看笑了：「你要渡河決戰，我就讓你渡河不成。明日我必半渡而擊之，宰了你這鑽人胯下的小兒！」

當夜殘月在天。韓信望著暗影中的水流和對岸星星點點的魏軍營帳，淡然一笑。

灌嬰在一旁惴惴不安：「大將軍，曹大哥去哪兒了？咱們這兒只剩一萬步騎，過得了黃河嗎？」

韓信緩聲道：「勿多言，明日聽我將令即可。」此刻，即將載入史冊的關鍵一戰，正在黑暗的河流上醞釀。

事實上韓信根本沒讓曹參留在臨晉，而是率兩萬步兵一路潛軍北上，到達數百里之外的夏陽。那裏黃河水流平緩，曹參依韓信之計，悄然渡過黃河。

這裏不得不提的是，韓信並未讓曹參乘船渡河，因為找船不易，易露行蹤。《漢書》稱「伏兵從夏陽以木罌缶度軍」。《史記》對渡河工具的記載是「木罌缻」。三國時韋昭稱這是「以木為器，如罌缶也」。即古代的木罐、木瓶，雖不起眼，但綁在身上足以承載一個人的體重。韓信自幼生長在淮河邊上，深諳於此。

魏軍所有注意力都放在臨晉渡口，曹參小心避過城鎮，一路未遇抵抗。這日驟然出現在魏軍右翼，突然發起進攻。魏軍陣勢大亂，連忙調集人馬迎擊曹參，那邊韓信和灌嬰則乘勢渡過黃河，兩路夾擊，一舉將魏軍主力擊潰。然後韓信又命曹參為先鋒，向東直指安邑（今山西運城市鹽湖區）。魏王豹做夢都想不到漢軍來得如此之快，倉促出城迎敵，一戰即潰，逃至曲陽，再敗，在東垣被韓信擒獲。

此時距離韓信自滎陽出兵，尚不足一個月。隨後他又率軍北取平陽，將魏王豹一家老小押送滎陽，平定魏國五十二縣。這是繼秦國大將王賁滅魏之後，韓信又一次將魏國在地圖上抹掉，置為漢河東郡。

反觀此次韓信渡黃河滅魏，與當年王翦渡易水滅燕，二者其實有相似之處。只是王翦當年佔盡優勢，而韓信則是以弱勝強，「木罌渡軍」也更具傳奇色彩。

戰報送至滎陽，劉邦又喜又驚。喜的是魏國這一心腹大患終於解除，驚的是韓信用兵如神。他知道自己決然打不出這樣的勝仗，而且從古至今，他也不知道誰曾如此用兵。對韓信這樣一個不世出的奇才，加之那看似溫順柔和、實則鋒利無匹的秉性，自己能駕馭得了嗎？

使者已退下。張良看劉邦臉上陰晴不定，輕喚了一聲：「大王。」劉邦不語，將戰報遞給張良。

張良掃了一眼，緩聲道：「恭喜大王。戰報上說得明白，韓信不僅滅了魏國，擒了魏王豹一家老小，即日送來滎陽，而且同來的還有七萬魏軍降卒，正好充實我們滎陽防線。這些日子，我軍拚死抵抗楚軍，又折損了幾萬人……」

「那麼，韓信為何隻字不提親自領兵回滎陽之事？」

「臣以為大致有兩點原因：其一，魏國新滅，尚需鎮撫；其二，韓信有乘勝滅趙之心。」

「滅趙，他拿甚麼滅趙？趙國陳餘有二三十萬兵力，絕非魏國可比。寡人算來，韓信手中也就只剩三四萬人……莫非，他對寡人有所隱瞞？」

張良見劉邦竟起了疑心，吃了一驚，忙道：「非也，非也。韓信用兵常出人意表，實乃天賜良將於大王。他能用三萬人閃電滅魏，未必就破不了趙國。」

接著又道：「大王可還記得，當日彭城新敗，大王退至下邑，甫一下馬便問臣：『倘若能滅項羽，欲以關東之地盡封功臣，誰人堪當大任？』而今，臣斗膽上言，僅三人可謀大事。其一乃九江王英布；其二是巨野彭越；而漢王帳下，唯韓信可獨當一面，願大王信之勿疑。」

劉邦嘿嘿一笑，忽而想起，韓信送來的戰俘名單中有魏王豹的一個夫人，姓薄。這薄姬乃是出了名的美女，這次押來滎陽，可得好好品味一番。

這裏不妨劇透一下：這薄姬是個絕頂聰慧之人。史書記載，薄姬到滎陽後，劉邦並未立刻染指。即便魏豹死後，劉邦將其納入後宮，也一年多沒有碰她。不過後來她抓住一次機會，只說了一句話就在大白天點燃了劉邦的慾望。她是怎樣做到的呢？

《史記》記載：薄姬曰：「昨暮夜妾夢蒼龍據吾腹。」高帝曰：「此貴徵也，吾為女遂成之。」一幸生男，是為代王。其後薄姬希見高祖。

《漢書》中的記載類似，只不過薄姬說的話是：「昨暮夢龍據妾胸」。從古文看來，既智慧又吉祥，但翻譯成白話文，就成了赤裸裸的

挑逗。她效率也驚人，一次成功，生下男孩。她懂得慎言，深自韜晦，因為主動遠離劉邦，得以避開呂后的迫害。而她生的男孩，也就是後來的漢文帝劉恆，她由此升格為薄太后，此後又成為漢景帝的太皇太后。她活了六十歲，在當時已算長壽。

如此看來，薄姬在一日內，解決了一生的問題。這不是奇跡嗎？

背水一戰的正確姿態

　　誠如張良所料，韓信滅魏之後，旋即揮軍北上，直指代地。

　　在發至滎陽的戰報中，韓信向劉邦請示：「願益兵三萬人，臣請以北舉燕、趙，東擊齊，南絕楚之糧道，西與大王會於滎陽。」

　　這是韓信所提出的戰略目標。他的意思已經很明顯：即便無法在戰場上打敗項羽，也可以從形勢上謀取戰略優勢，只要掃平燕趙齊，即可對楚形成戰略包圍。

　　劉邦豈會不知？他沉吟半晌，便批准了韓信的請求。不僅派來了三萬援兵，還派來了一個人——張耳。

　　此前很多人一直認為張耳是個包袱——沒多大本事，還惡化了漢軍和陳餘的關係。劉邦保張耳，是因為他太念舊情嗎？這可不像他的風格。

　　現在張耳的作用彰顯出來了，他是一枚重要的棋子。其一，沒有誰比他對趙、代地區更為熟悉，可以幫韓信參謀軍事；其二，他是劉邦的死黨，資歷遠在韓信之上，既能做眼線，也足以制衡韓信。

　　即便得了這三萬援兵，韓信出征所率漢軍也不過五萬，且大多為新募之兵。此時趙國的陳餘早有準備，派其丞相夏說移兵太原，阻擋漢軍。

　　韓信以曹參為先鋒，自與張耳率主力後行，採取右翼突擊戰法，在鄔縣（今山西介休）大破夏說。追至閼與，擒斬夏說，佔據太原，置為

漢太原郡。而要全面攻入趙國，韓信接下來必須走一條路 —— 井陘。

這裏正是當年王翦大戰李牧之地。井陘地勢奇險，李牧據守於此，王翦率領大軍百般用計，都無法攻破。若非秦國縱反間計，王翦恐難取勝，趙國也絕不會那麼容易滅亡。而眼下韓信的兵力與王翦相比，實在是天差地別，而陳餘已率二十萬趙軍守住了井陘口。如何破局，是一道千古難題。

韓信深知，這一戰不僅對他自己，對整個漢軍也至關重要。一旦拿不下，整個戰略將無法實施，屆時就連滎陽的劉邦，恐怕也難免為項羽所滅。行軍路上，他向張耳問計。

張耳哪有破敵之計，只叮囑道：「陳餘乃一介儒生，不足為慮，但他麾下有一人名叫李左車，趙王歇封其為廣武君，足智多謀，不得不防。」

韓信點了點頭，距井陘口三十里，紮下營寨，先派人潛入趙軍探聽消息。

趙軍中軍大帳，正商議迎敵之計。李左車四十來歲，瘦得和竹竿一樣，卻偏偏寬袍大袖，他對陳餘道：「在下聽說韓信渡西河，虜魏王，擒夏說，喋血閼與。而今又有張耳相輔佐，要攻擊我們趙國，此乃乘勝而去國遠鬥，其鋒不可當……」

陳餘平素就沒怎麼瞧得起李左車，認為他身上有太多戰國策士之風，絕非儒家正統。只是礙於他在趙國的盛名，才讓他參與軍事，聽他說韓信也就罷了，竟然還提起了張耳那廝，心頭陡然生起一股嫌惡。

陳餘面色有變，李左車豈會不察，卻依舊道：「在下有一計，可破韓信。」

「哦，你倒說來聽聽。」

「所謂『千里饋糧，士有飢色』。今井陘之道，車不得方軌，騎不得成列，行數百里，其糧草必在其後。在下願率三萬奇兵，從小路出擊，焚毀漢軍糧草輜重，斷其後路。而足下嚴守關口，不予交戰。這樣漢軍戰不得前，退不得後，野無所掠，不出十日，便可斬韓信、張耳二

人之項上人頭！」

聽聞李左車之言，帳中鴉雀無聲。有人心知其所言非虛，但更瞭解陳餘的脾氣，他平時就標榜用兵須講仁義，拒絕使用詭計，又哪能聽得進這些計謀？

陳餘呵呵一笑：「原來李先生用兵還在韓信之上，倒真是小覷你了。」

李左車面不改色：「在下縱使不如韓信，卻也知道一點點兵法。眼下，韓信自有其必敗之處，抓住這一點，便可一舉將其殲滅。」

「兵法有云『十則圍之，倍則攻之』，韓信兵馬號稱數萬，其實不過數千，且為疲憊之師。吾有大軍二十萬，倘若兵力如此懸殊，還怕一個韓信，那麼在諸侯眼裏，趙國又算甚麼？豈不成了人人得而欺之的『軟柿子』？吾若擊之，必以正道！」陳餘說著就變了臉，一甩袖子，「吾意已決，你退下吧！」

韓信笑了。他記住了李左車的名字，假如陳餘真用其計，那麼他根本不敢深入井陘，如此將成騎虎難下之局。

好你個陳餘，本將軍這就讓你看看──何為沙場上的正道！當夜，韓信令灌嬰率兩千精騎，每人手持一面紅旗，從小路潛至附近的草山上埋伏，遠遠盯著趙軍動靜，見機行事。然後命曹參率一萬步兵先行，在井陘口，背對河水列開陣勢。

部署已定，時近拂曉。韓信召集諸將，一同吃早飯。他朗聲道：「諸位，不妨先吃一點，今日午時，待我們大破趙軍之後，再飽餐一頓，屆時本將軍自會為諸位慶功！」

「是──」諸將嘴上答應，心中卻惴惴不安：大將軍在說夢話嗎？我們才這麼點人，還要打攻堅戰，怎麼破二十萬趙軍？假如輕兵冒進，只怕我們都沒命吃午飯了！

秋日的陽光灑下來，韓信看了看一臉惶恐的眾將，一馬當先直奔井陘口，這一路將旗招展，戰鼓齊鳴。陳餘遠遠觀望，見韓信於萬軍之中，金盔金甲，威風八面，心中默默讚許，但轉念一想：一個自甘墮

落、鑽人胯下的小兒，不顧氣節，全無廉恥，又有何威風可言？這樣想著，不自覺踮起了腳尖，好像又長高了一點。再一轉眼，看到韓信旁邊一人，銀盔銀甲，正是張耳，心中騰地生起一股無名之火，當即傳令出擊。

兩軍大戰半個時辰，韓信終究兵少，盡顯劣勢，很快鳴金收兵。漢軍的旗鼓、兵器扔得漫山遍野都是，急速向後退卻。

陳餘仰天大笑，命令全軍追擊。趙軍爭搶漢軍旗鼓，追擊速度略遲，而韓信、張耳則趁機退入此前擺下的背水陣中，其餘漢軍退至兩翼的高地之上。

片刻趙軍追來，直衝背水陣。曹參所率的這一萬人，都是年輕力壯的新兵，此刻退無可退，只好拚死力戰。趙軍數次衝鋒，無法前進，漸漸氣餒。韓信看得明白，令旗一展，兩翼的漢軍居高臨下，衝殺過來。三路夾攻，趙軍被殺退了。

趙軍本想再回營堅守，然而回頭望時，大營早被漢軍佔了，到處紅旗翻飛，直如血海一般，竟不知有多少敵人。陳餘心知中計，欲率眾奪回大寨，然而軍心已亂，四下奔逃。漢軍趁勢追殺，再敗趙軍，擒斬陳餘。趙王歇一時逃脫，而後也被韓信追上，砍下了腦袋，趙國遂滅。

大獲全勝，韓信擺下慶功宴。然而直到此時，諸將仍雲裏霧裏，不知這仗是怎麼贏的。

灌嬰搶先道：「韓大將軍，你命我在萆山埋伏，一見我軍撤退趙軍追擊，便率兩千騎兵突入趙營，將趙軍旗幟換作我軍旗幟。這一疑兵之計真是神妙！只不過你怎麼知道，陳餘不會留足夠兵力把守大營？而且即便在我佔據大營之後，倘若退還的趙軍全力攻擊，我也根本守不住啊！」

「陳餘，腐儒也！他瞧不起我，又痛恨張將軍——」韓信指了指自己，又看了一眼張耳，「貪名好利，豈能不敗？再說，兵敗如山倒，又豈是他能左右的！」

平素少言寡語的曹參也忍不住問：「兵法有云，列陣應『右倍山

陵，前左水澤」，佔盡地利，方能成功。大將軍卻讓我等背水列陣，自絕退路，此乃兵家大忌，又是何術？」

韓信笑道：「吾以弱擊強，墨守成規焉能得勝？諸君捫心自問，只怕未必真服我韓信，豈肯拚死效命？而今兩軍對陣，勝負只在一念間，心存疑慮，必敗無疑。況且我軍多為新兵，可謂『驅市人而戰之』，倘若有路可退，驟然當此大敵，極易一觸即潰。所以吾才將諸君置之於死地，如此也才能有今朝之勝！」

聽了這番話，曹參連連點頭，灌嬰則大叫一聲：「韓大將軍，我灌嬰算服了你了！今後赴湯蹈火，在所不辭！」於是諸將皆翻身拜倒，對韓信五體投地。

韓信滅趙之戰，也成為軍事史上的經典戰例——「背水一戰」。這一戰與項羽當年在巨鹿「破釜沉舟」相比，同為「置之死地而後生」，但韓信兵力更弱，勝得也更巧。

此後中國歷史上無數戰將曾效仿韓信，有的收到奇效，有的卻「畫虎不成反類犬」，一敗塗地。比如《三國演義》寫了這樣一戰：

曹操麾下大將徐晃引軍至漢水，令前軍渡水列陣。副將王平問：「軍若渡水，倘要急退，如之奈何？」徐晃道：「昔韓信背水為陣，非此計乎？」於是下令搭起浮橋，過河來戰蜀兵。蜀軍大將黃忠、趙雲定下計策：先按兵不動，緊守營寨，待曹軍日暮兵疲，再分兵兩路夾攻。於是曹軍大敗，兵士被逼入漢水，死者無數，徐晃拚死突圍，才逃得一命。

這裏不妨分析一下，為何韓信能取勝，而徐晃卻大敗呢？問題就出在那道浮橋上。背水一戰的關鍵點在於「置之死地」，而有了浮橋就有了退路，沒了死戰之心，浮橋又窄，更會自相踐踏，不敗自敗。

當然《三國演義》只是小說，正史《三國志》中並無此戰。徐晃乃曹操「五子良將」之一，這樣的昏招應該是羅貫中杜撰的吧。

斬了趙王歇之後，韓信下令全軍搜尋李左車，能活捉者賞千金。於是李左車很快便被五花大綁，押入了韓信的中軍大帳。

李左車昂著頭，一言不發，對韓信看也不看。韓信則快步上前，親手為其鬆綁，扶至上座，像學生對待老師一樣，謙恭有禮。

「末將欲北攻燕，東伐齊，李先生以為如何才能成功？」聽到韓信發問，李左車頗感意外。從這個年輕將軍臉上，他看到了一種熱情，這是單純之人才會有的坦誠——陳餘從未有過。此刻他仍然痛恨陳餘冥頑不靈，假如用自己計策，趙國又豈會有亡國之禍？但韓信用兵的確驚為天人，對方以禮相待，自己也不能失禮。

「敗軍之將，不可以言勇。在下身為俘虜，何足以商議大事？」

韓信爽朗一笑，「李先生休要過謙，倘若陳餘聽君妙計，只怕當俘虜的就是我韓信了。不過也多虧陳餘頑固，韓信才有機會侍奉先生。」說完，又向李左車深施一禮，「末將誠心問計，先生莫要推辭！」李左車連忙還禮，已然決心為韓信效力，一開口便說出一句自謙的名言：「所謂『智者千慮，必有一失；愚者千慮，必有一得』。大將軍直入井陘，半日破趙軍二十萬，誅成安君陳餘，名聞海內，威震天下。不過在下以為，此刻攻燕伐齊，乃以短擊長，絕非良策。而今大將軍所率漢軍遠來疲憊，燕國城池堅固，燕王臧荼又能征慣戰。倘以疲憊之師，頓兵堅城之下，恐難取勝。而一旦不能速戰速決征服燕國，齊國定然信心倍增，屆時若與兩國相持不下，則楚漢之間勝負難料矣……」

「那麼，先生以為如何？」

「在下以為，不如按甲休兵，屯兵趙國，安撫人心，養足士氣。然後派一能言之士，招降燕國，臧荼豈敢不降？風聲傳到齊國，齊必望風而服！如此，則天下事皆可圖也。」

韓信大喜：「好！就依先生。」一切也果如李左車所料，兵不血刃燕國便投降了，齊國聞訊也戰戰兢兢。這就是兵法上的「先聲而後實」，有時候虛的比實的威力更大，也更有用。

在這一段歷史中，李左車發揮了關鍵作用，也是一軍事奇才。不過有關他的家世，《史記》和《漢書》中均未提及。後人稱李左車乃「趙將李牧之孫也，父泊，秦中大夫詹事。左車事趙王歇，封廣武君，即今

代之故廣武城也」。

　　按這種說法，他竟是李牧的孫子，還著有一部兵書《廣武君略》。屬實與否，不得而知。

高陽酒徒之死

　　當韓信在燕趙大展宏圖之際，戰線的另一頭——滎陽的劉邦處境卻愈加險惡。

　　在戰報中，韓信請求任命張耳為趙王，劉邦同意了，心中卻老大不高興。他問張良：「子房啊，韓信滅趙，實力倍增，卻不派兵支援我們滎陽，這是何居心？」張良忙道：「韓信滅趙，本是以蛇吞象，鎮國撫民尚需時日，不敢掉以輕心。燕王臧荼察言觀色，若無重兵臨之，豈肯乖乖就範？且據斥候來報，項羽已派幾路兵馬往來救趙，韓信正在小心應對。大王無須多慮。」

　　劉邦冷笑道：「你總替這位韓國老鄉說話……話說回來，韓信真是韓國王孫嗎？」

　　張良並不接荏：「大王，為今之計，是該招降英布了。」

　　「寡人有一人選，名叫隨何，能言善辯，不在酈生之下。若他能說降英布，起兵拖住項羽數月，這天下便是我的了！」

　　劉邦的眼光果然不錯。隨何率二十人前往淮南，拚死入諫，曉以利害，直說動英布斬殺項羽使者，降漢反楚。

　　項羽氣炸了。英布原是項羽親信，早年曾受刑黥面，又稱「黥布」，出身低賤，曾為水賊，但極為驍勇，善於用兵，為項羽立下赫赫戰功，被封九江王。只是當項羽伐齊之際，英布本應親率大軍隨行，但他稱病未往，只派去數千人馬，項羽與之心生嫌隙。此後劉邦襲取彭

城，英布未發救兵，項羽更懷恨在心。英布當然瞭解項羽，見項羽居然在彭城一戰擊潰劉邦，成功翻盤，心裏非常害怕。

事實上項羽眼下絕不想和英布鬧翻：一是正值用人之際，良將難求；二是英布所佔據的淮南乃楚國大後方，不能後院起火。於是項羽主動示好，只不過他表達的方式太要命 —— 他一次接一次派使者譴責英布，徵其隨軍，這種「罵是愛」的方式讓英布更害怕了。也正是在這一背景下，隨何說服英布倒戈。項羽趕忙派大將龍且、項聲來攻，英布硬挺幾個月，終被擊敗，孤身一人來見劉邦。不得不提的是，在面對英布時，劉邦展現出了超絕的「馭人術」。史書記載：「上方踞牀洗，召布入見，布大怒，悔來，欲自殺。出就舍，帳御飲食從官如漢王居，布又大喜過望。於是乃使人入九江。楚已使項伯收九江兵，盡殺布妻子。」

且看這兩步：其一，英布是一員悍將，有匪氣，曾與劉邦並列為王，且自負功勞，桀驁不馴。所以劉邦一邊讓美女洗腳，一邊召見他，這一侮辱讓英布折盡銳氣。其二，在英布顏面掃地、走投無路之際，再給其足以比肩王者的待遇，這是英布想都不敢想的。從半空直墮地獄，再陡然升入天堂，英布在「冰火兩重天」的體驗之下，徹底降服了。

最狠的還有第三步。英布後路早已斷了，其一家老小已被楚軍斬殺。而動手的不是別人，正是那個一次次上演「楚漢無間道」的項伯。

英布擋不住項羽，劉邦再想別的辦法。

酈食其建議分封六國王族後人，用「德義」感化天下，打敗項羽。劉邦覺得或許也行，立刻命人刻六國之印，卻被張良阻止。一番透徹的分析之後，劉邦醒悟過來，氣得跳腳大罵：「豎儒！差點壞了老子的大事！」趕緊將刻好的印全部銷毀。

那麼又該如何是好？陳平悄悄來見劉邦，提出了他的主意 —— 反間計。

陳平道：「項羽雖兵多將廣，骨鯁之臣卻只有范增、鍾離眛、龍且、周殷等數人而已。大王倘若捨得花上數萬斤黃金，離間其君臣。項羽生性多疑，易信讒言，必然會對內開刀。我軍趁機進攻，定能

取勝！」

劉邦大喜，交給陳平黃金四萬斤，任其支配，一概不問。於是陳平利用舊有關係網絡，大行反間計。果然百口鑠金，項羽漸漸疑心鍾離眜等人，連范增也不再信任。

當時項羽攻破漢軍運糧甬道，包圍了滎陽。劉邦見事態緊急，趕忙派人求和。項羽心存猶豫，范增卻一針見血指出，劉邦是在玩弄緩兵之計，應當全力攻下滎陽，徹底結束戰鬥。項羽一向對范增言聽計從，然而這一次卻不再聽了。

范增怒道：「天下大勢已定，君王好自為之，請讓我告老還鄉！」范增本以為項羽會極力挽留，誰知其竟答應下來。於是范增既怒且怨，在回彭城的路上發病，一命嗚呼。

堅守一個月，滎陽實在撐不住了。陳平又縱「李代桃僵」之計，由將軍紀信假扮劉邦，乘漢王車，大擺儀仗，命兩千名婦女頂盔摜甲，半夜開東門列隊出城，高呼：「糧草已盡，漢王降楚！」楚軍喜出望外，以為戰爭終於結束，眾皆山呼萬歲。而趁此時機，劉邦率領張良、陳平以及諸將從西門悄悄溜走。項羽本想好好羞辱劉邦一頓，靠近才發現自己上了當，憤而一把火將紀信活活燒死。

隨後劉邦又以運動戰與楚軍周旋。項羽則一鼓作氣攻破滎陽，烹死守城的漢將周苛，俘虜韓王信。劉邦再次走投無路。只好坐著夏侯嬰的車，一路向北，東渡黃河，直奔趙國而來。

這一日清早，韓信尚未起牀。軍士忽然來報，「漢王的使者到了，已入大將軍府。」

韓信急匆匆趕去，在大門口遇到了張耳，二人一前一後進門，只見堂上坐著的哪裏是使者？分明是漢王劉邦，手中正把玩著韓信的虎符，夏侯嬰侍立一旁。二人大吃一驚，不知劉邦為何突如其來，還收繳了兵權，趕忙翻身下拜。

只聽劉邦道：「大將軍、趙王，你們在這裏安安穩穩，一覺睡到日上三竿，寡人可是苦哇！而今滎陽、成皋都讓項羽佔了。你們說該怎

麼辦？」

韓信一時不知如何回答，而劉邦似乎也無意聽他的回答，自顧自說道：「你二人聽令：張耳留守趙地；封韓信為相國，擇日出兵伐齊！」

二人起身之後，劉邦輕輕拍了拍韓信，又將兵符交還給他，笑道：「大將軍，寡人的兵都打光了，需要從你這裏調些人馬，得繼續跟項羽周旋呀！」

韓信豈敢不從。此時他手下約有兵力十五萬，而劉邦一舉便帶走了十二萬，只剩三萬人。這一點人馬如何分兵守趙伐齊？當然，唯一的好處是，劉邦並未明確何時伐齊，這給了韓信募兵的時間。

是劉邦疏忽了，還是故意留個口子？事實上劉邦也在權衡利弊。自從韓信單獨率軍出征後，他一顆心一直懸在嗓子眼，從未放回肚子裏。

此次奪來韓信兵馬，劉邦重振聲勢。他一面吸取教訓，不再與項羽直接對敵，而是固守險地，打起持久戰；另一面，則派兩員親信將領劉賈、盧綰率兵兩萬，與彭越會合，專門在後方焚燒楚軍糧草，截斷項羽的糧道。彭越還一口氣攻下了楚國十七座城池。項羽只覺芒刺在背，只好命手下的大司馬曹咎守城，親自率兵馬來打彭越，一一收復失地。

這一晃便是數月，劉邦依舊沒給韓信明確出兵時間。因為劉邦清楚，齊國是必須要打的，可是韓信已滅魏、破趙、降燕，戰功無人能及，官職也封到了相國，倘若再滅齊國，便只剩下封王一條路了。假如韓信像張耳一樣，既知根知底，又沒本事，封王倒也無所謂，但韓信才華蓋世，一旦封王，實至名歸，豈非平白又給自己樹起了一個強敵？

正當劉邦舉棋不定時，酈食其又來了，這一次他自告奮勇，要去勸降齊王田廣。這番提議恰好解了劉邦的心結，倘若一舉成功，既可改變戰局，又能讓韓信沒了立功的機會。

劉邦很高興，對老酈生大加讚賞，命其即刻出發。這位白髮蒼蒼的高陽酒徒不會知道，此刻他正在踏上的是一條不歸路。

在韓信兵鋒之下，齊王田廣早已心驚膽寒。酈食其又口才了得，田廣很快便答應投降。一時間，齊國七十餘座城池，統統歸順。

這田廣乃田榮之子，本就膽小怕事，嗜酒好色，能坐上王位皆因齊丞相田橫力挺。投降之後，田廣本人也了卻一樁心事，他聽說酈食其好酒，便留他夜夜歡飲，一連數日。

韓信正在招兵買馬，忽然聽到齊國投降的消息，一時悵然若失，感歎這些心血竟然白費了，便欲回兵滎陽。

就在此時，一個名叫蒯徹的謀士站了出來。這蒯徹乃范陽人，城府極深，辯才超絕，剛出道時曾向武臣諫言，名動一時。他對韓信道：「漢王命大將軍攻下齊國，而今可曾下詔阻止發兵？況且大將軍率數萬之眾，耗時一年才平定趙國五十餘城，而酈食其僅憑三寸之舌，不費吹灰之力，便降伏齊國七十餘城……哼哼，大將軍的功勞反倒不如一介腐儒乎？」

這一番話，挑起了韓信好勝之心。當即點齊三萬精兵，直指齊國。此前為了防備韓信進兵，田橫派大將華無傷、田解率二十萬大軍，駐防歷下（今山東濟南）。這裏北臨濟水、南依山嶺，素來為齊都臨淄的西境門戶。此刻因田廣投降，歷下警備也大為鬆懈。韓信趁此機會，從平原迅速渡過黃河。又派灌嬰率騎兵，乘夜色閃擊歷下，輕而易舉地襲破齊軍，擒獲華無傷等將官四十六人。戰報傳至臨淄時，田廣仍然在和酈食其一同飲酒。正值清晨，酈食其喝得有六七成醉，面色酡紅如朝陽。田橫闖了進來，一把揪起酈食其，大罵：「你這酒蟲，竟敢與韓信串通一氣，襲我歷下！我這就活烹了你！」酈食其怔了一怔，心道：這怎麼可能？臉上卻不動聲色，緩緩將田橫的手撥開，「我奉漢王詔命，韓信安敢如此？」

田橫一揮手，兩個渾身是血的齊軍將領向田廣撲通跪倒，「大王，韓信偷襲歷下，田解將軍戰死，華無傷等被俘。敵將灌嬰正朝臨淄殺來……」

田廣將酒杯一摔，怒視酈食其。「豎子韓信！」酈食其沉聲罵了一句，將杯中酒喝乾，「爾等且去將湯鑊燒熱，老朽再喝一杯，自會來跳！」

「湯早就熱了！」田橫氣得直欲冒煙，「你這就前往陣前，如若能說退漢軍，便饒你一命；如若不然，這便烹你！」

倒滿一杯酒，酈食其邊走邊道：「幹大事之人不拘小節，有大德之人也不怕被責怪——老子不會替你再去遊說韓信！」說罷，喝了一口酒，一步三晃，踱了出去。

韓信攻破臨淄之時，田廣、田橫皆已逃走。齊王宮裏湯鑊尚溫，殿內彌漫著一股妖異的香味兒，老酈生枯瘦的屍體浮在水上。

鑊底沉著一隻酒杯，黑黝黝，碧沉沉，似一隻老眼瞪視著他。

項羽之妻究竟是誰？

　　襲破臨淄，韓信立刻分兵掠地。命灌嬰追擊田橫，在博陽（今泰安境內）大敗其騎兵；又派曹參攻取濟北各城。齊王田廣一邊東逃高密，一邊派人去向項羽求救。

　　此時項羽已然疲於應對。他剛剛擊敗彭越、劉賈、盧綰等人，穩住後方，就有噩耗傳來。留守前方的曹咎，被劉邦一通侮辱，氣得頭腦發昏出城迎戰，遭半渡而擊一敗塗地，與塞王司馬欣一起自刎於汜水之濱。項羽連忙回兵，重新與劉邦在成皋一線對峙。

　　項羽當然明白，如果齊國為韓信所滅，那麼他將陷身於漢軍戰略包圍之中，容不得絲毫懈怠。按他以往的脾氣，會立馬率精銳前往，把韓信打個稀哩嘩啦，將其腦袋擰下來挑上槍頭。然而現在他卻無比清楚，麾下的任何人都對付不了劉邦，只能自己頂住。那麼齊國那邊又該怎麼辦？一向睥睨千軍的項羽，竟然感到一絲為難。此時帳下傳來低沉的吼聲：「大王寬心，龍且願往！」項羽心中一動，點了點頭。龍且乃是他帳下一員虎將，不久前剛剛擊潰了英布，而且絕對值得信任，眼下的確沒有更合適的人選。項羽當即傳令，以龍且為主將，周蘭、留公為副將，點齊二十萬人馬，發兵救齊。

　　龍且深得項羽用兵三昧，行動如風，迅速與田廣會合。

　　有謀士向龍且提議：「韓信懸軍深入，銳不可當，不如我們一面緊守城池，一面令齊王遣使招撫陷落之城，告知其救兵已至，必然紛紛倒

戈。一旦群起而攻之，漢兵糧道斷絕，陷身於此，必敗無疑。」

龍且哈哈大笑：「韓信小兒何足掛齒！當年他在項王麾下，不過一執戟郎中，唯唯諾諾，膽小如鼠，又有何能耐！況且吾率二十萬大軍救齊，任其不戰而降，何功之有？一旦取勝，齊國一半疆土將歸楚國所有，焉能不戰？」

韓信早已聞報，調集曹參、灌嬰等各部，陳兵濰水以西。漢軍除本部三萬人之外，又收編部分降卒，兵力有七八萬。齊楚聯軍則不下二十五萬，屯兵高密與諸城之間。從兵力來看，龍且佔據絕對優勢，而且楚軍中有部分樓煩鐵騎，機動戰鬥力遠超漢軍。這也正是龍且急於求戰的底氣。

韓信之所以選擇隔濰水對陣，也是忌憚樓煩鐵騎的殺傷力。他對楚軍的閃電戰法頗為瞭解，如若不能有效壓制對方優勢，漢軍很可能會遭遇一場屠殺。

北風呼嘯，一輪落日鋪在濰水上，紅艷如血。漢軍諸將也知敵我力量懸殊，但在取得多次不可思議的大勝之後，他們已然堅定了對韓信的信心。這位大將軍有一種魔力，可化腐朽為神奇，滅敵軍於須臾，或許，這才是真正的兵法。

韓信當夜升帳，先命部將陳豨率一萬人向南，前往濰水上游，每人攜數條麻袋，到了便裝滿沙土，將濰水上游水流截斷。待次日卯時過半，便將麻袋撤去，恢復水流後，立刻回兵掩殺。再命灌嬰率五千騎兵，於卯時趟過濰水，襲擊齊楚聯軍——此時上游已被堵塞大半夜，水已經較淺。一旦龍且出兵迎擊，許敗不許勝，迅速掉頭，涉濰水而回。又命曹參率步兵兩萬人，手持大刀，埋伏於北面。韓信則自率大軍，正面阻截。

次日清晨，龍且在睡夢中被喊殺聲吵醒。他並不驚慌，此前早已料到韓信可能會來偷襲，當即披掛上陣，率軍來戰。灌嬰正殺得興起，忽覺敵軍抵抗驟然強勁，知是龍且已到，忙鳴金疾退。

本來龍且還奇怪漢軍是如何「飛」過來的，此時朦朧中見水可見

底，漢軍逃兵正趨過河去。當即大喜，傳令全軍渡河，乘勝追擊。

過河之後，灌嬰回首觀望，但見河道之中，一連數里，烏泱泱全是楚軍，直如蝗蟲一般，兇猛剽悍，不少轉眼便已登岸。不覺心中一緊：若是敵人源源不斷過河來，漢軍也只剩死戰一條路。

正猶疑間，遠方傳來低低的怒吼，隨即聲音越來越大，彈指間便成雷鳴般的巨響，將萬馬奔騰之聲壓了下去，一股濕潤的泥土氣息撲面而來。

水——水來了！河水從上游奔湧而來，河道中的楚軍如一片片樹葉，連人帶馬被沖得七零八落。隆隆的濤聲裏，隱隱傳來微弱的呼救，如同垂死之鳥鳴，轉瞬即逝。

灌嬰雖久經沙場，看到這一幕也目瞪口呆。此前的彭城之戰，數十萬漢軍被項羽逼入睢水，哭喊聲震天。卻也比不上這突如其來的大水，只看得人頭暈目眩，心如死灰。

龍且胯下馬既為神駿，已然搶先過河。眼見河水暴漲，拚命指揮楚軍上岸，僥倖逃命的也只有寥寥數千人，被沖走的卻不知有多少萬，與對岸的楚軍更被攔腰斷為兩截。他一生殺人無數，卻從未打過這樣的仗，一時間，又驚、又怒、又恨，一顆心擰作一團。

尚未緩過神來，曹參已率領大刀隊從側翼殺來，先砍馬腿，再斬騎兵，直殺得鬼哭狼嚎，屍橫遍野。前方韓信大隊人馬早已排開陣勢，步步緊逼。龍且不敢戀戰，向南逃走，正撞上放水歸來的陳豨。混戰之中，龍且被曹參所殺，周蘭為灌嬰所擒。

對岸的齊楚聯軍看到突如其來的大水，以為觸怒神靈，遭遇天譴，大片大片地跪倒在地。又遠遠看到龍且一班人馬，如斬瓜切菜一樣被屠殺乾淨，已是望風而潰。

韓信緊急傳令渡河追擊，一鼓作氣擒斬齊王田廣，剩餘齊楚軍隊紛紛投降。齊相田橫遠走梁地，投奔彭越。至此齊國覆滅。

收到韓信的戰報後，劉邦喜形於色：「韓信這小子，真有本事！」

掃平齊國，漢軍已從整體形勢上佔優；陣斬龍且，殲滅二十萬楚

軍機動兵力，更是斷了項羽一條臂膀。如此一來，劉邦自忖已有七成勝算。

「來人，拿酒來！」「大王箭傷初愈，還請保重龍體……」「嗯——」劉邦嘿嘿一笑。

剛才說話的乃是戚姬，定陶人，她性情溫婉，擅跳一種「翹袖折腰之舞」。劉邦很寵愛戚姬，認為她比呂雉溫柔、可愛太多太多。

不久前兩軍對陣，劉邦按照張良事先教他的台詞，口若懸河，直罵得項羽面紅耳赤，啞口無言。他正揚揚自得之際，不料項羽惱羞成怒，彎弓射出一箭。沒有人會想到，項羽一箭射程如此之遠，力道如此之大，一直透過層層重鎧，插入劉邦胸口，差點將他射死。好一番休養才緩過來。劉邦恨得咬牙切齒，卻又不是項羽對手，屢戰屢敗，朝不保夕，而今聽聞韓信大捷，終於出了一口惡氣，無比愜意。

只是這愜意並未持續太久。韓信便派使者前來送信，請求劉邦封其為「假王」（代理齊王），因為「齊人偽詐多變，反復無常，南面又與楚國相鄰，我不當假王不足以鎮撫齊國」。

劉邦看後大怒，指著使者罵道：「寡人被項羽困在這裏，日夜盼著韓信來輔佐我，他滿腦子想的卻是自立為王，良心讓狗吃了不成？」使者拜伏在地，不敢抬頭。旁邊的張良、陳平心中焦急，一個狠踩劉邦左腳一個踩右腳，悄聲道：「現在甚麼時候了，大王想想，您真能攔得住韓信稱王嗎？快些准了吧，好好待他，他還能替您抵擋楚國，不然恐生變亂！」

劉邦也立刻醒悟過來，卻不改口，繼續罵道：「男子漢大丈夫平定諸侯，要當就當真王，還用『假』嗎？」於是，命張良監製「齊王印」，親自送往齊國，要封韓信為齊王。

當龍且的死訊傳到項羽耳朵裏時，項羽大吃一驚——請注意，在史書中，項羽無論面對何等險境，此前都從未吃驚過。

《史記》中寫的是「楚已亡龍且，項王恐」。《資治通鑑》的記載是「項王聞龍且死，大懼」。很顯然不可一世的楚霸王，這一次是真的害

怕了。

那麼，項羽為何害怕？

項羽絕非貪生怕死之輩。對於死亡，他一點都不陌生，二十四歲第一次拔劍砍下會稽太守的腦袋時，他沒有怕；手刃頂頭上司宋義時，他沒有怕；坑殺二十萬秦軍降卒時，他沒有怕；在彭城擊殺數十萬漢軍時，他也沒有怕……

也許項羽害怕，只是因為龍且對他而言意義重大。除去君臣之誼之外，二人到底是甚麼特殊交情，是親如手足的髮小，還是有更深一層關係？正史中並未記載，或許可以推測和假設一下。

陳平曾對劉邦道：「項王不能信人，其所任愛，非諸項即妻之昆弟，雖有奇士不能用。」由此來看，項羽是有妻子的，而她絕非人們所熟知的虞姬。因為虞姬的身份只是一個「美人」，在當時那個等級森嚴的時代，即便再受寵愛，也終究不是正室。

前文曾提及，項羽的骨鯁之臣，只有范增、鍾離眜、龍且、周殷等寥寥幾人。那麼項羽的「妻之昆弟」很可能就在裏面。其中范增年齡太大，可以排除。周殷受到猜疑，後來叛楚投漢，可能性也略小。龍且忠心耿耿、至死不渝。或許他正是項羽的妻兄。因為多了這一重關係，素來多疑的項羽，才會在窘迫之時仍放心讓龍且獨率大軍，而聽聞其戰死之後，也才會反應如此之激烈。據此推測，項羽之妻可能姓龍。

另外鍾離眜也終身未背叛項羽。楚亡之後，從鍾離眜所受到的重視和忌憚程度，以及其自視甚高來看，也不排除他正是項羽的妻兄。

所以在戰火紛飛的楚漢，可能有一位龍姑娘或鍾離姑娘湮沒於史冊，她才是西楚霸王的正牌王后。

三分天下，幹不幹？

　　臨淄城，韓信登壇受封。距離上一次他被拜為大將軍，時間僅僅過了兩年半。

　　張良代表劉邦，將一頂金燦燦的王冠、一枚齊王金印授予韓信。韓信恭恭敬敬接下，謝恩完畢，正欲起身，卻見張良又從身後擎出一柄劍來。

　　韓信心中一動：這劍又是何意？難不成漢王傳詔殺我？賜我自裁？

　　卻聽張良朗聲道：「齊王韓信接劍，此劍名喚『玉龍』，乃當年燕昭王賜樂毅之劍。漢王念你平齊有功，堪比當年樂毅，命人費盡千辛萬苦將此劍尋來，特賜予你！」韓信又驚又喜，他少年時代便景仰樂毅，來到齊國更是無數次聽別人講起他的故事，又豈會不知玉龍劍？只是他從未想過這柄劍還存在世上，更不敢想今朝竟歸自己所有。

　　他接過劍來，也不戴王冠，先向張良深施一禮，道：「子房先生，別來無恙？走，我們且去暢飲一番！」

　　張良依舊消瘦，精神卻也飽滿，他平素已不飲酒，此刻看到韓信一副雀躍之姿，神情摯誠如赤子，心中瞬間覺得無比親近，「唉，大王疑心越來越重，韓信卻依舊是那個韓信，雖然貪圖功名，卻實無異心。大王處處防備，讓人怎能不替韓信委屈！」

　　張良心裏想著，口中卻道：「好！今日且飲三杯！」宴飲之地不在齊王宮，而是城郊一處高台，二人乘興飛觴，十數杯下肚，張良神色

如常。

韓信卻滿臉飛紅，已現醉態，口中嚷著：「子房先生，薛城之會猶在眼前，當年韓信忍飢挨餓，而今已忝為一方諸侯，真有隔世之感！」

張良靜靜地看著，韓信明澈的雙眸裏有一種遊戲般的神情，帶幾分自喜、幾分佻撻，嘴角一抹微笑薄如劍刃。

「子房先生，我韓信能有今日，全憑兩位貴人、兩位知音。」韓信摩挲著酒杯，緩緩道，「漢王和丞相對我有知遇之恩，沒齒難忘，但若論知我者，一個是淮水之畔的漂母，另一個便是子房先生了。」

張良心中一痛，一時竟也不知如何開口。

這日黃昏，韓信一襲便裝出城去，穿過阡陌縱橫的麥地，繞過一座山頭，在一株老柳樹下的宅院前下了馬。

剛進房門，一個輕柔的聲音在裏屋傳來：「韓郎三日不來，想是子房先生已經走了？」

韓信應了一聲，挑簾而入，一位碧衣女子散了一頭黑髮，正埋頭刻一根竹簡。案上竹簡已堆作小山。

韓信捉了她的手，搶下竹簡嗔道：「都是些破爛東西，有甚麼好記的？」

碧衣女道：「我又不是金枝玉葉，如今難得有閒，自然要做事的。韓郎，你襲秦、滅魏、破趙、下齊，哪一戰不是震古爍今？正應該彪炳史冊，我便要整理一部《韓信兵法》，傳之千古……」

韓信淡淡一笑：「濯兒，世人罵我是『甘受胯下之辱的小兒』，妳替我鳴不平，是嗎？」

濯兒正是碧衣女的名字。她嫣然一笑，輕輕攜了韓信的手。韓信在背後攬著她，緩聲道：「昨天子房先生前腳剛走，項王的使者武涉便到了。那武涉說，漢王一向出爾反爾，斷不可信。『今足下雖自以與漢王為厚交，為之盡力用兵，必終為之所禽矣。』又說漢王之所以容我到現在，只因項王尚存。如今漢王與項王相爭，權在於我，助誰則誰勝。他勸我反漢聯楚，而後天下三分，其勢可成。」

「項王倒是瞭解漢王，只是缺了點自知之明。韓郎如何回他？」

「我讓他替我謝項王。昔日我事項王，官不過郎中，位不過執戟；言不聽，劃不用，故背楚而歸漢。漢王授我上將軍印，予我數萬眾，解衣衣我，推食食我，言聽計用，故吾得以至於此。漢王待我親厚如此，我誓不背叛，雖死不渝！」

濯兒聽到一個「死」字，手猛然一顫，刻字的刀叮鈴一聲落在地上。

「我帳下有一謀士，名叫蒯徹。武涉走後，他便來給我看相，說：『相君之面，不過封侯，又危不安；相君之背，貴乃不可言。』我讓他明明白白道來，他說，『勇略震主者身危，功蓋天下者不賞』。今足下戴震主之威，挾不賞之功，歸楚，楚人不信；歸漢，漢人震恐。我只剩下漢楚兩不相助，鼎足而立這一條路了。」

說完，韓信輕歎一口氣：「我豈不知蒯徹素來眼光毒辣？卻也只能說『先生且休矣』，讓他息了這條心。他似乎失望透頂，已裝瘋走了。我想，漢王雖然雄猜，但其量如海，終不至於害我。」

濯兒緊緊攥了韓信的手，叫一聲「韓郎」，早已眼淚長流。她知道韓信做出了怎樣的抉擇，一種黑色滄溟般的宿命鋪天蓋地而來。她猛地閉上雙眼，「韓郎，帶我去看看海——」

以往總以為這世間最浩渺的莫過於淮水，即便見了奔湧的黃河也不過爾爾。而今立於東海之濱，韓信方知以前的念頭是何等可笑。

他對諸將宣稱自己閉門養病，將齊國事務托於李左車，獨自與濯兒在海邊尋了一處漁村，盤桓月餘。

他與濯兒在魏國曾有一面之緣。彼時濯兒尚為魏王豹宮中的一個侍女，進宮沒幾天，魏國便為韓信所滅。而後韓信將部分宮女遣散，偶然間見到濯兒面有菜色，手臂之上有鞭痕歷然，便動了惻隱之心，使人多給了她一些錢財，命其還鄉。哪成想日後竟又在齊國重逢。

平素韓信不願待在齊王宮中，他時常會想起鼎鑊中酈食其的屍首，陰了一張臉輕蔑而凄惻地笑著，令他毛骨悚然。

多年來，他一心要建功立業，揚名天下，而今位極人臣，卻又覺得

還是一個人在田間，走走停停更為清爽，一如當年在淮水邊，除了肚子之外全無掛礙。

韓信正是在此時遇到濯兒的。他朦朧中只餘一絲印象，濯兒卻又驚又喜，恭恭敬敬，置了酒食，請他進門。

隨性而談，竟如故人。韓信頗為驚訝，這女子只十七八歲，一副村姑打扮，卻博古通今，對天下局勢亦有一番見解。他這半生先是流離失所，後又戎馬倥傯，如果說心中有一點女性的影子，也只有那位漂母，卻也是亦母亦姐，早已面目模糊。

她是誰，我又是誰，具在恍惚中，忘了今夕何夕，心裏卻又和明鏡兒似的。

在濯兒身邊，他感覺忽然有了一個依傍，朝堂上下的卑微與倨傲，兩軍陣前的殺氣和哭嚎，被一扇門關在外面，只餘一片天清地寧。一切又像一個夢，溫溫軟軟，濕潤、甜蜜而又奇異。

二人在海邊，看日出日落，聽浩蕩天風，不覺日月如梭。這一日，李左車快馬而來，稱劉邦遣使來臨淄送信，要徵齊軍前往滎陽助戰，究竟該如何處置？韓信略一沉吟，寥寥數語，將方略與李左車說了，又親自寫了奏摺，讓李左車派人送去滎陽。

此後幾日，濯兒見韓信鬱鬱寡歡，便笑道：「韓郎天下無敵，卻有甚麼事，這般壓在心上？」

「天下無敵的是項王，我還不知如何勝他……」這一語竟觸到了他的心事，濯兒輕喟一聲，心道：韓郎呀韓郎！這一戰就不能不再打了嗎？

事實上這場仗已然開始。李左車持了韓信的虎符，命灌嬰率三萬精騎南下，深入楚地，縱橫掃蕩楚國的大後方。此時項羽兵力集結於滎陽、廣武一線，後方空虛。灌嬰騎兵趁勢搗毀了項羽的故鄉下相（即江蘇宿遷一帶），又渡淮攻擊廣陵。項羽忙派項聲、薛公等人前去迎敵。此前項聲曾與龍且一起打垮過英布，但那主要是龍且的本事，眼下龍且已死，項聲豈是灌嬰的對手，被打得落花流水，薛公也被擊殺。

如此一來，項羽的後方遭到極大破壞，淮南淮北的糧倉全部覆滅。這是一次致命打擊，糧草難以為繼，項羽便無法再與劉邦打持久戰。

　　而且，當武涉去遊說韓信之時，彭越其實也在觀望。他自知不是劉邦的嫡系，又向來獨立作戰，難免受到猜疑，所以處處盯緊了韓信。一旦韓信兩不相助，他也會冷眼旁觀。直到看到灌嬰出兵，彭越才再次襲擾項羽。

　　隨後，劉邦又封英布為淮南王，命其召集舊部。這樣，劉邦儼然已佔據了絕對優勢。

　　當時，劉太公尚在項羽手中，而劉邦也早打好了算盤。他派人與項羽和談，稱願劃鴻溝為界，東歸楚，西屬漢，中分天下而治之。這一次，比起此前的劃函谷關而治的方案，劉邦已前進了一大步。

　　此一時彼一時，項羽雖然無奈，卻也只好答應。於是，二人對天盟誓，楚漢兩國各保疆土，互不侵擾。而後，項羽命人送回劉太公，引軍東撤。劉邦本來也打算西撤，陳平卻道：「而今，漢已有大半天下，諸侯歸附，而楚軍疲憊，糧草將盡，此乃蒼天亡楚之時。不如趁其後撤之機，奮起直追，一舉滅掉項羽，免得養虎遺患。」

　　劉邦認為陳平所言有理，又問張良。張良點了點頭。劉邦大喜，先是遣使去召韓信、彭越，命二人率大軍前來，圍攻項羽；然後命英布、劉賈南下圍攻楚國重鎮壽春；同時，派人策反項羽手下大將周殷。劉邦本人則率張良、陳平等人，晝夜兼程，追擊項羽，直至固陵（今河南太康）。

　　項羽聽聞劉邦背約來追，又怒又恨，當即停下腳步，嚴陣以待。而在快追上項羽之時，劉邦才發現韓信、彭越這兩路人馬並未前來。他意識到自己單兵突進的嚴重性，連忙命人紮下營盤，做好準備。只是，此刻已經晚了，項羽揮軍反擊，將漢軍殺得屍橫遍野。劉邦及時退入固陵城，才逃了一命。

　　緩過神來，劉邦大罵：「韓信，你小子怎麼還不來？當真一心要害死我嗎？」

天下無敵，只有死人

項羽徹底被激怒了，率軍瘋狂攻打固陵。好在這些年，劉邦已積累下豐富的守城經驗，尚能苦苦支撐。「先不管彭越那只老狐狸，咱們單說韓信，寡人已封他為王，他為何還不率兵來？子房，你快說來聽聽！」劉邦又急又氣。

張良略一沉吟，道：「楚軍大勢已去，韓信、彭越自然知曉，但他二人卻看不出滅楚之後，他們能得到甚麼好處。韓信雖獲封齊王，卻非大王之本意，他難免惴惴不安。彭越縱橫梁地，大王以前因魏豹之故，封彭越為魏相國，而今魏豹已死，彭越亦想封王。大王若能將自睢陽以北直至穀城，封給彭越；將陳以東直至大海，封給韓信，韓信家在楚地，定願衣錦還鄉。只要大王肯與其共天下，二人立刻就會趕來，掃滅項羽便容易多了。」

劉邦答應下來，隨即遣使者去見韓信、彭越二人。

韓信決意發兵。此時，濯兒的肚子已高高隆起，她依舊住在海邊，既不肯搬回臨淄，又小心翼翼地隱匿行蹤，不讓世人知道她的存在。

韓信柔聲道：「濯兒，漢王承諾滅楚之後，將大片楚地封給我，那時你便隨我還鄉，祭拜父母。」

濯兒心中彌漫著不捨與哀傷，她緊緊捉住韓信的手，「漢王反覆無常，韓郎千萬要小心……我這邊自有鄉鄰照顧，你不必掛念。」

「你放心，若沒有我，漢王要打敗項王，純屬癡心妄想。」「韓郎已

有了勝項王的對策？他的雷霆一擊，可絕非龍且能比……」韓信轉身踱了幾步，漸漸挺直腰桿，雄起起道：「我與項王，終須一戰！」

留守齊國之人，韓信選的是曹參。一方面，曹參老成持重，資歷又深，能征慣戰，掃平尚存的小股抵抗力量，不在話下；另一方面，曹參是劉邦親信，派他留守也是讓劉邦放心，表明自己並無擁兵自重之心。

韓信自引十萬大軍南下，以灌嬰為先鋒，率騎兵疾攻彭城。彭城乃楚國都城，城堅池深，是一座大型軍事堡壘，一旦項羽據守於此，便極難攻克。

好在項羽此刻尚與劉邦對峙，彭城空虛。一番激戰，灌嬰將彭城攻下，俘虜楚柱國項它，也斷了項羽的後路。然後，韓信又派兵平定周邊各縣，與劉邦形成對項羽的夾擊之勢。

項羽只好做戰略撤退，韓信與劉邦會師於頤鄉。此時，正是深秋十月，距離上次二人在趙國見面，隔了一年零四個月。

韓信大禮參拜，口稱：「臣救駕來遲，大王恕罪。」

劉邦連忙來扶，嘿嘿笑道：「寡人是漢王，你自是齊王，何須多禮！」

韓信道：「韓信雖忝為齊王，亦是大王之臣。」「你既肯來，自是忠心可鑒。」劉邦笑著，瞥了一眼韓信腰間所佩的玉龍寶劍，「寡人還要用你做大將軍，統率全部人馬呢！」「韓信領命！」

此時，楚軍大司馬周殷也已倒戈。他本是項羽最倚重的幹將之一，但在陳平的離間之下，逐漸被項羽疏遠。如今見大勢已去，乾脆與英布、劉賈一起，拿下壽春，合軍北進，與齊、漢軍會師。

彭越率軍也已來到。至此，各路大軍共三十萬，由韓信統一指揮，向項羽步步緊逼。項羽退至垓下，停下腳步。他要憑手中剩餘的九萬楚軍，與劉邦決一死戰。

當年，項羽憑三萬精騎，將劉邦五十六萬大軍殺得片甲不留。而今，他尚握有九萬雄師，其中，樓煩鐵騎雖在濰水之戰中折損一部，但精銳仍存。今昔對比，他似乎並無多少劣勢。假如真有不同的話，最大

的一點便是 —— 他的直接對手已不是劉邦,而換成了韓信。

項羽據守一處高地,傳令諸將立柵安營,養足精神,擇日向漢軍突擊。

「哼哼,韓信小兒,當年我讓你參與軍事,指點於你,今朝我一定砍下你的狗頭,祭一祭龍且和死難的將士!」

韓信遠遠望見項羽營盤,傳令三軍止步,擂起聚將鼓,自於帳中端坐,諸將魚貫而入,雁列兩旁。

他面沉似水,「項王縱橫天下,未逢敵手,然連年征戰,將寡兵疲,其勢已竭,今垓下正是其敗亡之地也!」

言罷,環顧諸將,見有人面露喜色,躍躍欲試;有人恍若未聞,不屑一顧;有人面帶疑問……躍躍欲試的,是韓信從齊國帶來的孔熙、陳賀等將領,均是自己從行伍間提拔起來,對他有一種信仰般的崇拜。不屑一顧的,則是周勃、酈商等宿將,多年來跟隨劉邦,在與項羽的交鋒中屢戰屢敗。面帶疑問的,則是樊噲、灌嬰等人,知道韓信用兵之神妙,但也親自領教過項羽的狂暴,很想知道他到底要如何安排。

韓信又道:「某料定,項王定欲養精蓄銳,尋機與我軍決戰。切不可給其喘息之機,一旦謀定後動,何人能當其雷霆一擊?而今需立即進擊,挫其銳氣,誰敢打這第一陣?」「末將願往!」孔熙、陳賀不約而同跨出一步。韓信不語,瞥一眼樊噲,「樊將軍,當年瑕丘一戰,項王風捲殘雲一般掃滅你的精銳,今日,將軍可堪再戰一場?」樊噲一直對瑕丘之戰引以為恥,聽韓信提及,不覺火冒三丈,叫道:「我死且不怕,何況一戰!」搶了令箭,轉身便走。

項羽剛坐下,美人虞姬早已置好幾樣菜,向金杯之中,滿滿斟了一杯酒。

項羽心中生起一片柔情。他雖早有正妻,但虞姬讓他最為憐愛,多年來一直隨他四處征戰。他性格暴虐,動輒殺人,易走偏激的路子,時常是虞姬殷勤提醒,將他的怒火消弭,救了不少將士。

虞姬換好舞衣,項羽端著酒杯,正欲品評一番。忽然軍士來報,漢

將樊噲前來搦戰。

項羽本欲不理，卻聽外面一片聒噪之聲，隱隱傳來叫罵：「要斬項羽狗頭」、「搶了虞美人獻給漢王」……

項羽大怒，「待我挑了這廝，再來看美人歌舞。」說罷，點起三千樓煩鐵騎，與樊噲大戰。

戰了半個時辰，樊噲所率的八千人馬被殺傷殆盡，只得後退。項羽追出五里，忽然一左一右兩哨人馬殺來，正是孔熙、陳賀。項羽大殺一陣，將兩路人馬殺散。周勃又率軍從背後殺來。

其時天已黃昏。項羽抖擻精神，回軍將周勃衝散。韓信令旗一擺，又指揮大隊人馬衝殺過來。項羽瞥見自己大營方向濃煙滾滾，火光衝天，心知不好，連忙飛馬往回趕，迎頭撞見一將，正是酈商。那酈商哪敢戀戰，伏於馬背，尋小路逃了。項羽回營才知，酈商乘虛而入，一把火將糧草輜重燒了。項羽恨得咬牙切齒，回頭見那三千樓煩鐵騎，只剩四五百人，也個個帶傷，血染征袍。他心下不忍，命衆軍回營歇息，自己來見虞姬。終於等到項羽歸來，虞姬心中一寬，卻見他滿眼血紅，難掩悲憤之色，不覺胸中一陣淒楚。她自少時便跟隨項羽四處征戰，哪怕當年破釜沉舟之時，眼中的項羽也總是一腔天地英雄氣，哪裏見過這等末路之感？

漢營，韓信在大帳中緩緩踱著步。劉邦剛從這裏離開，他原本滿心憂慮，擔心重蹈彭城之戰的覆轍，卻見韓信在一日間，已然確立了戰場上的優勢，不由得大加褒獎。

諸將前來覆命，樊噲和周勃俱帶了傷。周勃讚道：「周某今日也服了你韓大將軍，我等雖未殺敗項羽，但他已經敗了！」韓信點頭，令衆人退下。

空蕩蕩的大帳中，韓信依舊眉頭不展，他知道眼下的形勢絕非像衆人想得那般樂觀。今日一戰，項羽只率三千人馬，就殺傷漢軍兩萬餘人。諸將只知項羽此前從未敗過，能挫其銳氣已經大喜過望。

然而漢軍士卒又豈會如此看待？他們幾乎無人經歷過巨鹿和彭城之

戰，不會知道項羽當年何等神勇。他們只會覺得眼前的項羽就是一個不可阻擋的魔頭。假如再有這樣慘烈一戰，漢軍軍心必亂。

況且項羽今日並非志在突圍，假如他率九萬人馬一同衝鋒，漢軍縱使再多三十萬，也難免土崩瓦解。

朔風凜冽，夜已深沉。三十萬漢軍連營匝地，似繁星，亦如鬼火。怎麼辦？韓信不知不覺已踱了一個時辰。此刻韓信無比想念張良，他雖短於兩軍爭鋒，但無比瞭解項羽，又多凡人之不敢想，假如他在，定知問題之訣竅。只可惜張良病情加重，留在固陵，並未隨軍前來。

韓信正嗟歎，忽然有人求見。來者是個老軍，手持一管青簫。韓信識得那正是張良之物，忙問：「書信何在？」

老軍回道：「稟大將軍，並無書信。張良大人只命我前來，給大將軍吹奏一曲。」

韓信一怔。老軍兀自幽幽吹奏起來，簫聲如怨如慕、如泣如訴，正是楚地之曲。韓信不覺神飛，似又回到淮水之濱，柳絲拂面，水波悠悠，別有一種離情……簫聲歇時，臉上竟有淚痕。

老軍憨厚一笑。韓信旋即醒悟：是了，是了，子房先生真乃神人也！

他顫了雙手，去接那管青簫——這哪裏是一管簫？分明是扭轉乾坤的一雙巨手，是三十萬漢軍的性命所系！子房先生深自韜晦，不發一言，卻將這一名垂史冊的機會讓給了我……

韓信當即傳令，召夏侯嬰、陸賈。夏侯嬰諳熟軍情，陸賈通曉音律。他命二人火速搜集五百名能吹奏洞簫的軍士，以及一千名會唱楚歌者，連漢王的御用樂隊也徵調過來。環繞項羽營盤，一支曲，一首歌，歌吹不已。

當夜初始還殘月在天，而後漸漸彤雲密布，飄起細密的雪霰。楚歌雜著楚曲，幽幽咽咽，如無數戰死的亡魂在黑夜狂舞，又似一張看不見的大網，隨著寒風蕩開……

韓信連夜再次召集諸將，劉邦也被請來，在一旁坐了。樊噲肩上裹了傷，聽著這鋪天蓋地的楚歌禁不住有些出神。不光樊噲，諸將之中，

周勃、酈商、灌嬰、夏侯嬰、王陵等皆為楚人，征戰多年，豈能不想家？當此決戰關頭，營中竟是一片靜寂。

劉邦笑道：「大將軍，你真行！項羽這些年席捲天下，靠得就是一股士氣。你白天先挫其銳氣，焚其糧草，晚上又來這麼一出，楚軍上上下下，定然以為楚地盡失，軍心必散。」頓了一頓，又哈哈笑道，「大將軍啊，你這番吹吹打打，就等於提前把項羽的喪事給辦了！」

韓信一臉平靜，「大王，項王明日定會突圍。他知楚地盡失，定然直奔江東而去，無論如何不能讓他渡江。」

劉邦拍案大叫：「那是自然！將楚軍營盤團團圍住，寡人看他飛到哪裏去！」

「縱使這樣，只怕也困不住項王。」

「嗯 —— 那？好吧，一切全憑大將軍安排。另傳詔，取項羽之頭者，賞千金，封萬戶侯！」

韓信點了點頭，一一吩咐，先後發出十二道令箭。諸將各自領命前去，偌大的營帳中，只剩下韓信、劉邦二人。相對無語，劉邦打著瞌睡，韓信聽著連綿不絕的楚歌，想起了齊國的海。

這一夜，九萬楚軍有八萬餘人放下兵器。黎明，項羽率八百餘人突圍而去。

漢軍在項羽大帳之中，發現了虞姬早已冷卻的屍體。脖頸中劍，血染素衣，顯是自刎身亡。劉邦大慟，跺腳道：「虞姬，虞姬 ——」

不知何時，呂雉轉了出來，冷冷道：「可惜嗎？她若不死，就是你死！」

從雪上的蹄印看來，項羽一路南下。早已傳令，命灌嬰率五千騎兵，一路緊緊咬住項羽，追而不擊，時刻保持高壓，讓其寢食難安。又在南下路上，佈下十面埋伏，截殺項羽。每當伏兵出動，灌嬰便與其形成夾擊之勢。

韓信在帳中端坐一日一夜，消息不斷傳來：項羽先後擊穿了盧綰、劉賈、王陵等八處伏兵，渡過淮水，南下三百里，直至陰陵山。此時天

色陰沉，項羽迷失道路，竟為一農夫所騙，繞了一個圈，又奔向東城（今安徽定遠縣東南）。韓信早已在此伏下重兵，見項羽一到，立即與灌嬰一同圍攻。項羽仍浴血突圍而去，只是手下楚軍只剩二十八騎⋯⋯

劉邦聽說項羽逃走，大吃一驚，跳了起來。韓信卻道：「大王放心，臣已傳令，將烏江沿岸船隻一律清除，項王插翅難飛。」

這日傍晚，終於傳來消息──項羽自刎而亡。劉邦不信，不久漢軍中王翳、楊喜、呂馬童、呂勝、楊武等五人，各持項羽一部分身體前來。劉邦細細端詳了那頭一番，見確實是項羽，一跤坐在地上，長吁了一口氣，繼而仰天大笑，笑聲中竟有哭音。

韓信心如死灰，忽地眼前一黑，噴出一口鮮血。

項羽睥睨萬軍，獨率二十八騎猶能斬將刈旗。而後又有烏江亭長撐船前來，勸其渡江，來日捲土重來。《史記》中項羽的回答堪稱絕唱，他道：「天之亡我，我何渡為！且籍與江東子弟八千人渡江而西，今無一人還，縱江東父兄憐而王我，我何面目見之？縱彼不言，籍獨不愧於心乎？」於是渡馬而不自渡，橫劍自刎，臨死還要給舊人呂馬童做個人情。

這樣的項羽，重尊嚴勝過生命，能於萬軍中取人首級，又慷慨悲歌，泣下數行，雖死仍為一世之雄。而他又至死不寐：「天之亡我，非戰之罪也！」如此高傲，如此固執！

不過史書也不乏矛盾之處。最突出的是項羽究竟死於何處、如何而死。

《史記·項羽本紀》記載「項王乃欲東渡烏江。烏江亭長艤船待」，那麼他當時所處是否烏江，不得而知。《史記·高祖本紀》記載「使騎將灌嬰追殺項羽東城」。《史記·樊酈滕灌列傳》記載「（灌）嬰以御史大夫受詔將車騎別追項籍至東城，之。所將卒五人共斬項籍」。從中可見，灌嬰在東城追殺項羽，而且項羽並非自殺，而是為呂馬童等五人所「斬」。

正因為《史記》本身的衝突，後世研究者各執一詞，爭論不休。只是，無論如何，一個時代已然結束。

王者歸來，故人安在

項羽已死，楚地略定，唯魯地不降。

當年項羽被楚懷王封為魯公，魯地奉其為主。劉邦知道魯人謹守禮義，欲為主死節，而「禮義」二字，對他坐江山還大有用處。所以他未追究，只派人持項羽之頭，遍示魯地父老，魯人至此方降。劉邦又在穀城（今山東東阿），以魯公之禮，親自為項羽發喪，大哭而去。

劉邦的眼淚，是真的還是假的？

當年他與項羽「約為兄弟」，而今「兄弟」被大卸五塊，死得極慘，為安撫其舊部，是必須要哭一場的。在這種目的之下，眼淚應該有不少表演成分。然而作為一個多年的老對手，項羽又可說是他精神上的第一「伴侶」。對一個王者而言，其真正的知音只有敵人和女人。從這個角度而言，這淚或許又是真的。

項羽一死，項氏一族怎麼處置？當年他們多在項羽王朝中任要職。劉邦並未趕盡殺絕，他傳旨諸項氏支屬皆不誅。不僅如此，還封項伯等四人為列侯，賜姓劉。此舉頗得民心，楚國舊部紛紛來降。

項氏一族保全下來，不知他們是該感謝還是痛恨項伯。一直以來他上演「無間道」，首鼠兩端，究竟是為了給自己謀取利益，還是預知項羽必敗而市恩於劉邦，以圖保全本族？真相早已不得而知，只是在楚漢相爭的歲月裏，人們永遠不該忘記他那張曖昧的臉。

就在展示完寬厚的一面之後，劉邦做了另一件大事。他回到定陶之

後，立即馳入韓信軍中，奪下了韓信的兵權。

這一決斷迅如霹靂，韓信完全來不及反應。劉邦心中一塊巨石落地，隨即大赦天下。

明末清初王船山對此評價是：「天下自此寧矣。大敵已平，（韓）信且擁強兵也何為？故無所挾以為名而抗不聽命，既奪之後，弗能怨也。如姑緩之，使四方卒有不虞之事，有名可據，信兵不可奪矣。奪之速且安，以奠宗社，以息父老子弟，以斂天地之殺機，而持征伐之權於一王，乃以順天休命，而人得以生。」

只是韓信豈能無怨？這是他第二次被奪兵權，上次在一年半前，滅趙之後。而且他不僅失去兵權，手下諸將也被分調各軍。他自忖剛立大功，又無反心，劉邦怎麼就那麼不放心？

正憤懣間，有消息自東海傳來 —— 濯兒產下一男嬰。「濯兒安好，這就好……」他喃喃道，心中只想早日回到齊國，去看一看她母子。

然而詔書又下，改封韓信為楚王，以下邳（今江蘇省睢寧縣一帶）為都城。封彭越為梁王，都定陶。如此一來，韓信不僅封地大為縮水，連齊國也回不去了。

韓信既怒且怨。此時蕭何來了。蕭何極少登門，但每一次，他的話都令韓信無法拒絕。

韓信當然不會忘記，當年蕭何以身家性命來保舉自己，這是何等大恩！但他心裏也清楚，蕭何始終是一心向著劉邦的。但是不忍也罷、不願也罷，他終究無法對蕭何說個「不」字。

二月，以楚王韓信為首，韓王信、淮南王英布、燕王臧荼等共同上疏，共請尊劉邦為皇帝。劉邦幾度作勢推讓，後於汜水北岸即位。然後立呂雉為皇后，劉盈為太子，同時大封諸王。而後定都洛陽，令各路諸侯的兵馬各自還鄉。

這一日，劉邦在洛陽南宮大擺酒席，問文武群臣：「你們都不要隱瞞，都說實話，為甚麼取得天下的是我，而不是項羽？」

王陵道：「陛下命人攻城略地，誰攻下便封給誰，這是與天下同

利。項羽則不然，他吝於封賞，嫉賢妒能，自然失去天下！」

劉邦哈哈一笑，擺了擺手，「公知其一，未知其二。夫運籌策帷帳之中，決勝於千里之外，吾不如子房。鎮國家，撫百姓，給饋餉，不絕糧道，吾不如蕭何。連百萬之軍，戰必勝，攻必取，吾不如韓信。此三者，皆人傑也，吾能用之，此吾所以取天下也。項羽有一范增而不能用，此其所以為我擒也。」

這番話，說得眾人心服口服。也讓張良、蕭何和韓信三人，成為名垂青史的「漢初三傑」。

這三人，一謀劃全域，一保障後勤，一殺敵斬將，正是歷代帝王所艷羨的黃金配置。比如三國時期，劉備一心想構建這樣的班底，結果龐統、法正早死，關、張又亡，剩一魏延又難駕馭。諸葛亮僅有蕭何之才，無奈之下，卻要強挑三副重擔，終於鞠躬盡瘁，「星落秋風五丈原」。

韓信剛到楚國，李左車也到了。只是濯兒並未隨他前來，只捎來一封信。信上自陳：母子二人一切都好，暫時不願來楚國。

「韓郎，我知你素懷大志，自比王侯，但如今天下已定，皇上深忌君才。當年范蠡助勾踐滅吳，自言『蜚鳥盡，良弓藏；狡兔死，走狗烹』，功成身退，放舟五湖。韓郎何不以效范蠡，歸隱東海？我母子日夜盼你、望你，再叙天倫！」落款是工工整整三個字——司馬濯。韓信早知她乃司馬穰苴一脈，但很少見如此莊重署名。司馬一門苦難深重，而今幸存之人幾乎都含辛茹苦，深自韜晦。濯兒的想法，早在齊國時他便已知曉。只是此刻有了孩子，卻依然不來見上一面，讓韓信感到莫大的遺憾。

正茫然間，只聽李左車道：「大王，你多保重，左車也要告老還鄉去了！」

韓信一驚，怔在當場。「大王，當退則退吧！」李左車淡淡一笑，又默默呈上一物，乃是一枚小巧的金牌，上面是孩子生辰。

韓信接過來，轉手從腰間解下了玉龍寶劍，呈給李左車。「左車

兄，勞煩你最後再走一遭，將這柄劍交給他們母子。孩子的名字我也起好，就叫『韓平』。替我告訴瀟兒：以劍為師，礪兒之志！」

李左車雙手接了，仍有滿腔話要說，躊躇一番，卻未發一言，輕輕拱了拱手，打馬飄然而去。

韓信心中一片淒冷，手中摩挲著那枚金牌，算一算孩子的生辰，竟與項羽之死同日同時。

韓信還一直記掛著一個人。他派人找遍了整個淮陰城，終於尋來了她。青衣，布裙，斜簪一根荊釵，因為跪著，只能看到她的鬢髮。一晃四年多過去，黑髮已然星星點點地白了。

他趕緊起身，親自扶起，賜坐。叫一聲：「漂母，你看一看，我是當年垂釣淮水的韓信呀！」

漂母垂首道：「大王，整個淮陰城，早已無人不知您的大名。」

韓信笑道：「當年我從你乞食，又受人胯下之辱，怕是早已無人不知、無人不曉了……」

漂母抬起頭，直直望著韓信，目光灼灼：「大王，人世如山如河，翻過去便過去了，流走的也終不回來，何苦總記得從前……」

韓信心中慢慢升騰起一種暖意。她看起來依舊那樣潔淨、體面、颯然，只是眼角的皺紋分明顯示她已經老了。這歲月呀，當真一去不回來，今生今世，他都做不回當年淮水畔的那個浪蕩子了！

他靜靜聽著漂母說話，耳邊環繞著一股潺潺水聲，心緒則如一片葉子，隨之飄飄揚揚。

他很想再聽聽，她當年唱的那首曲子，卻羞於開口。直到她要走了，他忽然才想起正事，「漂母，我當年說過『必有厚報』，這我可不曾忘了。你說吧，你想要甚麼？」

漂母淡淡一笑：「大王，我也說過，不指望回報。」「我還你黃金千斤，以報當年贈飯之恩。」「千斤黃金，很多呢……你替我分發給淮陰百姓吧，天下剛太平，很多人還沒有飯吃。」她竟敢不受，韓信一時語塞，「漂母……我若不答應呢？」漂母也不回頭，「大王投金淮水

便是！」

送走漂母，韓信又命人找來了甄二和南昌亭長。二人並排跪著，各懷心事。

甄二正是當年逼韓信受胯下之辱的潑皮，聽說韓信當了楚王，他一度怕得要死，想躲進山裏去。但後來定下神來，把心一橫，照舊像往常一樣過日子。此次被招來，早已做好了被砍頭的準備。

南昌亭長當年曾主動約韓信到家裏吃飯，其妻不堪其擾，日漸冷淡，韓信遂不復登門。他此刻已聽說韓信千金酬漂母，估摸著自己多少也能得點賞賜。

韓信冷冷道：「甄二，你可有話說？」甄二磕了個頭，「小的有眼無珠，無話可說！」韓信環顧諸將、屬吏，朗聲道：「這甄二也算是個壯士吧。當日辱我之時，諸位以為我當真殺不了他？殺之無名、殺之無用而已！故而忍就了一時。」說完又傳令，給甄二封了個官。

南昌亭長滿懷期待，一顆心怦怦亂跳，終於輪到他了，卻聽韓信一聲冷笑：「公，小人也，為德不卒！賜你一百個錢，抵了當日的飯錢！」

這一番處置下來，在淮陰城傳為奇談。坊間紛紛傳揚：果然是那個韓信，如今平了天下，當了大王，可還是那麼不著調——不過看著還是挺親的……也有人說：「我早就看出韓信是個天才。當年他母親死了，窮得辦不起葬禮，他就四處尋個地方挖坑埋了。可你看看人家韓信怎麼選的墓地？那是一塊高地，四下空曠能安置千家萬戶。原來人家早就打算好了，將來給他母親修一座大墓，壯志凌雲呀！」

流言蜚語中，韓信靜坐楚王宮。這座新落成的宮室雖然潦草，但比起當年在南鄭的大將軍府，還是強了太多。他從白天坐到黑夜，從缺月看到滿月，一種從未有過的落寞淹沒了他。

天下風雲已定，只需靜坐終老，而他內心仍不安定，也根本靜不下來。

他才只有二十八歲，雖已看慣千軍萬馬，踏過屍橫枕籍，但這條看似漫長的人生之河，仍然望不到頭。

韓信不會知道，也無法接受，他的所有光榮與夢想，直到這一刻已悄然畫上句號。自此之後，他將從戰神的神壇上隕落，去附和一句可怕的讖言。

在洛陽，劉邦對於韓信終不放心，又聽說他新收留了項羽原麾下大將鍾離眛，更是坐臥不寧。

但劉邦很清楚，自己打不過韓信，手下更無人是其對手。於是聽從陳平之計，以南下巡狩雲夢澤之名，將韓信誘捕，帶回洛陽，赦免其罪，只削掉楚王之爵，降為淮陰侯。

韓信萬般委屈，更是羞於和周勃、灌嬰等人同列，終日拒不上朝。那段歲月，他唯一能感受到的體面來自樊噲。

某次他路過樊噲的舞陽侯府，樊噲跪拜迎送，口稱：「大王駕臨臣家，榮幸之至（大王乃肯臨臣）！」韓信出得門來，笑著歎口氣，自言自語：「這輩子竟然要和樊噲之類人為伍了（生乃與噲等為伍）！」

韓信心裏明白，樊噲這樣做，或許是真心佩服，或許只是故意以大禮來保持距離，拒他於千里之外，免得劉邦疑心。但他仍然有幾分感動。

有時劉邦也召韓信來談談舊事。《史記》記載：上常從容與信言諸將能不，各有差。上問曰：「如我能將幾何？」信曰：「陛下不過能將十萬。」上曰：「於君何如？」曰：「臣多多而益善耳。」上笑曰：「多多益善，何為為我禽？」信曰：「陛下不能將兵，而善將將，此乃信之所以為陛下禽也。且陛下所謂天授，非人力也。」

這就是「多多益善」這一成語的來源。顯而易見，直至此刻，韓信仍然不肯給劉邦留面子。這是名將獨立人格的最後鋒芒，如此平等、如此直來直去的君臣對話，在楚漢之後的中國歷史上，再也難覓蹤跡。

韓信被攥在手心，但天下仍不太平。各地謀反的消息陸續傳來，劉邦親自率軍出擊，疲於奔命。其間他還中了匈奴冒頓單于的埋伏，被困白登七日七夜，多虧陳平縱奇計，他才撿了一條命。劉邦無數次想到，假如那次統兵的不是自己，而是韓信，自己又何至於受此奇恥大辱？

每次班師回朝，劉邦都很怕見到韓信，擔心被他奚落一番，但又總是忍不住把他召來，聊上幾句——

　　看韓信苦著一張臉，劉邦會冷不丁拋出一句：「韓信，有人告你謀反！」

　　韓信冷哼一聲：「要反，早反了，還用等今天？」劉邦嘿嘿一笑。就像張良和蕭何一樣，他自然也是懂韓信的。假如沒有韓信，他可能至今還在巴蜀喝悶酒，天天望著東方罵娘。即便忍無可忍起了兵，也被項羽殺了幾十次——韓信的功勞有多大，他豈能忘記，而天下人也都看在眼裏。

　　當然他也知道韓信不會反，可想不想反是一碼事，能不能反是另一碼事，縱無反心，有造反的能力就行嗎？而且當日固陵之圍，韓信的叫板差點害死他，豈可不妨？偌大一個長安，安放一個韓信不成問題。但在生命這條路上，劉邦明白自己已快走到盡頭，而韓信依然年輕……

　　那年十月，劉邦率軍討伐巨鹿太守陳豨。三個月後，得勝回朝，剛到洛陽就見到了韓信的首級。

　　劉邦倒抽一口冷氣，上上下下，細細端詳那顆清秀的頭顱，百感交集。對此史書的記載是：「見信死，且喜且憐之。」

　　呂后早已親自趕來洛陽，等著向劉邦彙報。她無比冷靜，口齒清晰，嘴角一抹笑意紅如罌粟：「韓信與陳豨相勾結，欲乘陳豨謀逆、陛下親征之機，率其家臣、官奴襲擊我與太子。幸虧其僕人獲罪於韓信，韓信欲殺之，僕人之弟連夜告發其奸謀。情急之下，我只好請來蕭相國商議，將韓信誘入長樂宮，斬之於鐘室……」

　　血紅的宮燈下，劉邦呆坐著，看呂后的影子鋪滿了大半個地面。他緩緩擺了擺手：「要反，早反了——好，好，殺了吧，殺了也好——厚葬！」

　　史書寫下：「春，淮陰侯韓信謀反關中，夷三族。」

　　東海之濱，海浪排出千重雪，一名女子渾身縞素，久久望著遠方。一個孩童快步跑來，「娘，娘，甄二叔叔抓了一條大魚，比平兒還要

大，能不能把我們家那把劍借給他殺魚呀？」女子不語，攬了孩童的肩。這是日落之後最寧靜的時刻。

參 考 文 獻

▱ 第一刀殺誰:司馬穰苴

1. 司馬遷《史記·太史公自序第七十》。

2. 黃仁宇《赫遜河畔談中國歷史》。

3. 《漢魏六朝詩》。

4. 司馬遷《史記·司馬穰苴列傳第四》。

5. 《晏子春秋·外篇不合經術者》。

6. 羅貫中《三國演義》第五十九回、陳壽《三國志·魏書·鍾會傳》。

7. 《孫子兵法·九變篇》。

8. 《劍橋中國隋唐史》第四章《唐政權的鞏固者唐太宗》。

9. 《左傳·襄公二十五年》。

10. 《東周列國志》第七十一回、《晏子春秋·內篇·雜上》。

▱ 戰國、狼與桃花:吳起

1. 梁啟超《黃帝以後的第一偉人──趙武靈王傳》。

2. 黃仁宇《赫遜河畔談中國歷史》。

3. 關於吳起生平,說法不一,本文採用《資治通鑒》說法,參考錢穆《先秦諸子繫年》。

4. 《禮記·檀弓上》。

5. 《荀子·大略》。

6. 《晏子春秋·內篇·問上》。

7.《韓詩外傳》。

8.《資治通鑒·周紀一》。

9. 司馬穰苴《司馬法·仁本》。

10.《左傳·莊公十年》。

11. 司馬遷《史記·仲尼弟子列傳第七》。

12. 司馬遷《史記·孫子吳起列傳第五》。

13.《逸周書·謚法解》。

14. 劉向《說苑·政理》。

15.《吳子兵法·圖國第一》。

16.《荀子·議兵》。

17.《劍橋中國秦漢史》，1 石 =29.5 千克，1 里 =0.415 公里。

18.《呂氏春秋·用民》《尉繚子·制談第三》。

19.《漢書·陸賈傳》《資治通鑒·唐紀·太宗貞觀二年》。

20. 司馬遷《史記·商君列傳第八》。

白衣飄飄的將門：樂毅

1. 司馬遷《史記·孟嘗君列傳第十五》。

2. 陳壽《三國志·蜀書·諸葛亮傳》。

3. 范曄《後漢書·列女傳》。

4.《戰國策·魏策一》。

5.《戰國策·趙策三》。

6. 司馬遷《史記·趙世家第十三》

7.《史記·燕召公世家第四》。

8.《孟子·梁惠王下》。

9. 燕昭王是公子職還是太子平，有不同說法，此處參見楊寬《戰國史》，參考考古資料。

10. 司馬遷《史記・樂毅列傳第二十》。

11.《戰國策・燕策二》。

12.《中國歷代戰爭史・上古・春秋（下）》。

刀頭上的絕響：王翦

1. 司馬遷《史記・白起王翦列傳第十三》。

2. 關於「坑殺四十萬降卒」後世歷來覺得有誇大，不止近現代學者，唐代杜佑在《通典・兵六》中也說：「其時馬服子（趙括）與銳卒（親）自搏戰，秦軍射殺之。（趙）軍大敗，卒二十餘萬人降，皆坑之。」

3. 司馬遷《史記・春申君列傳第十八》。

4. 司馬遷《史記・秦始皇本紀第六》。

5. 司馬遷《史記・廉頗藺相如列傳第二十一》。

6.《永樂大典・太原府志・兵防》。

7.《資治通鑒・秦紀一》。

8. 司馬遷《史記・趙世家第十三》。

9. 司馬遷《史記・魏公子列傳第十七》。

10. 樂史《太平寰宇記》。

11. 司馬遷《史記・范雎蔡澤列傳第十九》。

12.《戰國策・秦策五》。

13.《淮南子・泰族訓》。

14. 馮夢龍《東周列國志》。

15. 王充《論衡・感虛》。

16. 司馬遷《史記・刺客列傳第二十六》。

17. 司馬遷《史記・匈奴列傳第五十》。

18.《戰國策・燕策三》。

19. 參見《本溪史話》：「太子河古稱衍水。在春秋戰國時期，太子河

流域一帶地區被稱為衍，為東胡族控制，是以河稱衍水。後因燕太子丹被秦將追殺逃亡於此，故名為太子河。」

20.《中國歷代戰爭史・上古・春秋（下）》。

21. 司馬遷《史記・蕭相國世家第二十三》。

22.《資治通鑒・秦紀二》。

仗義每從屠狗輩：樊噲

1.《劍橋中國秦漢史》第一章《秦國和秦帝國》。

2. 司馬遷《史記・項羽本紀第七》。

3. 司馬遷《史記・高祖本紀第八》。

4. 司馬遷《史記・樊酈滕灌列傳第三十五》。

5. 司馬遷《史記・秦始皇本紀第六》。

6.《商君書・境內篇》。

7. 司馬遷《史記・陳涉世家第十八》。

8. 司馬遷《史記・絳侯周勃世家第二十七》。

9. 司馬遷《史記・李斯列傳第二十七》。

10.《資治通鑒・秦紀三》。

11.《淮南子・人間訓》。

12. 王夫之《讀通鑒論・卷一・二世》。

13.《周易・夬卦》王弼注。

14. 司馬遷《史記・張耳陳餘列傳二十九》《資治通鑒・秦紀三》等。

15. 張傳璽《關於「章邯軍」與「王離軍」的關係問題》、郭霞《巨鹿之戰中章邯消極避戰及其原因新探——兼對「項羽軍巨鹿大敗章邯軍」一說校正》等。

16. 司馬遷《史記・白起王翦列傳第十三》。

17.《論語・微子》。

18. 司馬遷《史記‧魏豹彭越列傳第三十》。

19. 司馬遷《史記‧酈生陸賈列傳第三十七》。

20. 司馬遷《史記‧留侯世家第二十五》。

21.《資治通鑒‧漢紀一》。

22. 王夫之《讀通鑒論‧卷二‧漢高帝》。

23. 陳壽《三國志‧魏書‧曹爽傳》

24. 班固《十八侯銘》。

25. 黃勇《假如項羽鴻門宴上殺死劉邦能保住霸業嗎？》。

26. 陳壽《三國志‧魏書‧許褚傳》。

27. 司馬遷《史記‧陳丞相世家第二十六》。

28. 司馬遷《史記‧季布欒布列傳第四十》。

29. 鶴間和幸《始皇帝的遺產：秦漢帝國》。

30. 陸威儀《哈佛中國史‧早期中華帝國‧秦與漢》。

天下，十面埋伏：韓信

1. 司馬遷《史記‧淮陰侯列傳第三十二》。

2. 班固《漢書‧百官公卿表上》。

3. 陳壽《三國志‧蜀書‧龐統傳》。

4. 司馬遷《史記‧項羽本紀第七》。

5. 羅貫中《三國演義》第九十六回。

6.《中國歷代戰爭史‧楚漢戰爭至東漢》。

7. 陸威儀《哈佛中國史‧早期中華帝國‧秦與漢》。

8. 司馬遷《史記‧韓信盧綰列傳第三十三》。

9. 班固《漢書‧魏豹傳》。

10. 班固《漢書‧高祖紀》。

11. 班固《漢書‧韓信傳》。

12. 段玉裁《說文解字注》:「木罌缶者,以木為罌缶狀,實兵於其中。不欲人知,故不為盆狀。韋昭雲:以木為器,如罌瓵以渡軍。無船、且尚密也。韋說是也。」

13. 司馬遷《史記·外戚世家第十九》。

14. 《三國演義》第七十一回、《三國志·魏書·徐晃傳》。

15. 明代出版的《山西通志》。

16. 司馬遷《史記·黥布列傳第三十一》。

17. 司馬遷《史記·陳丞相世家第二十六》。

18. 參考馮其庸《項羽不死於烏江考》、袁傳璋《項羽死於烏江考》等。

19. 王夫之《讀通鑒論·卷二·漢高帝》。

20. 據《新唐書·表第十五上·宰相世系五十》,鍾離昧有二子,長子鍾離發,二子鍾離接,居潁川長社。後來鍾離接改為鍾姓,名鍾接。

21. 司馬遷《史記·高祖本紀第八》。

策劃編輯　梁偉基

責任編輯　徐楊烽

書籍設計　陳小巧

書　　名	絕世名將的榮耀與哀歌	
著　　者	薛易	
出　　版	三聯書店（香港）有限公司	
	香港北角英皇道 499 號北角工業大廈 20 樓	
	Joint Publishing (H.K.) Co., Ltd.	
	20/F., North Point Industrial Building, 499 King's Road, North Point, Hong Kong	
香港發行	香港聯合書刊物流有限公司	
	香港新界荃灣德士古道 220-248 號 16 樓	
印　　刷	美雅印刷製本有限公司	
	香港九龍觀塘榮業街 6 號 4 樓 A 室	
版　　次	2021 年 8 月香港第一版第一次印刷	
規　　格	大 32 開（140 mm × 210 mm）296 面	
國際書號	ISBN 978-962-04-4817-1	

本中文繁體字版由銀杏樹下（北京）圖書有限責任公司授權於香港、澳門地區獨家
出版發行。